郑建明　林毅　著

发现
秘色瓷

上海古籍出版社

本书为浙江省科技厅重点研发计划

"浙江文物及传统文化典籍展陈共性技术研究-

中华传统文化传播应用技术研究"成果

目 录

序　言　/ 1

壹　瓷窑址考古的帷幕

探寻秘色瓷　/ 5
越窑的两个次级中心　/ 10
上林湖中心窑区　/ 18

贰　秘色瓷初现：法门寺秘色瓷标准器

地宫秘色器与供佛仪轨　/ 24
地宫遗存与佛教华夏化　/ 31
瓷器与茶德文化　/ 37

叁 越窑的繁荣:荷花芯窑址

中晚唐的荷花芯窑址　/ 48
隋唐帝国的南向开发　/ 56
知识力量推动的高端瓷需求　/ 68
上林湖越窑的复兴　/ 79

肆 越窑由盛转衰:寺龙口窑址

从晚唐持续到南宋初的寺龙口窑址　/ 94
宋学进步与士大夫参政　/ 101
政治改革对越窑起落的影响　/ 113

伍 越窑的尾声:低岭头窑址

南宋的"低岭头类型"　/ 126
南宋落定与越窑延续　/ 134
复古瓷流行的文化背景　/ 141
税种增长与窑业机构设置　/ 154

陆　发现秘色瓷：后司岙窑址

晚唐五代的后司岙窑址　/ 172
吴越国与秘色瓷　/ 184
秘色瓷的礼仪性　/ 193

柒　海上瓷路的文化传播

瓷器的海外输出　/ 203
市舶管理的加强　/ 214
越窑瓷中的外来因素　/ 222

结　语 / 235
注　释 / 240

序　言

　　陶瓷是人类历史上以出现早、应用广、影响深而著称的伟大发明，陶器的使用是人类走向定居的重要标志。而由陶向瓷的进化，更是极大改变了人类对自然的认识和利用能力，瓷器的开发成为中华民族对世界文明作出的杰出贡献。

　　中国瓷业的主流发展脉络大致可划分为四大阶段：先秦的原始青瓷；秦汉原始瓷到六朝的早期青瓷；唐宋席卷全国的各大名窑出现；元明清影响到世界的彩瓷生产。其中第一、二阶段的核心产区都在浙江，以浙江为中心的中国东南部是瓷器的起源地与核心产地。第三、四阶段制瓷业在全国广泛分布，但瓷业重心仍在以浙江及周边的江西、福建等地为主的中国东南区域。本书讨论的重点是第三阶段唐宋时代的上林湖越窑，外来文化的多样性经由隋唐帝国吸收发酵，在两宋终于融合进本土文化，以越窑瓷为代表的"中国瓷"升华为华夏文化载体走出国门。

　　上林湖越窑出现在浙江并非偶然，以浙江为中心的环太湖文化区自古为古越族的政治、经济中心，从马家浜文化到良渚文化，其长时间处于中国文明的引领地位。良渚文明崩散后经历了钱山漾与广富林文化的低谷，马桥文化时期社会复杂化再次加速，古越族最重要的制瓷业在这时开始腾飞，在约当于中原夏代晚期时原始青瓷创烧成功，揭开了世界制瓷史的序幕，之后数千年一直站在世界制瓷业的最前端。东汉时完成原始瓷向成熟青瓷的飞跃，浙江上虞小仙坛是中国青瓷成熟的标志地，从此，制瓷业带动了江南经济的千年勃兴。浙江有长时期、大范围的瓷业作坊分布，只是核心产区在每个产量高峰都有流动。成熟青瓷从东汉中晚期的上虞小仙坛出发，流经不远处三国、西晋的凤凰山窑址群，形成一个发展高峰。为方便与唐宋时期的越窑相区分，我们称之为"早期越窑"。隋唐至两宋时青瓷在慈溪上林湖留驻并爆发开来，通常称为"越窑"或"上林湖越窑"。早期越窑青瓷的生产及使用主要集中在江淮以南，尤以作为六朝都城的南京为核心，中原区域的使用范围较战国原始青瓷有所扩大，但仍以中央和各地方政府所在地为主，说明汉至西晋的早期越窑青瓷的使用仍集中于社会高层。中唐以后青瓷产业再次腾飞，这次复兴正值国家全面南向开发的进程中，青瓷因之进入了全国流通网络。窑业分布区域及产品类型、数量都明显增多，越瓷从此参与进闲敲棋子、慢吟诗书的藻藉风雅，被赋予深厚的文化情节。

上林湖越窑是唐宋贡瓷的烧造地，"秘色瓷"是晚唐五代越窑的最高等级产品，它的出现标志着制瓷史上划时代的技术飞跃，胎釉工艺的突破带动了全国制瓷业的腾飞，是之后汝窑、龙泉窑、南宋官窑、高丽瓷等高等级青瓷的工艺基础，因此可以称越窑为"母亲窑"。随着唐代使用群体的扩大，青瓷因高层文化圈的喜好在全国范围得以扩散，其主流样式是时代艺术追求的合集，越窑由唐代的阔大到两宋的精致印刻着不同的文化需求。秘色瓷斐然清润，如幽林凉月下的琴音，在风穿树籁的历史微鸣中，悠续着远古南方文化的幽沉平和，切合着唐末到宋初清冷怀旧的主题。北宋晚期越窑走向衰落，秘色瓷的风貌逐渐隐匿，文献的记载与存世器物间已很难对接。南宋叶寘记："……秘色窑器，世言钱氏有国日，越州烧进，不得臣庶用，故云秘色。"[1]后世儒者视与盛世繁荣不遇而难以释然，于是，寻找"秘色"成为宋明以后文士欣欣然的期盼。

本书沿着考古学者探寻的足迹，以文献与实物结合的方式，再现秘色瓷的发现过程。从兴盛的中晚唐荷花芯窑址，找到由盛转衰的北宋寺龙口窑址，然后发现南宋越窑的低岭头类型，最终在后司岙窑址找到了秘色瓷的集中产地。这一过程正好再现了越瓷发展中几次大的转向，其时的政治、文化变迁皆留存在青瓷散落的背影里。

秘色瓷集中出现在晚唐五代，中唐以后国家经济南向开发，成为越窑技术发展的推动力，晚唐地方割据又让江南的资源开发达到极致，秘色瓷的独具特色和一器难求，使之成为地方势力朝贡、外交的润滑剂。它似时代进行曲中的音符，隐显在越窑构建出的年轮小节间。文化的主旋律督促着政治策略实施，在知识力量推进下谱写出民族认同的乐章，华夏文明的交响曲由南北乐章共同谱演而出。越窑的盛衰契合着文化演进的韵律，本书将从主流学术与民俗信仰的结合点出发，探寻由秘色瓷牵引而出的文化律吕。

社会普遍信仰的建立，自古便诉之于奉为真理的知识与思想，这就和社会最高学术水准无法分开。由统治层的学术引领扩展到民间的风俗，都以民族文化的归属感为基础。本书中以"社会意识形态"代表绝大多数人的共同愿望，这里我们称为社会的"小传统"，而学术思想便是影响社会发展方向的"大传统"[2]，将两个传统沟通汇流是政治统治力量下行的关键。每种民族传统的实现都是文化苦搏的成果，主流传统的转折也并非起于人性的动力，而是在于时代的政治需求，总体上看"大传统"总是引领着社会意识形态的进步。社会精英着力在理想世界与社会现实之间建立连线，通过学术文化的力量修正统治策略的偏差，以文学、艺术、科技等方式表达民族特色，精英偏好引导艺术取向并以此舒写思想世界与政治历史的联接。而越窑青瓷正是唐宋时代的潮流风向标，定格在时代艺术与主流学术的结合处。

中国学术建设在三代时期就已初现端倪，自西周以来便建立起以德礼秩序为主干的统治理论。在君主治国的需求中，专制官僚政治是事实存在，但为之蒙上传统学术的光环，方能助于营造"得民心者得天下"的盛世愿景。华夏文化脉络的发展正如深山大泽中必生龙蛇，在东周百家争鸣的学术土壤中，儒学在多方思潮的打击下不断吸收扩容，成为此后统治策略的发源处。由于儒家思想对天、地、人等众多事物加以系统的解释安排，处理从治国平天下到寻常人生、家庭、教育、文化等日常琐事，也就决定了学术传统的力量必然深入下层社会。秦汉帝国经历了长时间的"法""儒"实践，到两汉时，以"礼"为基础传承的儒学逐渐成为统治思想的中坚。南北朝时进入中原的西域诸国都自称源于华夏，"统一"的观念升华为民族认可的政治共识，新的历史观是隋唐统一的精神基础。"没有北朝，便不会有一个多民族的开放统一的隋唐，也不会出现盛唐"[3]，"李唐一族之所以崛兴，盖取塞外野蛮精悍之血，注入中原文化颓废之躯，旧染既除，新机重启，扩大恢张，遂能别创空前之世局"[4]。儒学开拓的胸怀造就了隋唐帝国的世界性，"以秦汉中国文明和伊朗、印度文明为父母，生发出新的'远东文明'时代"[5]，这个时代最大的学术特色就是对外来文化的吸收融合。

两晋南北朝玄道之学与佛教的繁荣使儒学式微，长期延续的儒、佛、道各方经多次碰撞，到隋唐时展现出了不同于前的思想特征。儒学消化佛教花了数百年，经由盛世的吸收创新走向两宋的成熟内敛，学术思想与统治格局在这时基本定型。国学的人文修养有益于官员专业职守，"士"与"大夫"结合成为中国政治演进的最终定局，也正是在唐宋发展到了成熟形态。两宋以后佛教的思维方式与儒学多方位贴合，汇流入中华文化之中。主流知识群体虽长时期浸润在儒学底色之中，但不同时代的政治需求让学术、宗教、法术各有起落。越窑青瓷便滋蔓在时代思想的需求中，阅衍开学术秩序律动的年轮。

时代特色在瓷器上的印记有相对滞后性,这一时间差正是学术思想向意识形态普及间的错位,但从总体趋势上看,瓷器是由高端稀有逐渐走向民间日常,与知识下行的步伐有相对一致性。从先秦到两汉青瓷一直留驻在南方高端人群中,主要是因帝国的政治、文化中心在黄河流域合一,江南尚未进入主流群体。东汉以后虽加大江东的开发力度,但南北交流仍不甚密切,江南的实力还不能引起中央重视。六朝之时瓷器已得高层喜爱,但仍以江淮区域间的扩散为主,华夏的文化经济中心向江淮有所移动,但分裂政权下青瓷作为商品走向全国的条件尚不具备,当时南北水运路线需经多重转折,这些都让青瓷销路多限于中国东南。隋唐之时的军事与政治重心仍在北方,但南方的经济文化水平已是帝国无法忽视的存在,于是隋炀帝开通运河在南北之间形成直达通道,但作用尚未显现就已进入唐代。中唐以后对江淮经济日益倚重,运河漕运的重要性方才凸显,盛唐的水运疏通让国家网络大体成型,并成为越窑进入主流文化的物质基础。

隋唐帝国恢弘的政治思路加速了外来文化的进入,不仅开拓了儒学内涵,也影响着艺术风格的多样化。在开拓型的文化需求中越窑迎来了腾飞机遇,以越州土贡名品的形式进入中原,从此开启了全国性高端商品的模式。唐宋"士大夫"的精神需求缘引着民间风素,越窑青瓷在时风流韵中辗转,诠释着对主流艺术的希求。经济发展水平、政策以及人口流动等各项因素,甚至社会的稳定与崩散,都会影响时代艺术的取向,这些因素经由民俗的吸收整合后,定格在瓷器的时代风貌中。"秘色瓷"是晚唐五代最高等级的瓷器,在帝国落寞的背影里承载起重建文化自信的民族需求,由学士群的推崇,锁定为华夏重要的文化特征。

两宋以后的思想内化让瓷器充满了文化意蕴,王室南渡更惊觉了国学的风骨，宋瓷终成为"君子如玉"品行的代称。青瓷与学术的典范结合在南宋初年的越窑完成定向，如玉的质感追求改变了秘色瓷以透明釉为标志的艺术风格，"秘色"从此成为高端青色的统称，在南宋以后被赋予古典风雅的内涵。越窑全面衰落时，与"秘色"的渐行渐远让思想世界有了发挥空间，从此"秘色"成为所有高等级青瓷的代称。由"秘色"关联的太平景象，让越窑成为士大夫流连遐想的新起点，从根源处再次托举起民族的文化自信。

正因瓷器与时代结合紧密，才为复原文明特色提供了可能，瓷器的保存、修复较丝绸、漆器等相对容易，即使是些许碎片也能还原出点滴历史印记。对越窑探寻的目标不单是恢复窑区原貌，不同时期器型、纹饰的流行风格变化，也能再现主流学术对不同文化的融合。这里将以寻找秘色瓷为轴，钩沉稽古，发微抉隐，铺展开文化最轩敞时代的历史卷轴。青瓷用记忆碎片镶嵌在帝国思想的旧日轩窗，透过江南烟云可以鸟瞰主流文脉的律动。

壹 瓷窑址考古的帷幕

环太湖文化区是古越族的聚居地，也是制瓷业最重要的发源地，以德清为中心的东苕溪流域是先秦原始瓷核心产区，绍兴是东周越国的政治中心，为原始瓷的集中使用之地。随着秦汉政治力量对古越国势力的拆分，大量北人的迁入，人口密集区进一步从湖州、绍兴等地沿着河流向周边拓展，上虞附近成为东汉到孙吴北来人口的聚居地，也是这时的高端瓷器核心产区。孙吴到隋初三百余年的开发，环太湖区域经济力量已经有了相当的整合，但青瓷仍没有在中原主流文化圈普及。东晋南北朝时地方割据势力强大，政府对南方的控制力显然不足，在全国性网络断裂时期，战乱中的南方地区掌控在地方豪族手中，早期越窑在这时全面衰落。豪门的强势让帝国政权南向深入耗费了相当长时间的努力，青瓷试图脱离区域限制是在政治深入到江南交通网络之后。

隋初因战乱流入私门的"客户"人身依附尚未削弱，大族对人口的控制让国家力役、兵源、税收都无法实现。文帝杨坚夺取北周后，凭借政治强力集中各地物资于关中、河洛及山西地区，并于583年颁布户籍法"命州县大索貌阅"[6]，期望通过检核来严格户口管理，并掌控全国劳动力资源。但590年江南豪族高智慧、沈玄憎等起兵打破了这一进程，隋政府虽将之镇压，却再也不敢在江南推行户籍法，可见南方豪族地位之牢固。604年炀帝杨广营建东都（洛阳），同时着力开通运河，将江都（扬州）、涿郡（北京）和东都联系起来，希望将交通线路深入江南，在豪门割据范围内打开一条通道。中央建立新的交通线路是为把地区性互相冲突的区域重新纳入一个系统，运河的通航成为国家道路网络的南北主干线，为政权南向开启了通道。沿岸的土地、人口、经济得以与中原联通，政治隙地有了直接参与全国性商贸的可能，这使江南豪门的垄断地位有所动摇。

炀帝希求政权稳定，在开发江淮的同时，也着力于向西北政治势力展示帝国威望，借经济、文化输出来扩大政治影响力。这时的外患以突厥和高丽为大，契丹地处两者之间，于是帝国利用突厥打击契丹。大业（605-618）初年，大将韦云起率军进入契丹，让突厥兵士诈称"向柳城郡（今辽宁西部），欲共高丽交易"[7]，然后驰骑袭之，云起战果辉煌，契丹从此对隋朝贡不断。能诈称"欲共高丽交易"，说明当时西北沙漠草原的商品交换已趋频繁，并且可以穿越不同的政权。国家对外交贸易的垄断是帝国威望的组成，这应该也是炀帝四次征伐高丽的一个动因。但征伐耗尽了国民的向心力，之后的农民起义不仅打击了王朝统治，同时也给地方豪族以重击，这才使唐初国家有田可均。

隋帝国不仅给后代留下了大运河，还留下了宏阔的政治思路。唐政权对地方的控制力逐渐加强，国家劳役、赋税的需求是深入开发南方经济的动力。地区性商品的流通大为增强，上林湖越窑正是在这时开始复兴，特别是安史之乱后对西北的掌控大幅失落，控制江淮税收成为维持国家财政的必然手段，强化江南的开发使越窑渐入鼎盛，越窑瓷器在全国范围的扩散，与江淮大范围经济开发的时间基本叠合。制瓷业提升了环太湖的经济实力，解决了南方剩余劳动力，也夯实了国家南进的经济文化基础。晚唐五代以后经济重心全面南向，到两宋时江南已是世界最发达的地区，这一过程皆在青瓷的背影里悠续。对唐宋秘色瓷的探寻，不仅是学士寻觅旧日情怀的心灵归属，更是对国家重心南移过程的一次梳厘。

探寻秘色瓷

晚唐诗人陆龟蒙（？-881）在《秘色越器》中，以"九秋风露越窑开，夺得千峰翠色来"首次提及"秘色"一词，略晚于他的徐夤在《贡余秘色茶盏》里也留有"捩翠融青瑞色新，陶成先得贡吾君"之句，说明秘色瓷在晚唐已经是越州地区贡献中央的高端器物。贡品的需求是与主流好尚相切合的证明，晚唐的秘色瓷更是站在时代之尖，以不同于金银器的清淡平和占据着文人雅士的视野，融合在由诗词蕴化的晚唐语境中。当"绿樽翠杓，为君斟酌"的温婉成为常景，以"酒醒春晚一瓯茶"的清闲，品味"酒槛缘青壁"的岁月印记，茶轩清玩成为甜美的期许。唐人的诗意，牵惹着后世对酒吸荷杯绿的"秘色"遐想连连。

宋朝思古之情与求新之念互相错综，造就了"不贵金玉而贵铜瓷"的文化倾向，雅淡古拙成为怀旧心绪与文人情操的结合点，集清浅、率古于一身的青瓷，终于浓缩成仰述存眷、曲垂访忆的通幽之径。特别是南宋以后"秘色瓷"的幽远难觅，孕育出更广泛的畅想空间。有宋一代的文献几乎一致认为秘色瓷是晚唐五代在越州烧造、专门用以进献宫廷的高端瓷器，如赵令畤（1051-1134）《侯鲭录》记："今之秘色瓷器，世言钱氏有国，越州烧进，为供奉之物，臣庶不得用之，故云秘色……乃知唐时已有秘色，非自钱氏始。"[8]此钱氏即指晚唐、五代时期在东南地区建立吴越国的钱镠家族,宋人多认为吴越国进贡给宫廷的瓷器就是秘色瓷,因"臣庶不得用"的高端难求而称之为"秘色"。之后各代对何为"秘色"一直争论不休,但基本未超出宋人的认识范畴。据《余姚县志》记,明嘉靖时人认为"秘色瓷,初出上林湖,唐宋时置官监窑",说明朝廷可能在余姚上林湖设有专门管理窑场的机构。"秘色"经由历史层叠的帷幔愈加朦胧玄秘,撩拨着迁客骚人的心绪,"秘色"认定的迷乱一直持续至近代,直到陈万里对中国古陶瓷的全面探索,为"寻找秘色瓷"谱写了精彩的序篇。

陈万里(1892-1969),苏州人,中国近代享誉世界的陶瓷专家,曾是故宫博物院古陶瓷研究部首任主任,当时故宫正是中国古陶瓷研究的大本营。20世纪20年代,王国维先生提倡以地下之新发现"得据以补正纸上之材料"的二重证据法,成为时代公认考古研究之正流。陈先生在中国陶瓷考古中实践了此思想,他是第一位走出书斋对古代瓷窑址实地考察的学者,从此中国陶瓷研究从宋代以来的"金石学",逐渐走向以田野调查、实物取证与文献记载相印证的"考古学"。自1928年起,他"八去龙泉,七访绍兴",对浙江地区的窑业做了大范围的基础调查,先后发现龙泉窑区的大窑和越窑区的上林湖遗址,搜集各窑址瓷片标本进行排比研究,开辟了一条古陶瓷研究的新途径,为现代陶瓷研究奠定了科学考古的基础。他的著作主要有:《瓷器与浙江》《越器图录》《陶枕》《宋代北方民间瓷器》《中国青瓷史略》《陶俑》等。他对浙江制瓷业的地位加以整理,认为越窑与龙泉窑是我国不同时代最主要的青瓷产业区,延续贯穿自创始至元明的全部时段。

陈先生从宋代的记载出发,结合多年实地考察,认为浙江宁绍平原为越窑产地,秘色瓷是越窑青瓷之精品。他曾多次大范围对绍兴、慈溪等地窑址全面考察，认为浙江是全国最重要的青瓷产地，其中的普通瓷器是民间用品，而秘色瓷是供御用品，两者同为越窑出产。陈先生曾在1935年5月15日的《余姚上林湖访古记》中写道："本日午前在甬参加夏季卫生运动大会以后赶往上林湖。湖水清澈见底，浅处有芦草，微风拂之，荡漾有致。黄花小草，亦随处可以见到，风景之佳，实不让杭州西子湖也。四围山色葱翠可爱，低诵陆龟蒙'夺得千峰翠色来'之句，翘首南望，早已神驰于湖西村矣。自蕹云亭南行折东几穿湖而过……居民均业砖窑，殆为千数百年由制瓷而转为制砖欤！"（图1-1-1）在湖地茂草的无奈叹惋中，掀开了浙江陶瓷考古的帷幕。之后寻找秘色瓷之路便将目光锁定在以宁绍平原为主的区域。

1949年以来，省、市、县各级专业考古人员陆续展开调查，一个重要目的就是找寻秘色瓷窑场及探明制作工艺。20世纪50年代，考古人员开始对宁绍平原进行系统调查，再次确定陈万里先生的论断基本无误，上林湖一带是唐宋越窑的核心区域。

唐宋青瓷核心窑址群在宁绍平原，有一个中心和两个次一级中心，中心就是上林湖地区。五代北宋以后出口的需求使窑区明显扩大，高质量的窑址开始扩展至上林湖以外浙江的大部分地区，两个次级中心为上虞窑寺前窑址群和宁波东钱湖窑址群。此外在萧山、绍兴、余姚、象山等地亦有零星窑址发现，主要为北宋中晚期，与上林湖窑址群同期盛行的刻划花工艺基本一致。在浙江的金衢盆地、台温沿海以及丽水的龙泉一带，也出现了相当数量的越窑系窑址，但产品质量明显较核心区和次级中心为差，且品类相对单一。现在我们从两个次级中心开始寻找秘色瓷的步伐。

图 1-1-1　上林晨曦

越窑的两个次级中心

随着工作的展开，考古人员在上虞曹娥江流域发现了一批东汉至南朝时期的窑址，以三国前后最为兴盛，代表着成熟瓷器发展史上的第一个高峰，这完全超出了传统文献的记载。由中国硅酸盐学会主编的《中国陶瓷史》将上虞地区窑址列入越窑范围，这是对传统越窑理解的一大突破，也是因当时越窑整体面貌尚不清晰而作出的无奈之举。目前学者普遍将曹娥江流域，从东汉晚期上虞地区烧造成熟青瓷开始到唐宋上林湖窑址群，统称为越窑。这里为作区别，将唐宋上林湖窑址群称为越窑或上林湖越窑，将上虞地区的汉六朝窑址群称为早期越窑，本书讨论的是上林湖越窑。越窑两个区域的同时代产品工艺风格接近，地域也相邻，只是不同时段的核心窑址群有一个移动的过程。

慈溪上林湖及周边地区是唐宋越窑的核心产地，这时的次级中心有两处：窑寺前窑址群，在上林湖西南约60公里，产品主要集中在唐末到北宋时期，较上林湖核心区质量稍差；东钱湖窑址群，位于上林湖东南约70公里，产品集中在宋代中晚期，质量较窑寺前窑址又略差。

窑寺前窑址群

窑寺前是仅次于上林湖核心窑场的窑址群，位于绍兴市上虞区南约10公里处的上浦镇东山村甲仗、窑寺前两自然村中，西距曹娥江约1.5公里。窑寺前窑址群南边为山区，北边是开阔地，位于上虞中部的半山区丘陵地带。此区域山势不高，山间河网密布，既有丰富的山林作燃料，亦有瓷土及运输之便，烧窑条件相当便利（图1-2-1）。曹娥江两岸是汉魏六朝全国最重要的窑址分布地，是成熟青瓷的起源地和制作中心，中

图 1-2-1　窑寺前远景

国成熟青瓷的认定，即以此地小仙坛窑址产品的理化测试数据为标准。这里的早期越窑自东汉到东吴鼎盛（图1-2-2），历孙吴政权（222-280）一直持续到西晋（265-317）中期，之后明显衰落。核心产区中礼制性器物消失，转而以日用器为主，并且质量大为下降。有学者认为，大量人口的迁入使上虞附近土地紧缺，瓷业的利益不足以支撑扩大了的成本，这或许是早期越窑产量在南朝迅速萎缩的原因之一。南朝到初唐越窑经历了二百余年的衰落期，这就是早期越窑和唐宋越窑之间的低谷，这时宁绍平原的窑业并没有停产，只是日用器物成为生产主流，并且产量、质量都大幅下降（图1-2-3），窑址数量明显减少。同时期周边窑址开始繁荣，如德清窑成为一时翘楚，但即便是衰落期的早期越窑，其无论从窑址数量还是到分布区域都远大于德清窑，可见越窑的衰落只是针对两

壹　瓷窑址考古的帷幕　　11

图 1-2-2　上虞东汉至西晋时期窑址出土瓷器

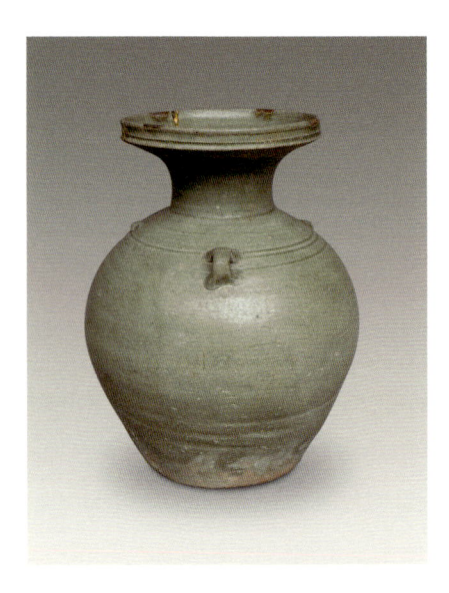

图 1-2-3　东晋越窑盘口壶（新昌博物馆藏）

个高峰期的繁荣程度而言，处在低谷期的产量、质量仍远高于周边青瓷窑区。

以上虞为中心的核心产区，到唐宋时地位被上林湖窑区取代，但约唐末五代时，上虞窑寺前窑区开始重燃窑火，到了北宋早期质量极高，许多学者认为唐宋的窑寺前是吴越国晚期为分担上林湖的繁重任务而另辟的新窑场，与上林湖中心生产区同是吴越国生产贡瓷或官物的两大地区之一。但上虞地区唐宋时期的窑址分布范围和数量，远不及汉晋兴盛时期，较同期上林湖区域就更少。以窑寺前窑址为中心，在山南的仗子山一带亦有一定数量的窑址群分布。

窑寺前窑址群遍布于朝西的"凹"字形山岙，在东、南、北三面环山麓均有窑址分布，共发现窑寺前、傅家岭、盘口湾等30余处窑址。堆积丰厚，自五代或唐代晚期延续至北宋晚期，其中一处堆积可能延续至南宋，产品质量普遍较高，以傅家岭、窑寺前窑址最为上乘。傅家岭窑址位于朝东的低缓山丘，堆积共有两处，一南一北相隔分布。堆积层极其丰厚（图1-2-4），堆积中间的下凹处为当时窑炉所在。窑址位于山坡的边缘，西为连绵的山丘，东为开阔的平地，平地与山丘之间形成一个较开阔平坦的三级台地。时代为唐末五代至北宋中晚期，其中北宋早期质量最高，这一时期的堆积主要集中在窑址北边，高度较南边低，地

图1-2-4　傅家岭窑址丰厚的地层堆积

图 1-2-5 傅家岭窑址采集的近细瓷质匣钵

面大量窑具堆积与南边窑址情况基本相同。采集的窑具有大量的近细瓷质匣钵（图 1-2-5），筒型与 M 型均有，部分内部施釉，胎质较细而白，质量亦明显更好，这是目前发现窑寺前窑址区瓷质匣钵比例较高的地点。天青釉青瓷产品比例更大，器型主要有碗、盘、罐、盒、执壶、钵、炉、盏、盏托、灯盏等，胎质细腻致密，施釉均匀，釉色呈天青的秘色瓷色，釉面莹润，质量极高。以细线划花装饰为主，题材包括龙纹（图 1-2-6）、凤凰纹（图 1-2-7）、对蝶纹（图 1-2-8）、鹦鹉纹、

图 1-2-6 傅家岭窑址出土龙纹盘

14　发现秘色瓷

图 1-2-7　傅家岭窑址出土凤凰纹碗　　图 1-2-8　傅家岭窑址出土对蝶纹盘

孔雀纹以及各种缠枝花卉纹。满釉，使用垫圈在匣钵中一匣一器装烧。南边窑址区堆积呈山脊状隆起，最厚处超过 5 米，面积达上千平方米。地面主要为大量的窑具堆积，匣钵包括筒型、钵型与 M 型几种，也有大量的垫圈，垫具则多为瓷质。瓷器产品标本以碗为主，有一定数量的盘、碟、钵、盏、盏托、执壶、盒、罐等，有细刻划花，也有粗刻划花。时代至少从北宋早期到北宋晚期。

　　窑寺前地区北宋早期烧造高质量、接近于秘色瓷青瓷的窑场并不多，主要是北宋中晚期的窑场，以盘口湾等为代表，装饰以粗刻划花为基本特征（图 1-2-9），釉色逐渐向黄色转变，而纹饰越到北宋晚期则越为粗率（图 1-2-10），败象渐显。

　　通过对窑寺前地区的整体调查，可以确定这一地区窑址规模、产量及质量均达不到上林湖窑区，产品主要在北宋中晚期，持续时间也较上林湖短。北宋早期虽然窑址数量不多，但是此地质量最好的时期，其产品与上林湖核心窑址区产品相当接近，只在细节上略有差别，达不到上林湖最高等级艺术品的炉火纯青。最高等级的产品造型规整，胎质细

壹　瓷窑址考古的帷幕　　15

腻，釉色青翠，刻划精细，也是目前越窑产品中不多见的精品。经过与上林湖秘色瓷标准器比对，质量稍逊，但仍可确定为秘色瓷器。生产时间约为钱弘俶在位期间，应该是五代吴越国纳土归宋之前。文献记载宋初吴越以"器服珍奇为献，不可胜数"[9]，很有可能是因需求量太大，上林湖窑区的产量已不能满足，于是在窑寺前别设窑场。

据宋《嘉泰会稽志》"广教寺"条记载："广教院，在县西四十里……初尝置官窑三十六所于此，有官院故址尚存。"[10]《会稽志》成书于南宋嘉泰元年（1201），"官窑三十六所"说明此地应有大量烧制秘色瓷器的窑址群，但目前发现这里高等级的窑址只有零星几处，远无法达到文献记载的数量，或许是后代的开发破坏了窑区，也可能是文献记载中加入了宋人对秘色瓷的期许。这里是目前在上林湖以外发现的唯一一处高质量越窑产区，但高等级产品数量太少，不可能是生产秘色瓷的核心窑区，且时代较晚。

图1-2-9 窑寺前窑址出土粗刻划花牡丹纹执壶

图1-2-10 窑寺前窑址出土粗刻划花牡丹纹盘

东钱湖窑址群

　　东钱湖又称钱湖、万金湖，是远古时期地质运动形成的天然的潟湖，东距宁波15公里。湖的东南依青山、西北向平原，郭沫若曾说它"西湖风光，太湖气魄"。东钱湖由谷子湖、梅湖和外湖三部分组成，南北长8.5公里，东西宽6.5公里，环湖周长45公里，面积22平方公里，是浙江省最大的天然淡水湖。唐天宝年间（742-756），鄮县（浙江鄞县东）县令陆南金率众修筑坝堤，这以后王安石、李夷庚、吕献之等历代地方官，都对这里除葑清界、增筑设施，使之成为综合利用的水域。东钱湖水陆交通便利，经姚江可达慈溪并入大海，经横溪可到象山港，经浙东运河可通杭州，具有成为手工业商业中心的优越条件。

　　东钱湖周边分布着10多处唐宋窑址（图1-2-11），时代主要集中在北宋中晚期，出现时间较窑寺前略晚，规模也略小。盛行刻划花工艺，总

图1-2-11　东钱湖龙窑炉

体风格与上林湖同期接近，但产品质量较窑寺前还小有差距，较上林湖就更逊一筹。

这一区域以上水岙窑址产品质量最高。产品种类丰富，有碗、盘、杯、盏、盏托、盒、罐、壶、钵、香薰、瓶、套盒、水盂、枕、洗、砚台、五管灯、唾盂等；装饰工艺繁复，集多

图1-2-12 东钱湖上水岙窑址粗刻划花工艺

种工艺于一身，刻划花、浅浮雕、镂雕、堆塑等工艺的大量运用使器物呈现多层次的立体浮雕感（图1-2-12）；纹饰精美多样，既有莲瓣纹、牡丹纹、荷叶纹、莲蓬纹、云草纹等植物花卉和海波纹样，也有凤纹、龙纹、摩羯纹、雀纹、鸳鸯纹、鹦鹉纹、鹤纹、鱼纹等动物纹样，形象逼真，栩栩如生；少量器物上刻划有文字，如"大""内""千""十""弟子曾……""……申日……下庙""周置""大吉""曾州""上清"等。窑炉、装烧工艺等与上林湖窑址一致，为依山而建的长条形龙窑，由火膛、排烟室、窑门等构成，使用匣钵、垫圈等窑具装烧[11]。

以上两个次级中心，在器型、工艺上均未发现更多较上林湖核心区的创新，时间上也正是核心区产量最大的时期，且都邻近水路，基本可以看成是核心产区的辅助性窑场。下面再来看上林湖中心产区情况。

上林湖中心窑区

上林湖地区以低山丘陵为主，具有钱塘江、浙东大运河等便利的水运条件，成品可直接从宁波出海，亦可向西过杭州北上达国内许多重要城市。目前发现的越窑遗址群位于慈溪市东南的桥头、匡堰、观海卫诸

图 1-3-1　上林湖窑址群四大片区分布示意图

镇,由上林湖、白洋湖、里杜湖、古银锭湖四个片区构成(图1-3-1),以上林湖区最为密集。上林湖窑区至今共发现窑址150余处,为唐宋时期越窑核心烧造区和全国的窑业中心。上林湖位于浙东慈溪市桥头镇一带,这里秦汉至隋代均属会稽郡,唐代改称越州,宋之后更名为绍兴府,清代蓝浦《景德镇陶录·越窑》记:"越窑,越州所烧,始唐代,即今浙江绍兴府,在隋唐曰越州,瓷色青,著美一时。"唐宋时期处于上林湖越窑的鼎盛期,越窑、越州窑之名自唐代始,在当时专指上林湖窑址群的产品。

　　从多年的考古调查结果来看,上林湖窑址群始出现于东汉,汉晋时期窑业规模较小,产品与当时窑业中心的上虞地区接近,但质量较之为差。东晋至唐代早期是整个越窑发展的低谷,上林湖的窑址数量也有明显缩减,产品种类以碗占绝对多数,其次是钵、盘口壶、鸡首壶、罐等少量日用器物,胎质淘洗粗糙,多施半釉。约唐代中期,窑址数量大幅增加,装

壹　瓷窑址考古的帷幕　　19

烧工艺迅速进步，晚唐至北宋早期盛极一时，北宋中期后质量明显下降，但产量及产区却不断扩张，北宋晚期走向衰落。南宋早期发现有少量宫廷用瓷的烧造窑址，但数量很少，且持续时间不长。

经过几代人对宁绍平原的持续调查，基本理清了越窑的主要分布区域及大致发展脉络。以上虞为中心的窑址群是"早期越窑"的核心区，从东汉持续到六朝。唐宋越窑的核心区在上林湖，其中晚唐至北宋时期产量最大，窑区铺展到早期越窑的上虞地区窑寺前与宁波东钱湖地区，产品质量较上林湖核心产区稍差，成为越窑的两个次级核心区。

经过对窑寺前与东钱湖地区较为系统的调查发掘工作，考古人员将寻找秘色瓷的重心终于落定在上林湖窑区，这里众多堆积中多出足可"光参筠席"的茶瓯、越盏，亦不乏"圭璧姿，又有烟岚色"的香薰、烛灯，但考古人员任是十二栏杆倚遍，仍无法确定各类釉色青器是否就是文献记载中的"秘色瓷"。正在疑问不断衍生时，一个唐代遗存的揭开，昭示了秘色瓷标准器的面貌。

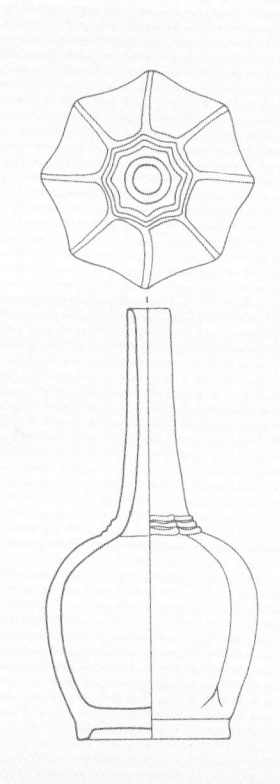

贰 秘色瓷初现:法门寺秘色瓷标准器

法门寺位于陕西省宝鸡市以西约90公里的法门镇，东汉时这里就置有木塔，并因塔建寺。之后经多次损毁重建，唐初改名为"法门寺"，寺内塔为唐代重修。法门寺被誉为唐代皇家寺庙，因安置释迦牟尼指骨舍利而成为佛教圣地。佛灭度后火化所留下的遗骨、遗灰，称佛舍利，或以佛身部位而称佛顶骨、指骨、佛牙，在后世极受尊崇。法门寺指骨是目前世界仅存的佛指舍利，为佛家至宝。

随着法门寺佛塔在雷电暴雨中的倒塌，在1987年四月初八的佛诞日，舍利塔基的地宫开启，揭开了盛唐文化中多个业已丢失的记忆片断。有"关中塔庙始祖"之称的法门寺，保存了唐代规模最大、等级最高的佛塔地宫，其中主要的供奉物有：四枚佛祖释迦牟尼真身指骨舍利；唐皇室供奉的一百二十一件（组）金银器；首次发现的唐皇室秘色瓷系列；古罗马等地的琉璃器群；上千件荟萃唐代丝织工艺的丝（金）织物。地宫器物保存之完好为世所罕见，供佛物品的共同特征是珍贵稀少，而秘色瓷工艺正是在这一时期开始成熟，其应该是皇家用品和用以供奉佛祖的高端用品。咸通十五年（874）唐僖宗最后一次送还佛骨，这也是法门寺地宫最后一次关闭的时间，其后33年唐朝覆亡，直到一千多年后的今天才再次开启。地宫从晚唐封存的记忆中再现佛教的中国化进程，对遗留的佛教仪轨加以整理，可以重现唐代宗教对政治、文化、艺术等的影响力。

佛教法器、秘色瓷、金银器、成套茶器都是地宫中供奉的主要物品，皇家供奉是向宗教世界奉献美好的表达。特别是以成套茶器礼佛，茶道中从制作步骤的赏器、闻香到品茗都具有表演性，其中含有众多华夏淳美的文化设定，对其操作方式的还原成为晚唐思想艺术追求的重要窗口。外来文化特色进入华夏的同时，不同物种与习俗都有机会进入社会高层。主流文化有统治层的引导推广方能在民间得到迅速扩散，唐宋以后茶文化逐渐进入民间日常生活，这不仅是文化下行的明证，全民饮食习惯的变更也直接关乎越窑主流产品的定向，地宫中的秘色器就是这一风貌的再现。

地宫秘色器与供佛仪轨

瓷器为了满足需求会吸收众多潮流因素，法门寺本身就是唐代皇家的礼佛要地，对器物的选择自然与主流思潮结合紧密。地宫文物的形制、纹饰和布局，在精神内涵上都与信仰密切相关，诠释出高端器物的功能与时代审美的结合。从这些遗存物品中可以探寻一些中晚唐的艺术风格。

秘色瓷标准器

法门寺地宫出土的《衣物帐碑》，载有"瓷秘色碗七口、内二口银棱，瓷秘色盘子、叠子共六枚"。碑文记载与中室漆木盒所装13件碗、盘、碟正好相符，说明这13件瓷器均为唐代的秘色瓷。五瓣葵口碗（图2-1-1）、盘（图2-1-2）与碟（叠）（图2-1-3），在灯光照射下清澈明亮，正是"明月染春水"

图 2-1-1　法门寺地宫出土秘色瓷碗

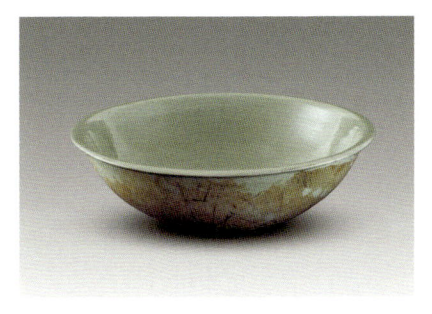

图 2-1-2　法门寺地宫出土秘色瓷盘 　　　　图 2-1-3　法门寺地宫出土秘色瓷碟

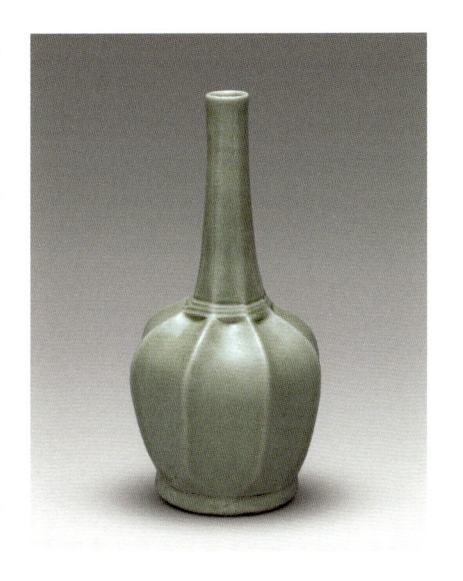

的实物写照。法门寺地宫共出土 16 件瓷器，除这 13 件明确为秘色瓷外，还有 2 件白瓷、1 件青瓷八棱净瓶。"13 件秘色瓷都放在地宫中室的双重漆盒内，先后用纸包裹，套叠，再用丝绸做整体包裹"[12]，其位在珍宝之列，说明不同于普通瓷的地位。

　　八棱净瓶可能不是与碑文器物同一次供奉的物品，八棱净瓶的胎釉特征、装烧方式等均与另外 13 件秘色瓷一致，可归入秘色

图 2-1-4　法门寺地宫出土秘色瓷净瓶

器（图 2-1-4），这样共有 14 件秘色瓷器。净瓶属佛教僧侣出行随身携带的物品之一，供饮水或净手之器，也可与香炉等同为敬佛供奉礼器。地宫所出秘色瓷可证其为王室贵胄所用，其神秘圣洁的端雅精巧，以时代的经典作品步入帝王供佛珍品。秘色瓷迎面扑出淑气临门、和风拂面的细致妥帖，将时光引入心境澄明繁华之境，清爽入骨地沉浸在大

贰　秘色瓷初现：法门寺秘色瓷标准器

唐炫目的国宝丛中，翠参差以玉立，展现出轻旋薄冰盛绿云的姿态。在精确认定了唐代秘色瓷的实物面貌后，从此有了丰富的实物标准，考古学家开始在全国出土的青瓷器中寻找秘色瓷。这类高端瓷除了用于皇家供奉外，在全国也发现有少量使用遗迹。

从目前的发现来看，秘色瓷主要用于中原和吴越国的王室，并且基本上只有钱氏家族墓出土的随葬瓷与法门寺标准器的品质相符，符合宋人文献所载"贡奉之物、臣庶不得用"。法门寺秘色瓷集中于晚唐，品质相对一致，较钱氏家族所出秘色瓷来说品种相对单一，说明五代以后秘色瓷在品种、类型上都有了更多的开拓。

吴越国王陵及钱氏家族墓主要分布于杭州、临安两地，自1958年起陆续发掘，迄今为止两地共发现、清理出9座墓葬，加上苏州七子山1座，共10座吴越国高等级墓葬。分别为：浙江临安的钱宽及其妻水邱氏合葬墓；临安太庙山墓葬，主人身份尚不清楚；临安康陵，即钱元瓘夫人穆王后马氏康陵；杭州玉皇山脚的吴越国文穆王钱元瓘墓；杭州施家山的钱元瓘次妃吴汉月墓；临安功臣山的钱镠第十九子钱元玩墓；1970年在临安板桥发现的M21，"文革"中在临安太庙山下清理的M22和杭州三台山清理的M32，分别是钱氏、吴氏家族的3座贵族墓；江苏苏州七子山的吴越国广陵王钱元璙家族墓。这些墓葬中多有越窑的其他青瓷与秘色瓷同出。

钱宽和水邱氏系五代时期吴越国王钱镠的父母，钱宽夫妇墓位于浙江省临安市锦城街道西墅村明堂山。唐乾宁二年（895）"四月十八，钱宽去世，享寿六十一，唐廷追封尚书左仆射"[13]，葬于光化三年（900），水邱氏去世于唐天复元年（901），夫妻为异穴合葬墓，均为前后双室、多耳室、多壶门、多壁龛、后室两壁斜向内收的船形墓葬，是晚唐时期吴越地区贵族使用的墓葬形制（图2-1-5）。钱宽墓早年被盗，精制青瓷仅剩余

图 2-1-5 钱宽、水邱氏夫妇墓外景

1件盆；水邱氏墓保存尚完好，出土大量的金、银、铜、瓷、玉等器物，有白瓷耳杯、执壶、青瓷油灯、盘口壶与薰炉等文物100余种。瓷器有42件，为17件白瓷与25件越窑青瓷，秘色器是其中珍品，包括体量巨大的薰炉（图2-1-6）、长明灯（图2-1-7）与盘口壶（图2-1-8），青瓷大型炉与法门寺金银炉造型一致，应该是晚唐器物的流行风格，说明越窑高端瓷与时尚风格基本接轨。钱宽夫妇墓为唐末完成，与晚唐著名诗人陆龟蒙生活的时代不远，家族其他成员也皆在五代时期下葬，基本都有高等级秘色瓷器随葬，这些实物进一步证实史籍中所载晚唐、五代吴越之地出产秘色瓷的真实性。

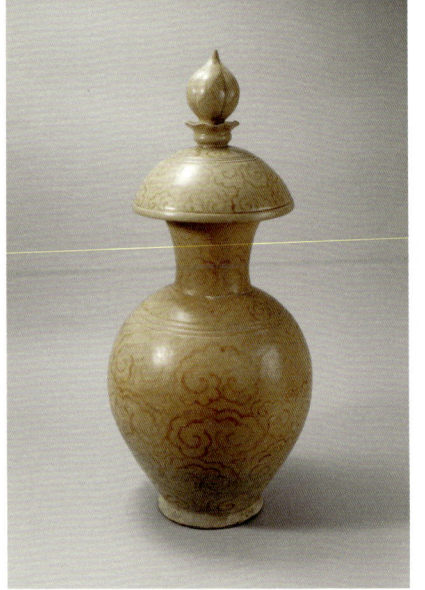

图 2-1-6 ｜ 图 2-1-7
　　　　　｜ 图 2-1-8

图 2-1-6　水邱氏墓出土褐彩薰炉
图 2-1-7　水邱氏墓出土褐彩长明灯
图 2-1-8　水邱氏墓出土褐彩盘口壶

　　在杭州等政治中心的城市遗址中，常发现有使用痕迹的秘色瓷碎片，说明在当时的王城核心区，秘色器为高端实用品。目前尚未找到除皇家及吴越国以外大量使用秘色瓷的区域，在其他地区也发现过一些秘色瓷碎片，但数量极少，不会是当时大量使用之地。

　　秘色瓷出现在皇家寺庙地宫的供佛物帐中，表明流行器物与时代艺术追求的契合是进入主流文化的首要条件。在众多外来文化中，佛教具有最完整的思想体系，对其吸收改造成为华夏学术思想、艺术风格转向的推动力，在秘色瓷中也留有众多西方文化特色。从法门寺地宫出土物来看，唐代皇家信奉并推崇佛教，当时的礼佛规仪正展现着主流文化的追求，其中含有不同于本地传统且与印度佛教完全不相类似的建筑、器物等。说明佛教自传入后一直处于适应改变之中，唐代时才集合为中国化的信仰内容。

从地宫供奉看唐代佛教仪轨

唐代佛教已脱离印度母本，走上了独立发展的道路，在我国创立了多个宗派，各大宗派的出现，与各地在传教过程中主动适应当地信仰、风土有关。法门寺用密宗的曼荼罗（坛或道场）供养，密宗与显宗的供养方式差别明显，这是唐代时中国的佛教已出现宗派分化的标志。

汉代佛教传入时世人尚处于认识上的混沌，多将"佛"当成流行神仙队伍中的一位，其像主要附属在随葬器物之上，助逝者灵魂飞升。为世人崇拜、具供奉意义的独立佛像到东晋（317—420）以后方才多见。南北朝时各地方小政府多以佛教为"坐致太平"的辅助手段，大力扶持佛经翻译和寺院建设，为适应我国需求，佛经诵译时多有扬弃，逐渐引发了中国佛经的创造，形成独立于印度的发展道路。中国人口众多、地域广泛，不同区域、不同文化层次又各有追求，如南方佛教是现实生活的锦上添花，而北方战乱，对未来佛弥勒的希望就成为求助解脱的生存需要；民间无法回避现世的苦难，只能寄希望于将来，而高层则信仰现世的社会利益。于是在佛教进入中国时，文人与世俗信仰者就分道扬镳、各持一端，学者试图将佛教教义与中国儒学、玄学相结合推广，提高社会高层对佛教的认可度。高僧在不同区域宣传佛教，需要适应当地不同层次的精神追求，在佛经翻译中就会出现各有偏向性的扬弃，诸多专门弘扬某类经论的佛学派别因是而出。当然西北地区的长期战乱让僧众与西域的交流减少,也是内地佛经内容逐渐远离发源地的一个原因。

隋代佛教大兴,文帝出生在陕西的冯翊般若寺,并寄养到13岁,文帝和炀帝都曾受菩萨戒。文帝即位(581)即"普诏天下,任听出家,仍令计口出钱,营造经像。……民间佛经,多于六经数十百倍"[14]。隋代不仅寺院数与度僧人数有了巨大的增长,经文内容也在渐次增添,"大业时,又令沙门智果,于东都内道场,撰诸经目,分别条贯,以佛所说经为三部:一曰大乘,二曰小乘,三曰杂经。其余似后人假托为之者,别为一部,谓之疑经"[15]。对佛经理解按喜好各有偏向,高僧为适应各地需求创立了不同宗派。武则天崇佛抑道,"释教开革命之阶,升于道教之上"[16],并改变了太宗以来译场基本由玄奘一家把持的局面,佛教各宗学说得以全面发展。佛教有显、密之分,显宗依据的是释迦牟尼佛(应身佛)著述的各种经典,密宗则依据毗卢遮那佛(法身佛)所传大法。显宗的法相宗、华严宗、净土宗、律宗、禅宗等均成于唐,佛教艺术品也由此进入巅峰。

密宗也称真言宗、密教,是大乘佛教、印度教及民间信仰的混合体,以强调咒术、仪礼、俗信为特征,通过口诵真言咒语(语密)、手结契印(身密)、心观佛尊(意密),三密相应而达到"即身成佛"[17]。"作为唐代佛教重要派系,尽管密教杂典及咒术早已传入此土,但直到武则天时密教才渐兴盛"。密宗奉真言和咒语,讲求法术,特重传承。学习密宗,必须由金刚阿阇黎建大曼荼罗,进行秘密授法[18]。"密宗注重三密修行,尤重瑜伽观想,这样就与持明密教的公开传扬方式和注重承事供养的修法有很大的不同"[19]。汤用彤先生称其"重祈祷以得利益之教也,故特主礼拜供养,所供养神甚多,以大日如来为中心,而聚千百佛菩萨,纷然杂陈"。密教有两种曼荼罗,一是胎藏界曼荼罗,善无畏传之;一是金刚界曼荼罗，金刚智传之，是供如来、菩萨聚集的场所。密咒翻译虽自汉以来即有，然至唐玄宗至晚唐极盛，其外重仪轨，内附教理，自成一系统宗派。晚唐时日本大师圆仁（慈觉）、圆珍（智证）来华学佛，曾携带大量密宗经典回国[20]，从此传诸日本，密宗到西藏以及蒙古、暹罗后，也在当地特盛。

六朝以后佛、道、儒文化在中国盛行，隋唐在此基础上博采众长，多方吸纳外来特色。佛教仪轨中有意加入了中国文化因素，其动因是统治层的政治需求，以这个视角来考虑，更容易看清帝国的学术动向和艺术追求。

地宫遗存与佛教华夏化

春秋到两汉的思想轴心时代后，国人把人生终极价值的终点与起点挪移到了自我理性之中，"道不远人"[21]的思想底色，让宗教的追求不是外在的"天道"，而在于人的"心灵"。儒家《荀子·解蔽》曰"人何以知道？曰：心。心何以知？曰：虚一而静"[22]，与道家《庄子·知北游》将"澡雪而精神"归于"至道"[23]的理论相合，将人心的道德意识与澄澈心境的联接，为思想界铺设出多"神"共存的土壤。在两汉的思想世界里，佛、道与方术共同构建出的"希望"愿景，实际上已"替代"了三代以来冥冥中的主宰，鬼神成为人在脱困时召唤的名词，宗教原有的实际功用反退居其次[24]。

体现在士大夫的宗教观上，就成为舍弃自我融于自然的经验，在通过体验觉悟的幻想中，让不同宗教来源的神灵共存于一体，"一坐度小劫，观空天地间"的心理取向，同时也深入民间无差别的拜僧觅道之中。虽时有派别间的竞争缠斗，但流传在民众中却普遍混同共用，这种现象与皇权以儒法为体、以宗教为用的态度保持高度一致。

皇权对学术、宗教的态度

两汉以后的佛教一直处于对本土文化的主动迎合中，两晋南北朝时"国家分争而遂亡，学术分争而益盛"[25]，儒学在此低谷期不断自我改进、整合、同化着各种流行思想。这时儒学虽不如汉代兴盛，但国家政策、法令规范等本就建立在儒学的理论体系之上，皇权为稳定统治，更是对佛、道、谶纬等学说反复利用。孔庙释奠是统治者尊重儒学传统的表现方式，自东晋太元十年（385）始，朝廷在太学之内设立孔庙，作为专门举行释奠礼仪的祭祀空间[26]。从此各朝一直未中断，唐代高祖和太宗都曾亲临国子学的释奠礼仪[27]，玄宗朝的《大唐开元礼·诸州释奠于孔宣父》中，将州县释奠礼仪纳入了礼典。说明儒学一直是由统治力量推动、通过典章制度和文化活动不断强调的主流思想，其他的宗教、信仰、习俗等皆服务于政体，共同构成社会意识形态。这一治国理念从秦汉到唐宋一直持续。

王权初立时总会围绕传承合法性的主题来创造历史。李唐王室并非纯正的汉族血统，草创时"唐高祖起兵太原时，实称臣于突厥"[28]，这些先天不足都急需在舆论上找到弥补，于是建设文化传承谱系就具有积极意义。政权之初的这种屈就一直持续到贞观四年（630），李靖趁突厥内部叛乱之机擒获颉利可汗，高祖才得以雪耻。太宗初闻胜利时谓侍臣曰："往者国家草创，太上皇以百姓之故，称臣于突厥，朕未尝不痛心疾首，志灭匈奴，坐不安席，食不甘味。"[29]初唐皇权对华夏血统的再造，是招服人心、奄有天下的关键，嫁接一位汉民族认可度高的祖先成为捷径。道学以老子为祖，本姓李，高祖便以此"李"之后裔而自居，道教也因此达到至高地位。李渊颁布《先老后释诏》提出：以道教为首，儒教次之，佛教最后；高宗时"幸老君庙，追号曰：太上玄元皇帝"[30]，并定道教为国教,以《道德经》为上经;玄宗时撰成《开元道藏》,是我国第一部道教经籍的总集。皇家的推动使早唐道教进入鼎盛,在理论、书籍、科仪、内丹、宫观、派别等方面都有很大发展。为了适应儒、佛的挑战,道教不得不以清净养生作为本门的派别标识,以六朝流行的玄虚经典语言作为宗教口号。本来为迎合两汉"神仙思想"而相当重要的斋醮祈禳、合药炼丹、合气过度等"修仙"行为,在唐代逐渐边缘化。道教虽为国教,可帝王全心崇道者并不多,如太宗贞观二年谓侍臣曰"神仙事本虚妄,空有其名"[31],但这并没有影响他日常服用道家"仙药"。说明皇族只是对宗教加以利用,特别是在正当性传承得到认可后,道教的作用便不再那么明显。

唐代信仰佛教的帝王更多,盛唐时佛、道同时受到推崇。如玄宗于开元二十四年(736)将佛教《金刚经御注》颁行天下后,此经成为禅门不二经典,其地位凌驾于他经之上[32]。玄宗强化孔庙祭典,又编撰道藏,同时也推动佛经校注,说明盛唐时各种思想的融合已成趋势。丝路传入的新鲜内容让盛唐文化充满生机,由遣使纳贡、商业、宗教等推动,多国特色传播加快。遗留的图像中也记录着这一现象,如壁画展现的生活场景以表现三教思想为主,重点反映佛教文化[33]。佛造像成为"极乐世界"幻化出的西天愿景,隋唐王朝是以北方的军事力量建立起来的,佛像方面大耳、短颈粗朴拙重,青春活力浸透在盛唐文艺之中,以丰满圆润的女使者替代了六朝瘦削超脱的士大夫,绚烂代替了粗犷狂放。物质的丰富和文化的宽松都进入"天堂"图景的建设之中,不再需要魏晋时强烈的对比矛盾来显示内心的崇高,于是华丽代替了狂戾飘逸,佛像也展现出曼衍的傲然英飒。儒、佛、道经由长时间的攻讦辩论,在唐代逐渐协调共存,服务于政治伦常的儒家思想终于渗入佛教。各宗派首领也出入宫廷,宗教教义逐渐符合儒学要求[34]。

贰 秘色瓷初现:法门寺秘色瓷标准器

唐代以儒学为基础，同时运用宗教力量引导社会舆论和意识形态，特别是武后想"女主"天下，与儒学的传统思想完全相背，只能从外来的宗教中找寻理论支持。"凡武则天在政治上新取得之地位，悉与佛典之教义为证明"[35]，在这样的政治需求下，对佛经、建筑及仪轨的再创造进入白热化阶段，以至"自古君臣事佛，未有如武氏之时盛也"[36]，佛教也因之全面华化。

佛教的印度特色逐渐与中国文化相结合，体现在寺庙建筑及供佛物品上都有一个演变过程，到中晚唐时基本为中国本土特色。法门寺地宫的供养仪轨便是中国化过程中的再创造，不仅建筑造型变化巨大，使用材质也全面华化，如西方以石、玻璃、金银、陶器等为供佛器物，瓷器就是礼佛仪式中加入的代表华夏喜好的器物。正是唐代华夏喜好的加入，让瓷器有机会填入到文化空白处。西来文化的特色以石、金银为最，从佛教建筑、器物中能明显看到这一趋势。

佛塔、舍利函的中国化

印度佛教自进入中国后供奉仪轨就在不断变化，如早期寺庙建筑中塔的地位最为重要，殿只是塔的补充。东汉寺庙建筑沿用印度制度，置塔（浮图）于寺院主要位置，是中心土塔周边僧房的"塔庙"形式。从北魏洛阳永宁寺开始，寺院出现在后殿，直到隋代佛寺仍沿用以佛塔为主要建置的传统布局。仁寿年间（601-604）曾敕令诸州建舍利塔，似皆以舍利塔为该寺的主要建置，塔的位置仍多建于殿前，这样的塔庙寺院的建筑形式持续到唐代。高宗时将大慈恩寺（玄奘曾主持寺务）的浮图"改就于西院"，此后中原地区兴建的寺院大多以佛殿为主，"塔庙"形式渐趋消失。塔在印度有积聚之意，是一切万物之根源，对其供养仪式的操作应该是信仰的主要方式。而在中国寺庙结构中塔的地位下降，说明华夏将思想体系的建设加入其中,以寺院高僧讲经说法等方式普及佛法,与"塔"的仪式象征同时适应着不同层次信众的需求。在佛经中逐渐加入儒学忠孝等传统内容,不仅是佛教吸引信众的手段,同时也成为统治思想深入民俗世界的方式。

塔的结构变化也在不断适应国情,中国的佛塔不是古印度佛教流行的覆钵形塔,而是与传统楼阁式建筑相结合的产物。印度覆钵形佛塔及顶上的相轮等,一般被装饰于中式塔阁的顶端。北魏时有两类塔最为普遍:土木结构在北方佛塔中较为流行,是以实心塔体外围木构殿堂式回廊;全木结构舍利塔是南方的主要形式。隋到唐早期木结构佛塔极为兴盛,但名塔多毁于火难,此后砖石塔开始流行。唐代以后全木结构的塔退出历史舞台,目前遗留下来的著名木塔还有辽代的应县木塔。在塔下修"地宫"也从唐代才开始,走向浮图与中国墓葬习俗结合的过程。早期是实心塔,北齐出现楼阁式塔,中间有一个塔心柱,柱下直接埋舍利函。东魏北齐时邺南城的佛寺塔基,发现在刹础石下有砖砌舍利函[37],但没有地宫类建筑。隋代仁寿四年(604)全国建舍利塔的州已达百余个[38],在塔基内筑有围护舍利石函的砖墙,石函的四周和盖上均有长方形的护石包裹,但还没有形成地宫。目前已发现三处唐代纪年的舍利塔基,均修建了砖石结构的地宫。地宫仿墓室建筑,设甬道,并有壁画及雕饰精美的石门、门额,前有踏步墁道和隧道。如大云寺塔基地宫,构筑于武则天主政的大周延载元年(694),地宫砖筑,券顶,南壁有门,前接短甬道,甬道壁绘有壁画。庆山寺舍利塔地宫,构筑于玄宗开元二十九年(741),由寺僧主持修建,以砖筑,前有甬道,壁绘金刚力士。陕西扶风法门寺塔地宫因系皇室所建,规格最高,系模拟唐代帝王墓制的前、中、后三进墓室建造[39]。

地宫塔基中瘗埋佛舍利的容器以及瘗埋规制,也在不断适应中国特色。舍利容器从类印度的函盒,转化为类中国墓葬的金棺银椁,再发展为晚唐的盝顶方盒。早期先是用与印度相近的钵、瓶类安置舍利，如河北定县北魏太和五年（481）塔基，在夯土中埋有一件盝顶盖方石函，在函内安置装舍利的玻璃瓶、玻璃钵，还伴随有大量珠玉钱币等[40]。后直接将盛舍利的石函瘗埋于塔基夯土中，如东魏、北齐邺城佛塔的塔基，中央塔刹柱础石下筑有长、宽、高均约70厘米的正方体砖函，有可能为瘗藏舍利所修筑[41]。隋文帝杨坚于仁寿元年（601）下诏："以琉璃盛金瓶，置舍利于其内，薰陆香为泥，涂其盖而印之。三十州同刻，十月十五日正午，入于铜函、石函，一时起塔。"[42]由国家规范的佛教建筑、器物等样式，直到唐初瘗藏还沿袭。唐释道宣《集神州塔寺三宝感通录》记：显庆五年（660）春三月，在求取法门寺舍利往洛阳宫中供养时，"皇后舍所寝衣帐，准价千匹绢，为舍利造金棺银椁，雕镂穷奇"[43]，此风很快得各地仿效。自此舍利容器从函盒改为中国传统的金棺银椁造型，成为唐代高官名僧遵行的规制。地宫自唐代开始出现，将舍利金棺银椁或仍依隋时传统置于大石函中，或置于以石材雕成的灵帐之内，在瘗入塔下时仿效墓室修筑砖砌地宫[44]。

法门寺塔地宫后室中，有唐懿宗（860-874）供奉的八重宝函，其中七重是盝顶盖方函，最内一重是真金小塔，这是唐代晚期的标本。在地宫出土的碑文中，详记八重宝函的名称和重量。唐朝共有八位皇帝六迎二送佛指舍利，法门寺塔地宫中另外还有三组舍利容器，制作年代多早于懿宗。前室的一组为汉白玉方塔、单檐铜塔和金花银棺。中室一组为景龙二年（708）汉白玉双檐灵帐、盝顶铁函和金花双凤纹银棺。后室后壁下秘龛一组为铁函、咸通十二年（871）比丘智英造金花银真身舍利宝函、银包角檀香木函、水晶椁子和壸门座玉棺。说明从宣宗复法（847）到唐代覆亡除仍沿用金棺银椁瘗藏舍利，其外多以密宗故事装饰，可见晚唐时密宗仍多有信奉者。

儒、佛、道的结合成为中晚唐学术主流，宗教不仅是政府统治力量的重要补充，在社会意识形态中也占有相当高的地位。从对法门寺建筑仪轨的分析中，可以看出是在佛教信仰中加入皇家丧葬习俗，说明统治层一直致力于外来宗教与皇权的结合，并潜移默化地向下层推行。政治需求让主流文化内容不断进入宗教经典，供奉用器中含有多方文化因素，秘色瓷正是融合中外艺术风格后的华夏特色器物，此外茶具成套出现在供养品中，也是儒学德礼思想进入佛教的最好证明。茶是华夏独有的物产，"茶修"是以茶为媒的文化实践，将其用于外来宗教中不仅是美好的象征，也具有将德礼内涵渗透进宗教的意义。主流群体的思想需求很快普及到民间高层，茶饮地位的巩固让瓷器有了更大的发展空间。从越窑器物类型的变化中，能直接看到与时代思想结合的时间点。下面围绕贵族茶器使用的方式、步骤，找寻一些主流思想的文化价值导向。

瓷器与茶德文化

佛教艺术每传至一地便与当地需求相结合，具有民族特征的风格样式随之产生。中国的统治层与乡绅、大众也各取所需，在强大的外来文化驱使下，创造出了具有天竺烙印的中国式佛教"天堂"。不同阶层的生活习俗均渗入礼佛仪式场景中，以金银、丝绸、瓷器等象征美好的物品聚集于佛前，是为与心灵的"天堂"愿景相沟通。法门寺地宫中供奉的密宗曼荼罗，展现了当时佛教供养的最高礼仪，从中可见香事、茶事都是对神灵世界供养的主题。香事在印度佛教中就是主要的供养用品，而饮茶习俗源自中国，是佛教传入后加入的本土内容。

成套精致茶具的出现，说明加工茶饮的各个步骤也具有表演性，由此可见茶在早期并非普通日用品，而是一种气、神兼修的文人自省活动，被赋予修身、润心等浓厚的文化情结。茶俗出自南方,自被世人所识后便与主流思想结合,以华夏文化的优雅参与到佛教供养是对其华化改造的内容。茶俗普及促进了瓷器类型的改变,不仅推动瓷器走向民间,也是儒学将德礼内涵综合在信仰习俗的普及。

茶事参与供奉活动

茶之行世虽比酒晚,但《尔雅》中已有关于茶的记载,《释木》称,"槚,苦荼",表明其被认识不晚于战国时期,荼即是茶[45]。茶在中国早期就有解毒的药用价值,由药用、食用发展到饮用,如顾炎武《日知录》"自秦人取蜀而后,始有茗饮之事"[46],六朝时的许多名人如孙晧、韦曜、桓温、刘琨、左思等,都有若干与茶相关的逸事。

在汉晋的思想世界中,茶是众多成仙神药的组成,如《抱朴子》云:"此山可合神丹,有仙翁茶园,旧传葛玄植茗于此。"[47]据有限的记载来看,茶在两晋时进入禅门,行者道开在后赵邺城的昭德寺修行时,"时复饮茶苏一二升而已,自云能疗目疾,就疗者颇验"[48]。南齐皇帝曾推广以茶代牲用于祖祭,"我灵上慎勿以牲为祭,唯设饼、茶饮、干饭、酒脯而已"[49],这约是文献记载中以茶供祭祀的滥觞,茶在这时有象征简朴的意义。南朝以后茶与佛教结合得更为紧密,"宋释法瑶,姓杨氏,河东人。永嘉中过江,遇沈台真,台真在武康小山寺,年垂悬车,饭所饮茶"[50]。至唐代,茶已普遍用作佛、道供奉物,高僧怀海(720-814)将以茶供养佛、法、僧"三宝"的方式纳入佛门仪轨。《敦煌变文》整理的是唐、五代遗留的记载,有王敷所撰《茶酒论》,谓茗草具有"供养弥勒,奉献观音"之功[51]。除了佛前供奉,茶也是僧侣习禅修法的辅助品。诗僧皎然(720-803)是佛门茶事的集大成者,留下众多茶诗:"丹丘羽人轻玉食,采茶饮之生羽翼","常说此茶祛我疾,使人胸中荡忧栗"。他与茶圣陆羽是好友,《茶经》所录茶事应该与佛教品茶习俗也有关联。寺院僧人参与种茶、制茶已普及,如刘禹锡(772—842)诗曰"山僧后檐茶数丛,春来映竹抽新茸","斯须炒成满室香,便酌砌下金沙水"。

品茶仪式与主流德礼文化结合创造出华夏的"茶德"内涵,"茶之为用,味至寒,为饮最宜精行俭德之人"[52]。为茶设定的简朴俭德之品性,与佛教"一麻一麦为所食者,欲令身器得清净故"[53]衔接,使宗教与上层社会养心之俭德的文化追求完美合一,这是佛教主动向知识层喜好靠拢。中国的"茶道"理论建立在儒学德礼的文化背景下,再经由知识力量推广至信仰世界,并随着饮茶习俗向海外延伸其影响力。

皇家以茶礼佛在法门寺藏品中已有展现,地宫出土的13件金银茶器,是目前发现的唐代等级最高、配套最完整的宫廷用茶具,与今天日本茶道使用的器具几乎完全相同,这是日本茶道来源于中国唐朝的物证。从这些茶具的使用方式,也大致能分析出唐代品茗及器用习俗,对越窑青瓷的使用方式可作参考。这套茶器可分为贮茶器、炙茶器、取量器、贮盐器、取水器、点茶器、卫生用具和茶点容器等。在此以茶具结合《茶经》记载,再与唐代绘画相对照,希望还原一些唐代茶俗、器具及瓷器新类型的使用方式。

饮茶方式与茶具新类型出现

"我国的饮茶法也可以分为三个阶段。第一阶段是汉六朝的粥茶法,第二阶段是唐至元代前期的末茶法,第三阶段是元代后期以来的散茶法"[54]。"晋宋以降,吴人采叶煮之,名为茗粥"[55],将茶碾末沸华的精致饮茶法已出现,并以"沫沉华浮,焕如积雪"[56]为追求。这是一个饮茶方式渐向精细化的过程,唐代正处于粥茶法向末茶法的过渡时期。这时有"粗茶、散茶、末茶、饼茶"等不同品种,团饼茶是当时主流,茶叶要经"采、蒸、捣、拍、焙、穿、封"等工序方成茶饼,茶饼方便运输、储存，唐代品茗习俗因之得以扩散。煮茶、煎茶、点茶等不同的饮用方法各自流行。制茶、饮茶每一步都会用到不同的贮放器，许多新型瓷器的出现，应该与茶的普及关系密切。

煮茶也称粥茶，以茶叶与茶骨煮饮，汉六朝时在南方流行，"前人初用茗饮时，煮之无问叶与骨，《茶录》中亦载，茶，古不闻食，晋以降，吴人采叶煮之，号茗粥"[57]。说明两晋南朝时，吴越之地直接采茶叶，加料煮成羹汤是主要饮食方式。至唐代，煮茶法已在全国范围内流行，李泌（722-789）《赋茶》"旋沫翻成碧玉池，添酥散出琉璃眼"，樊绰《蛮书》记："蒙舍蛮以椒、姜、桂和烹而饮之。"先"百沸"成"汤"，汤中加入调料甚至菜、面。中晚唐的陆羽在《茶经·七之事》中，提到这种煮茶法颇不可取："或用葱、姜、枣、桔皮、茱萸、薄荷之等，煮之百沸，或扬令滑，或煮去沫，斯沟渠间弃水耳。"但到宋代煮茶仍"习俗不已"，如黄庭坚（1045-1105）《奉谢刘景文送团茶》记"个中渴羌饱汤饼，鸡苏胡麻煮同吃"，可见茶叶中加入多物同煮仍是流行食用之法。以此法制成的茶粥其量不小，唐代越窑流行的大碗不知是否与此相关。以茶入食的方式更是一直盛行，如茶叶蛋、龙井虾仁至今仍是名菜。

点茶法自9世纪在北方地区较为流行。先将茶饼用茶碾、茶罗等处理为末，再将末放在茶碗（盏）中，然后持茶瓶向碗中注入沸水，同时以茶筅搅动，茶末上浮，形成粥面。持瓶注沸水冲茶时，需强调水流的顺通和落水点的集中，同时要不停地击拂，以生出宜人的沫饽[58]，这就需要茶瓶能加大水流的冲击力度，茶碗能容纳动态水浒，于是不同饮茶法所用的器物逐渐有了区别。

执壶是唐代多见的器具，西安发现的王明哲墓，出土1件大和三年（829）注壶，器底墨书"老导家茶社瓶"[59]，器腹部圆鼓，盘口，肩上出短流，由此可见"茶瓶"即现在通常称的注子、执壶[60]。在长沙窑、邢窑、越窑、耀州窑中多见。据唐人记载："元和初,酌酒犹用樽勺……居无何,稍用注子,其形若罂,而盖、嘴、柄皆具。太和九年后,中贵人恶其名同郑注,乃去柄安系,若茗瓶而小异,目之曰偏提。"[61]执壶一直是重要的酒具,有柄或系等不同的手执方式。长沙窑曾发现有文字"张家茶坊,三文一平"的执壶,也有题诗"终日如醉泥"的执壶,两者外形没有明显差别,说明唐代瓷器中酒具的"注子"与茶具的"汤瓶、茶瓶"是一器多用(图 2-3-1)。但约在中晚唐时注子出现了另一品种,瓶身变细,流更细长且高度接近瓶口,流口收紧。这一类执壶倒水时水流更集中,可以离开茶碗距离较远,加大水注入碗时的冲击力,这类壶似乎更适合点茶时的茶水混合,不知是否为"点茶"而专门做的改进(图 2-3-2)。

"煎茶"在陆羽时代兴盛,手法颇为讲究:要先将茶饼放入茶笼,在火上炙烤片刻,使茶香散发,待冷却后放入茶臼中碾成末,再经茶罗筛检,置于茶盒备用。另准备"如古鼎形"的风炉及茶釜,如《萧翼赚兰亭

图 2-3-1 晚唐越窑执壶　　图 2-3-2 荷花芯窑址中晚唐青瓷瓜棱执壶

图》《调琴啜茗图》所绘[62]。《茶经·茶之煮》介绍煮茶：至水初沸"水如蟹眼"时放入盐，二沸"缘边如涌泉连珠"时舀出一勺放在"熟盂"中，同时将筛选过的茶末投入茶釜，当水三沸"腾波鼓浪"时，再将熟盂留存之水重倒入釜中，以"止沸育华"。茶煮好后就是酌茶，以一升水煮茶后只酌五碗，乘热饮，不致"精英随气而竭"。煎茶在中晚唐各个阶层都流行，甚至街面也能随手买到，如唐人封演（756年登进士第）记，"自邹、齐、沧、棣，渐至京邑，城市多开店铺，煎茶卖之"[63]，可见煎茶之风的普及度。

  点茶法、煎茶法皆以末茶煮饮，比粥茶法"无问叶与骨"的直接煮法更精细化。《茶经》成书于764年前后，约是粥茶与末茶共存，陆羽推进茶事普及"处在粗放式饮茶法向精致式饮茶法的过渡时期"[64]，不久就有供奉他为茶神的记录，"时鬻茶者，至陶羽形，置炀突间，祀为茶神"[65]。茶神的功能也一直增加，如护佑茶的增产、多销等，在他的推动下饮茶方式逐渐丰富，茶具品种数量大增。唐代是饮茶习俗的开发期，既有将原有酒器具用作茶具，也有专为饮茶开发的新器具，如品种丰富工艺唯美的托盏、轮、罐等多成组成套。茶在古代中国是药的组成，茶具也多与药具相通。《茶经·茶之器》提到，每种茶具皆有不同的材质，如"碾，以橘木为之，次以梨、桑、桐、柘为之"，茶碾、茶臼有石、瓷、金属等不同的材质。当时流行的高端瓷器也是茶具的重要组成，陶瓷类的盒在唐代多见，茶盒还有金银、铜铁等不同材质。另有"水方""熟盂"，为煮茶不同时段的贮水器，中国茶叶博物馆藏品中就有越窑青釉的水方和熟盂[66]。当时往往一器多用，如"铫""铛"。白居易"药铫夜倾残酒暖"，贯休"教洗煮茶铛"，苏轼"且学公家作茗饮，砖炉石铫行相随"，说明唐代铫既用来温酒，也能沏茶。道教炼丹药也要用到铫，宋代《云笈七签》《诸家神品丹法》都提到利用金采齐制造金粉的

《化庚粉法》,"先取铅三斤于铫子内镕作汁,以勺子抄在合足四面"[67]。炉、釜多"以铜铁铸之",也有整石剜挖或陶瓷制品,如巩县窑黄釉风炉及茶釜,也称"铫""铛"。众多的瓷器品种在茶文化的推动下层出。茶器明显有着精粗之分,可提供给不同阶层的使用群体,连炉、铫这类煮茶器具也出现相当精雅的品种,应该与文士的直接参与有关。

唐诗中相关记载颇多,陆龟蒙《奉和袭美茶具十咏·煮茶》"闲来松间坐,看煮松上雪",戴叔伦"远访山中客,分泉谩煮茶",王建"将火寻远泉,煮茶傍寒松",可见唐代煮茶品茗是文化活动中的内容。卢仝(约795-835)《走笔谢孟谏议寄新茶》,记录了文人自煎茶的过程:"柴门反关无俗客,纱帽笼头自煎吃。碧云引风吹不断,白花浮光凝碗面。"饮至七碗"唯觉两腋习习清风生。蓬莱山,在何处"。可见煎、煮茶很注重技艺,饮茶重在情趣,煎茶时滚沸之声与浮起的泡沫,都被当作茶事中不可缺省的视听享受,整个煎茶的操作与品茶的过程,应都有主人亲自参与。艺术化了的茶道,让煮茶、酌茶、品茶各步骤中的茶器分化极为精细,连茶器陈设也成为怡情享受。书斋一直是文士心胸抱负的体现,常会取以寓意深刻的名称,其中摆设的物品更是表现出主人的品味,品茗与调琴、诵禅融合进文士的悠然,"斋中无所有,唯茶铛、药臼、经案、绳床而已"[68]。"新炉自煮茶"应该也是书房清心养神的常景。茶器是时代风雅的标志物,在文士推动下茶俗进入民间,相关"茶道"的内涵也简约为日常谈资,成为全社会认可的流行语境,可以说随着茶文化普及的是德礼秩序的文化设定。

唐代瓷器中大型碗类极为流行,容器变大更方便点茶法在沸水冲入时的搅拌,同时还要考虑到大冲力下水不飞溅;粥茶法以多物同煮出的茶汤,应该与碗的大尺寸有关。后期煎茶分盏而饮,"一升水(唐代约600毫升)煮茶后只酌五碗",其盏必然远小于大茶碗,玉璧底碗(盏)、斗笠碗应该是更合适的盛放器。这时的茶有微苦之味，饮用时适宜搭配酸甜的茶点，而盘很适合盛装小块点心。大小不一的碗、盏、盘是越窑最主流的产品，也成为此后全国各大窑口中的主流器物。

唐代有自铭为茶碗的实物，如长沙窑产品有许多在底部有"酒""茶埦"等标注（图2-3-3、图2-3-4），从器型上看不出多大差别，在当时可能通用。从长沙窑产品多留有民俗相关的诗句来看，应该多在民间使用，说明中晚唐时饮茶之风应该已普及至社会底层。法门寺地宫中也有成套的盘、碗出土，但较长沙窑标出"茶埦"的器型要大许多，不知是否与摆放茶点，或与品类丰富的粥茶汤相关，抑或是点茶时的冲茶大碗。

从法门寺出土器物可以看出，至少在咸通十五年（874）之前，秘色瓷已是越州的贡品。法门寺为秘色瓷烧造时间提供了可靠的物证，其器物特征与浙江各窑址区堆积的实物碎片比对，使宁绍平原的核心地位再次得以确立。秘色瓷探寻的方向日渐清晰，特别是上林湖区域是中唐到北宋窑区核心地位的确认，让学者将寻找秘色瓷的目光再次集中。首先展开大规模发掘的，是位于上林湖西南岸的荷花芯窑址。

图2-3-3　长沙窑青瓷酒盏　　　　图2-3-4　长沙窑青瓷茶盏

叁 越窑的繁荣：荷花芯窑址

从上林湖窑区的整体调查情况看，唐代中期左右的窑址区域、数量出现明显增长，说明这是越窑兴盛的开始。中国的社会进步多非因激烈的"革命"而来，政治经济策略的调整，是引发社会价值取向的主要方式。盛唐繁荣之时，中央对江南地区开发投入逐渐加大，也是针对江南的政治、经济策略大调整的时期，这些策略是越窑复兴的推动力量，同时交通线路的开发也是江淮进入国家网络的基础。

秦汉帝国至隋代的政治、经济中心都集中于国都附近，运河的连通是国家政治控制力深入江南的标志，针对江淮的政策在此后才逐渐丰富。唐初的国家重心仍在关中，均田制、租庸调制让政权发展平稳，中唐开始兵役、赋税等制度出现一个大的转向，从中能看出中央财政需求的增长。特别是盛唐以后，对江淮的依赖更为加强，运河的沟通开始与国运直接相关。运河让江南物产全面进入中原视野，本是南方文化特色的青瓷有机会为世人所识，越窑正是在这时成为土贡方物。

南北朝以后江南工商业发达，文化人才辈出，知识南移让南方特色拥有更高的认可度，特别是安史之乱后对胡人的排斥，让西来物质文化渐失了地位，青瓷以其自身的华夏本土性格开始为世人瞩目。这时新兴的知识阶层进入社会管理层，逐渐抢占豪门贵族权力，新旧地主、士大夫成为越窑瓷的主力消费群体，他们的文化品味成为青瓷风格的定向标。

如果说运河疏通决定着越窑的复兴，那么江南文化影响力的扩大就是产品开发的动力。盛唐以后青瓷种类、数量都有了质的提升，荷花芯窑址再现的正是这个时代转接处。

中晚唐的荷花芯窑址

荷花芯窑址位于上林湖西南岸，由于地势较高，目前未被湖水淹没，是唐代越窑最具有代表性的窑址，产品以唐代中晚期越窑开始兴盛时为

主，后段延及北宋。

窑址坐西朝东，北、西、南三面呈"凹"字形分布，隆起部分为窑炉与废品堆积处，两条龙窑分别位于北面与西面的山坡上（图3-1-1）。中间及朝东区域是下凹的平坦区，从地形、地势及整个窑场的分布来看，属于作坊区域。目前发掘面积共2000平方米，揭露出龙窑2条，在制瓷作坊遗迹中有房址5处、挡墙多道、台阶路2处、辘轳坑1处、贮泥池1处、釉料缸2个。整个窑区作坊、窑炉、废品堆积相对完整，基本可以复原出唐宋时期窑场的布局。

图3-1-1　上林湖荷花芯窑址

唐代龙窑的技术进步

这时的窑炉较之前约有三倍的加长，说明烧制技术上有了飞跃性的进步。两条窑炉分别位于两侧的山坡，依山势呈长条状，因此得名龙窑，这是生活在此区域的古越族的重大发明之一，与北方地区的馒头窑差别明显。馒头窑主要位于北方平原地区，宋代以后用煤作燃料。而南方龙窑装烧量更大，以柴作燃料，对窑温控制、工艺技术要求都较馒头窑更高。

从目前的考古材料来看，龙窑最早可以追溯到夏代，主要集中在浙江湖州、德清地区，这是中国乃至世界最早的瓷器生产地。夏代湖州瓢山的窑炉虽然保存不完整，但位于山坡、呈长条状，已经具有了龙窑的所有特征（图3-1-2）。到了商代窑炉长度可达7米左右，但火膛仍占三分之一，且窑床底部凹凸不平，显示了它的原始性（图3-1-3）。战国时代窑炉加

图3-1-2　瓢山夏代窑址龙窑炉

长近10米，火膛明显缩小，比例趋于合理，窑床底部开始铺细砂，龙窑技术至此基本成熟（图3-1-4）。

在唐代投柴孔出现之前，龙窑仅由火膛部位烧火，利用头尾的高差在窑尾设排烟室，保持由头向尾的火力，保证了中上部器物也能长时间笼罩于高温区域，因此窑炉的长度基本在16米以内。投柴孔的出现，使整条窑炉的窑床位置都能相对均匀受热，处于高温范围的区域明显增加，窑炉长度可达到40-50米。目前所发掘的炉顶

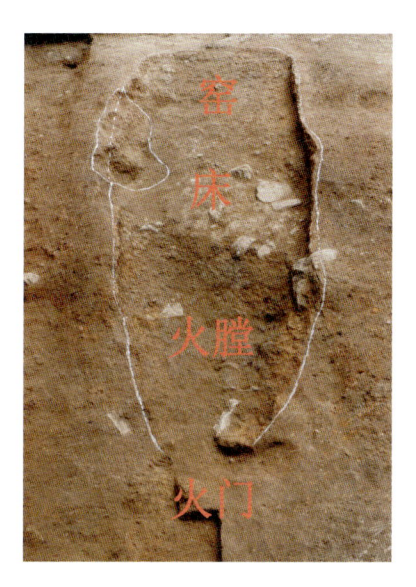

图3-1-3 南山商代窑址龙窑炉

图3-1-4 亭子桥战国窑址龙窑炉

叁 越窑的繁荣：荷花芯窑址

图 3-1-5　荷花芯窑址唐代龙窑炉

都已坍塌，具体高度不甚明确，但投柴孔的技术革新会让更高的区域能接受到高温，窑炉高度应该也会有所增加。荷花芯窑址的两条窑炉长度均为40余米，窑前方为半圆形的小火膛，较战国、汉六朝时期的长方形大火膛又有了明显缩小（图3-1-5）。从此龙窑技术完全成熟，此后一直沿用。

这时在窑炉一侧开有多个窑门，更方便装窑、出窑，同时匣钵的使用又让器物叠烧量大为增加，这样每条窑炉的产量都会较之前有几何级的提高。依据目前发现在窑炉两侧均有废品堆积推测，应该是不同时期在两侧轮流开窑门所致。窑炉两侧的厚堆积层是由倾倒的窑业废品形成，按照不同的土质土色及包含物，可以大致分出层叠关系。将这些器物与纪年瓷的实物对照，就能确定不同时代的器物类型。

唐宋的窑场不论是场区规模还是窑炉数量都有了飞跃性的提高，从中也可见高端瓷器产量的几何倍增长，说明使用人群、场所都在前所未有地扩大。

制瓷作坊与器物类型

在窑炉附近还有房址、挡墙、釉料缸、贮泥池等遗迹，基本使用废弃匣钵垒砌而成。房址遗留部分以废旧匣钵砌墙，室内地面保存较差，多不平整，房址内揭露出辘轳坑和釉料缸遗迹，这里应该是窑场拉坯成型、上釉等工序的制瓷作坊。挡墙也以匣钵砌成，一般高约50厘米，长短不一，挡墙内外的瓷片、窑具标本等明显存在差别，由此可以推断，挡墙的主要作用是防止早期废品坍塌而进入后期作坊中，此类挡墙的增加、废品堆积区的扩大，亦可看出窑场逐渐废弃的过程。缸均为陶质，直径60余厘米，应该是装釉料的存贮器。发现贮泥池一处，位于窑炉前面的西南角，在生土层下挖而成，四周用石块砌筑，上坡还有一道小而矮的挡墙，以防止废品杂物滚落。整个坑内填有纯净的灰白色淤积性土，根据与瓷厂的合作及分析化验，确定这是来不及用掉的一批瓷土。洗泥、拉坯、上釉，到进龙窑烧制完成，大部分遗存在这里都有发现，可以还原出"作灶长如丘，取土深于堑。踏轮飞为模，覆灰色乃绀"[69]的制作场景。

荷花芯窑址的堆积中出土了大量标本，以唐代中晚期产品最为精彩，器类丰富，造型优美，釉层滋润如玉（图3-1-6）。主要有玉璧底碗（图3-1-7）、宽圈足碗、盏、盘、碟、罐、盆、钵、盒（图3-1-8）、水盂、碾轮、渣斗、海棠杯、薰炉、茶匙、枕、穿带扁壶、盘口壶、侧把壶、瓜棱形侧把壶、执壶、净瓶、砚、砚滴、盏托、茶碾等，有些产品器型巨大，造型复杂。无论胎质还是釉色，均较前期有了质的飞跃，胎色泛灰，胎质细腻，胎釉结合好，釉质感极强，釉色青中泛黄，釉面匀润，以满釉为主，仅部分玉璧底碗施半釉。器物装饰以素面为主，仅少量盏、盘类器物腹部刻划四叶对称的荷叶纹（图3-1-9、图3-1-10），少量器物如侧把壶、水盂腹部作瓜棱状。

图 3-1-6　荷花芯窑址唐代中晚期青瓷器物群

图 3-1-7　荷花芯窑址唐代中晚期青瓷玉璧底碗

图 3-1-8　荷花芯窑址唐代中晚期青瓷盒

图 3-1-9　荷花芯窑址唐代中晚期青瓷海棠杯上纹饰

图 3-1-10　荷花芯窑址唐代中晚期青瓷盒盖上纹饰

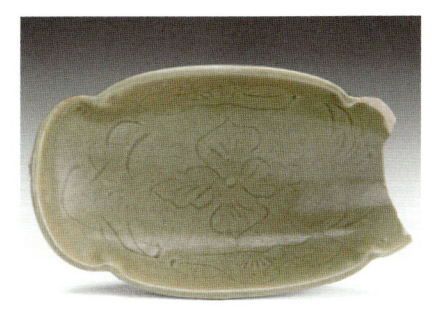

窑具以匣钵为主，有少量的支烧具。支烧具较为简单，均作矮筒型。因火势向上的特性，窑炉内底部温度较低，器物下部容易出现生烧，用高约 20-30 厘米的支烧具垫高，将器物放置在支烧具上，可减少受热不均和底部生烧现象的发生。这两条龙窑底部铺满细砂，上面摆放着密集整齐的支烧具。

匣钵出现在早期越窑衰落期，到唐代开始普及（图 3-1-11）。南朝前后有极少量的粗陶匣钵，这是制瓷技术发展史上的革命性事件，大大提高了产品质量和数量。陶质匣钵可重复使用，匣钵还具有一定的导热性和热稳定性，瓷器质量因此更趋于稳定。以匣钵多层叠烧不仅可提高装烧量，也使器物粘结及

图 3-1-11　荷花芯窑址唐代中晚期匣钵叠烧

叁　越窑的繁荣：荷花芯窑址

沾染杂质的情况明显改善。荷花芯窑址出土器物以匣钵装烧为主，匣钵多为 M 型，少量筒型与钵型。匣钵内既有单件装烧，亦有多件叠烧，匣钵与器物之间垫以泥点，钵内叠烧的器物之间也使用泥点间隔，泥点一般呈松子形，较密集。匣钵技术的成熟，为秘色瓷天青色釉的烧制打下了基础。

荷花芯窑址是越窑兴起的标志，早期越窑在经历了二百多年的衰落后，紧跟着隋唐帝国开发江南的步伐，再次进入上升通道。

隋唐帝国的南向开发

汉唐之间的政治分裂让中国各区域间的发展状况不均，南北朝以后地方政权对土地、人口的掌控力度也无法统一。西北少数民族的进入既带来了"胡化"因素，又在积极学习汉制时出现"汉化"潮流，在"胡化"和"汉化"的交替中孕育出了强大的军事力量。西魏、北周宇文泰融冶关陇胡、汉民族之有武力才智者，逐渐形成了关陇集团，由他们最终带动了集权官僚政治的全面复兴。这时江左最大的势力是文化士族，可以说，"南北朝的竞争，就是文化士族与军功贵族的竞争"[70]。隋唐是以依靠北朝军事力量为主的帝国，虽然国家的经济、政治重心皆在中原，但只有将统治深入到南朝的文化区，才能算真正意义的统一。这时的江左大士族极力阻碍中央政权深入，将国家网络向南延伸成为帝国的政治策略，大运河正是在这时开通。

隋国祚很短，对江南的开发相当有限，因其在建国之初经济就已富足，"京都及并州库布帛各数千万……亦魏晋以降之未有"[71]，北朝君臣大体均能注意吏治，隋承袭北地风气与农业收入，同时周灭齐，隋灭陈，均未经过大规模战祸，天下宁静和平已有较长时间[72]。因此隋代在经济上对南方没有依赖性。同时在航海技术尚未取得划时代进步之前，东南沿海区域的国防问题并不重要,西北则须防御吐蕃及漠北民族的入侵,要配置重兵驻防,为控制驻兵得在易守难攻处建立政治中心。偏西的长安处于陕北高原与秦岭山脉之间的渭河盆地,既便于监控西北亦可兼顾全国,故成为大一统帝国的首都[73]。

中唐以后江淮收入成为财税不可或缺的补充,京畿附近的产出已无法维持国家正常运转,江淮地区的收入日渐引起重视。随着帝国统治的深入,官僚队伍增长、军队扩编、中原土地产力的减耗等,都导致财政需求剧增,而"兵与漕运常相关。所谓宗庙、社稷之类,十分不费一分。所费广者,全在用兵"[74],可以说兵役制度的改变是唐代财政匮乏的主因,甚至影响着国家对土地的控制权,更成为解决运河窒塞的导火索。漕运革新虽推动了盛唐的富足,但政策改革也埋下了社会动荡的伏笔,战乱终结了盛唐的神话,江南反而得到全面开发的机遇。

府兵制转向募兵制

唐初中原人口、土地初步纳入政府管理,均田和徭役制度才得以实施,637年即有相关征役的记载,"怀洛以东,残人不堪其命"[75],说明徭役已可以落实到北方民间。国家徭役包括力役、杂役、军役等,这些都是以人口掌控为前提才能实施的政策。国家能掌控核心地区的政治、经济,成为初唐飞速发展的前提,府兵制便是建立在这样的基础之上。

府兵制是"兵农一致,衣粮自理、耗资低廉的军队"[76],带自备粮服兵役的农民是主要兵源,国家没有大规模常备军。武德三年(620)为抵御党项和吐谷浑的进犯,益州道行台左仆射窦轨"始屯田松州"[77],这约是记录中唐代最早组织的军屯,驻军屯田且战且耕可解决军粮、增加军储以镇守屯防。到高宗、武周时更是加大屯田力度,边地"渐营屯田,积粮抚士,以经略高丽"[78],"凡军州边防镇守,转运不给,则设屯田以益军储"[79]。这时的国有屯田营田多为军屯，且基本设在边地。军队屯田、营田养兵，造成"唐中、睿以后，府兵之法坏"[80]，到玄宗朝（712-756）兵法全面败坏。约710年前后迫于边防压力，朝廷建立起十个军镇长期驻扎北方和西南边疆，参照北朝时的"督府制度"，在镇都任命"节度使"[81]，常备军由此大增。初期通过延长兵役期限以满足需求，开元二年至五年（714-717），兵役由1年增加到4年，开元末增至6年，甚至出现了终身从军[82]。延长兵役后不可能再要求农民"衣粮自理"，给予薪水的"募兵"逐渐代替府兵，军费因此大增。开元十一年"取京兆、蒲、同、岐、华府兵及白丁，而益以潞州长从兵，共十二万，号长从宿卫"[83]，从此府兵制改为募兵制，名曰彍骑。

在这两种兵制下，中央、地方控制军队的比重发生了质的变化：府兵制下的军权是实行加强中央集权的原则，全国共设"折冲府"634个，总兵力68万，其中在京师长安所在的关中设有折冲府261个，兵力26万，约占全国军府总数和兵力总额的40%。到募兵制下的天宝年间（742-756），边镇十个节度使掌握的兵力，加上其他边镇的少量驻军，计有49万，而当时全国的总兵力约为57万，就是说当时中央和内地所控制的兵力只有8万，仅为边镇兵力的1/6[84]。文人节度使逐渐为武人所取代，节度使先后被赋予了地方行政、经济、后勤供应等自主权，军镇区域对人口、经济的掌控使国家兵源进一步减少。国家军事权力下放，屯田收入渐由地方控制，中央对军队的管束力反而弱于府兵制时期。

施行募兵制后国家军费支出远高于前，中央对军屯的控制权一再下放，地方军屯扩张土地逐渐侵入到政府势力范围，节度使的权力大为扩张，但仍不能满足军费开支。而中央对地方经济与军事的失控导致无力阻止社会乱象，终以安史之乱结束了盛唐的恢疏。

战乱时为保障军队供给、缓和财政困难，新政策除了恢复和扩大边防地区的军屯外,开始在内地大兴屯田营田,这时有军士屯垦,也有民力屯垦,德宗贞元元年(785)诏:"以诸色人及百姓情愿者,使之营佃。"[85]由于兵力多属于地方政府,于是诸道军屯逐渐"侵占丁田、课役税户",争夺国家纳税户。宣宗(847-860)到唐末,见于记载的国有屯田营田已很少,反映出的正是王朝统治的日薄西山和国有农业经济的迅速衰败[86]。这时的中央已很难重新控制所有藩镇,河北地区的幽州、成德和魏博维持自立直至唐亡,这三个藩镇在名义上向中央王朝献土,但唐廷始终未能影响藩帅继任的人选,更不可能染指这些区域的收入。

中唐以前国家最重要的收入仍是农业产出,城市扩张让耕田自然减少,战乱又加速了人口流失,中原多沦为战场,"居无尺椽,人无烟爨"[87],更不用谈钱粮、人丁收入。经济基础的崩塌近在眉睫,方向性的改革关乎国家存亡。

租庸调制向两税法的转变

唐初皇权拥有强大的军权控制力,与遗留的世家大族争夺经济利益的策略一直持续。两晋南北朝的流亡人口多寄寓豪门,豪强的经济、政治力量虽起伏不定,但社会发展的总趋势是均田农民数量逐渐增长,豪族经济崩溃的速度要超过普通地主经济成长和发展的速度[88]。唐代新兴"士大夫"通过科举进入国家政府,成了国家扶持兴起的新官僚主体,功成名就后家族开始壮大,这就是唐代兴起的普通地主阶层,到中唐以后才逐渐壮大。豪门衰落而新兴地主阶层尚未形成气候,让自耕农成为社会主流,均田制在此基础上才得以实施,租庸调制则是建立在均田基础之上的税收政策。

初唐制定了没有无田丁户、人人缴得起庸调的经济策略,"唐代租庸调可谓中国历史上最好的赋税制度。轻徭薄赋,税收项目分明,农民到

18岁（有时21岁）则由政府授田，到60岁则将田归还政府，同时实行为民制产与为官收租"[89]。赋税主要有租庸调、户税、地税等，"租庸调之法，以人丁为本"[90]，丁口需凭账籍、团貌等簿册查核无误后才由政府授田。"每岁一造计帐，三年一造户籍"[91]的人口、土地统计政策，须建立在强大的政治控制力之上。

在唐高祖武德七年（624）公布"均田制"时，国内统一战争刚结束，隋唐之际的人口流失仍未返流，628年唐太宗以"御府"金赎回农民灾荒卖掉的子女，631年又从突厥赎回男女8万口[92]。当时全国很大一部分地区仍未从战乱中缓解过来，至贞观六年（632），魏徵在劝阻太宗前往泰山封禅时谓，"今自伊、洛之东，暨乎海岱，萑莽巨泽，茫茫千里，人烟断绝，鸡犬不闻，道路萧条，进退艰阻"[93]，这时进入国家统计的人口不满300万户，到高宗永徽三年（652）才增至380万户，而隋开皇年间（581-600）已有870万户。直到唐玄宗天宝十三年（754）才有961.9万户，说明直到盛唐时人口始超过隋初[94]。除了可控人口的增长，国家对土地的控制权也是均田制施行的基础。

唐初以国有土地为主，为鼓励开垦荒地，唐律规定垦荒须向政府申请，称为"请授"，"计口受足以外，仍有剩田，务从垦辟，庶尽地利，故所占虽多，律不与罪"[95]，这就是请田垦田制度。只要合法并遵守管理规定，开发的土地就可以得到国家承认，当时有实力大面积垦田的多数是贵族、官僚、富商、寺观等有组织能力的群体。此外政府对官僚贵族还会赐田，对宗教集团也会授田："诸道士、女冠受老子《道德经》以上，道士给田三十亩，女冠二十亩。僧尼受具戒者，各准此。"[96]这类授田"不是授给僧尼、道士、女冠本身或其家庭，而是授给寺观"[97]，使宗教集团占用土地面积增大。赐田、授田、垦田制必然造成国有土地的大面积私有化，因此国有与私有土地并存的所有权并没有存在多久，到盛唐时私田逐渐扩张，加上人口翻了三倍，均田制无以为继。于是自耕农逐渐贫困，土地准许买卖又推动耕地向大地主集中。开元、天宝时政府已无国有可耕荒地，"致令百姓无处安置"，兼并已无法遏制，"爰及口分、永业，违法卖买，或改籍书，或云典贴"。唐王朝曾努力加以控制和调节，试图遏制大土地私有的过度膨胀，但遭到社会上层强势集团的抵制和反对，没能取得明显成效。开元二十三年（735）九月《禁买卖口分、永业田诏》云："天下百姓口分、永业田，频有处分，不许买卖典贴。如闻尚未能断，贫人失业，豪富兼并，宜更申明处分，切令禁止。"天宝十一载（752）玄宗颁《禁官夺百姓口分永业田诏》，强调"其王公百官勋荫等家，应置庄田，不得逾于式令"[98]。安史之乱后的均田制，在土地逐渐私有化的冲击下走向尽头。

战乱后课丁顿减、人口流亡，租庸调征收无法落实，而国家对粮食的需求又有增无减。当时土地税收只在秋季征收一次，直到大历五年（770）租庸调制瓦解，正租收不上来，国家提高农业税征收量，"自代宗时，始以亩定税，而敛以夏秋"[99]。在德宗建中元年（780）开始实行"两税法"，是指将由征收谷物、布匹等实物为主的租庸调法，改为以征收金钱为主，一年两次，以财产多少为征税标准，将人丁之庸并入两税的一种税收制度。"据旧征税数及人户土客定等第钱数多少，为夏秋两税"[100]。两税法"以亩定税"，结束了秦汉以来按照人丁征税的方式，改为按照占有田地、财产征税，实际上是承认了私有土地的合法性，这也说明了中央对土地资源控制权的弱化和丧失。增加财政收入成为唐后期政府的重要目标，此后的武宗毁佛虽对宗教势力占有土地有所回收，但仍无法遏止土地私有化进程。

大地主集团的田庄经济走向繁荣，大量自耕农变成了佃农、雇农[101]，土地财富的集中也引发可耕地面积大为缩减。如大族在渠旁普遍有截水取利设施，永徽六年（655）"往日郑白渠溉四万余顷。今为富商大贾竞造碾硙，堰遏费水，渠流梗涩，止溉一万许顷"[102]。同时竞相修筑池榭林苑也会造成耕地损耗，如僖宗（874-888）时"比者权豪竞相占夺，堰高硙下，足明弃水之由。稻浸稌浇，乃见侵田之害"[103]。国家总人口的增长引起的地利损耗也加重了粮产锐减。"秦开郑渠，溉田四万顷。汉开白渠，复溉田四千五百余顷。关中沃衍，实在于斯。圣唐永徽中，两渠所溉唯万许顷。洎大历初，又减至六千二百余顷。比于汉代，减三万八九千顷。每亩所减石余，即仅校四五百万石矣。地利损耗既如此，人力散分又如彼。欲求强富，其可得乎？"[104]

土地买卖和兼并的合法化，进一步促进上层集团因之拥有绝大部分资源和财富，而社会底层的广大民众陷入贫困甚至赤贫，贫富分化使社会阶层间矛盾迅速锐化。引发了此后一系列政治、经济、军事连锁反应，推动了唐代社会格局的变迁。因在中原地区固有的农业税收不断减少，政府只能向军事势力薄弱的江淮推进。加大江南地区的开发力度和经济掌控，成为中唐以后国运延续的主要路径。同时王朝没有能力"为民治产"，令个体小农经济大量破产，大量游民向南方寻求生存机会。游民带入江南的不仅是劳动力，也逐渐改变着人口组成，消费人群相对稳定会导致流行器物类型的相对固化，而社会大的动荡后，器物必然将新鲜因素整合吸收。汉唐江南形成了经济、文化的先进性，逐渐影响了主流思想的审美取向，也成为战乱后人口汇聚的最佳之地，让上林湖越窑得此契机进入国家网络。

经济人口的南移

汉末国家崩裂后，南北中国走向了不同的发展道路，在学术成就、经济制度等方面南方渐次超越中原。南方的土地问题与商业状态密切相关，魏晋以后南迁的士族占有大量土地、庄园，树木、果园的出产可自由经商出售，而大族本就由知识人群汇聚，必然成为入仕官僚的主要出处，造成官、商、大地主的逐渐合流。正因如此，江南工商业管理策略较为完备，陈寅恪曾总结："南朝……国用注重于关市之税，北朝虽晚期亦征关市之税，然与南朝此税之地位其轻重颇有不同，然则南朝国民经济国家财政较北朝为进步。"北方区域则更注重政治制度的建设，隋帝国整合南北先进因素，建立在北方政体和南方经济策略的基础之上。而唐代多承隋制，"新财政制度，初视之似为当时政府一二人所特创，实则本为南朝之旧制"[105]。

南方经济虽发达但多控制在地方大族手中，隋代政治力量还远不能细化深入，唐前期也以北方农业税收为主。安史之乱让黄河南北"州县多为藩镇所据，贡赋不入，朝廷府库耗竭"，昔日经济发达的黄河中下游"人烟断绝"，关中"数遭兵荒，州县萧条，无以供拟"[106]。户部已无法掌握全国丁口、田亩和户数等现实情况，只能凭借旧籍征收赋税徭役，致使未逃亡人口要承担大量税额，于是"天下之人，苦而无告"[107]。而藩镇统治下的地方已不供贡赋，"至德后天下兵起……河南、山东、荆、襄、剑南重兵处，皆厚自奉养，王赋所入无几"[108]，中央经费遂全仰给于江淮。"天宝末年，盗贼奔突，克复之后，府库一空。又所在屯师，用度不足"，为解燃眉，"遣御史康云间出江淮，陶锐往蜀，豪商富户，皆籍其家资，所有财货畜产或五分纳一，谓之率贷，所收巨万计"[109]。但强征豪商只能救一时之急，对江淮经济的控制成为国运延续的决定性因素。

乾元年间（758-760）"每岁赋入倚办，止于浙江东西、宣歙、淮南、江西、鄂岳、福建、湖南等八道，合四十九州，一百四十四万户，比量天宝供税之户则四分有一。天下兵戎仰给县官者，八十三万余人，比量天宝士马则三分加一。率以两户资一兵"[110]。这些财税收入不足以复兴家国，于是在继续开发江南耕田的基础上，需针对南方特色加强管理策略。南方与中原有着不同的财富组成，促发了唐代财政收入结构的转变。

环太湖早期的土地质量相对较差，水利设施不完备，早期收入可支撑当地居民生存，但不能产生足够的可移动性收入，因此不受中央政府重视，汉末以后南方水利农业大为发展，最显著的是长江下游的江浙一带。唐初就开始加大江淮水利工程建设，贞观年间（627-649）在扬州"引雷陂水，又筑勾城塘，溉田八百余顷，百姓获其利"[111]，贞元四年（788）"修利旧防（爱敬陂），节以斗门……化硗薄为膏腴者，不知几千万亩"[112]，高宗时（650-683）"在会稽引陂水溉田数千顷，人获其利"[113]。安史之乱后北方长期战乱，南方溉田开发力度更强，大历十二年（777），在太湖边蓄绛岩湖"开田万顷，赡户九乡"[114]，贞元十二年"溉田三千顷……岁获粳稻蒲鱼之利"[115]，元和八年（813）"开古孟渎长四十一里，灌溉沃壤四千余顷"[116]。一系列堤防与水门、渠道、陂塘相配套的水利工程，标志着沿江、河、海区域可耕地的扩大。至文宗大和三年（829）十月，收到御史台奏"江西、湖南、地称沃壤，所出常倍他州"[117]。晚唐江淮工、矿、农、林等生产都取得飞跃性进展，这一切建立在农业产量大增的基础之上。"江东诸州，业在田亩，每一岁善熟，则旁资数道"[118]。除了粮食产量增加，各种经济作物种植也获得较大发展，手工业的开发也是解决人口压力、获得税收的重要方式。陆续增添高产的田地，构成江淮庞大的财富基础，由粮食收入推动的经济类作物加工、手工业、商业，都成为中唐以后主要的财税来源，浙东一带"机杼耕稼，提封九州。其间茧税鱼盐，衣食半天下"[119]，适合江南的税种逐渐丰富。

食盐专卖从汉代就参与到财政收入中，但一直采用时有断续的盐利控制方式，每当政府缺少收入时盐利就会成为管控的对象。主要有产销皆由国家专营和以税收掌握盐利两种方式，一般政权控制力强时采用第一种方式。在汉武帝时国家包办盐业的产、运、销各环节,至王莽时代结束,共实施约150年。东汉时准许民间制卖盐产,由政府收税100余年。南朝时对盐的管控亦用收税法,而北朝则用抽税兼官卖。隋文帝时国家富足,盐不抽赋税。唐初也并无榷盐之税,到玄宗开元年间再次开始课盐[120],与盛唐开源节流、加强漕运管理处于同一时期,可见这时国家的财政困难已突显。安史之乱后盐税管理加强,肃宗乾元元年(758)规定,凡产盐之地均设盐官,由官府收购、运销,不准私买[121],此时"国家榷盐,粜与商人,商人纳榷,粜与百姓,则是天下百姓无贫富贵贱,皆已输钱于官矣"[122],榷盐法使"人不益税而上用以饶"[123],榷"独王家得为之也"[124]。安史之乱后则采用与汉武帝时期一样的产销专营之法。

榷盐开始时中原仍处于战乱中,与汉代官盐相较,唐代已失去了华北沿海的产盐地,只能以江淮为制盐、征收盐税的基础。代宗时(763-779)每年可得盐税100余万缗,相当于100余州的赋税,其中两淮、两浙所产之盐,已占全国产量的十分之七。"吴越扬楚盐廪至数千,积盐二万余石。有涟水、湖州、越州、杭州四场,嘉兴、海陵、盐城、新亭、临平、兰亭、永嘉、太昌、候官、富都十盐,岁得钱百余万缗,以当百余州之赋","天下之赋,盐利居半,宫闱服御、军饷、百官禄俸皆仰给焉"[125]。到大中年间(847-859),国家盐利总计481万贯,河中地区为121万贯,江淮为360万贯[126]。唐后期新增税种的收入占比逐年增加:建中元年(780)两税钱占61.35%,青苗钱占9.04%,盐利占29.61%;大中中期两税钱占48.67%,青苗钱占9.48%,榷酒钱占9.27%,盐利占32.58%。榷盐、酒等收入从此发展为与农业税并驾齐驱的重要财源[127]。纳榷之场一般置于盐的集散地,浙西地区的苏、杭二州有三个盐监,湖州、杭州有两大盐场,江淮的盐利成为财政经费重要来源。盐利的收缴与运输成为帝国百废待兴时的新政,"以盐价市轻货"创自第五琦,影响了唐后期盐政,他与同时代的刘晏（716-780）共同完成了盐政改革与运河漕运，即榷盐法的推行和南方财物税收的北运规范。到战乱半个世纪后的宪宗（806-820）朝，"戎事方殷，两河宿兵，户赋不入，军国费用，取资江淮"[128]，说明已削平了跋扈已久的藩镇，运河再次畅通，有江淮物资支持的中央政权才能满足国防需要，创造出大唐的中兴。从此王朝的经费由原来主要依靠河南、河北、河东和关中，一变而为十分之八九仰给于江淮[129]。

江淮税收的强化与漕运的掌控，让中央政权能深入环太湖文化区，并以这里为基点向更深处拓展。南朝时江东仅限于丘陵山地的沿海处，如江苏、浙江一带的开发，隋唐五代以这些地区为基础，大面积向西南的平原、河谷地带扩展。国家经济的南向开发促成了江南经济发展，也引起人口比重的明显变化，从人口的动态增加比例中，可以看出唐代不同区域政权的深入程度。南方丘陵山地及沿海人口密度大为上升，以江西、福建、四川最为突出。

隋唐以来长时期的战争几乎都发生在中原，南方相对安定，人口也一直持续增长。隋大业年间（605-618）全国户数高达8 907 546户，隋末唐初全国人口锐减、流亡，武德年间（618-626）人口"百不存一"。经过唐代初年的不断恢复与发展，至天宝（742-756）中后期全国共有9 069 154户，达唐代著籍户口数的最高额[130]。隋代四分之三以上的人口居住在关中、河南、河东、河北四道，到唐代中期这四道人口仅占全国的58%左右。南方五道的户数在隋代约占全国25%，到贞观（627-649）中期为54.94%，这是隋唐南北人口的大格局，而江南道的变化更能说明环太湖文化区的人口变动。隋代的江淮仅占全国总人口的10%左右，江南两道的人口占比还不足5%。而到了唐代中期，江南、淮南加起来所占的比例大约是25%，其中江南道独占20%以上。江南道为今浙江、福建、江西、湖南及江苏、安徽、湖北之大江以南、四川东南部、贵州东北部之地，治所在越州大都督。隋大业五年江南道约有 344 668 户，占全国 3.8%，到唐天宝年间已有 1 706 659 户，占全国 19.1%，几乎是唐初总人口的五倍。江南道东部的长三角和浙东一带，人口最为稠密，涨幅高达570%[131]。盛唐时江南道的户数就接近隋代南方总户数，天宝元年时南北户口之比约为四比五[132]。隋大业二年的户数与唐天宝元年相比，增长率最大的地方是浙江中南部，增加了 13.9 倍，其次是浙江北部、江苏南部和福建[133]。北迁人口定居应该是南方户数迅速增长的主因，说明盛唐时南方发展迅速，并以浙江为最。

中唐以后江南地区政局相对稳定，北方人口为逃避战乱，"自京口南被于涮河，望县数十，而吴为大。国家当上元之际，中夏多难，衣冠南避，寓于兹土，参编户之一"[134]，这时吴地有三分之一为北方南迁人口。从两税法建立到唐末，著籍户口逐渐回升，但纳入官籍的地区已不如盛唐全面，如元和二年（807）《元和国计簿》言，全国著籍总数为 244 万余户，江淮八道有 144 万户，约占全国的 66%。与天宝时期同区域仅占全国的 23%[135]相比，有了很大的上升。到宋初江南户数有 1 833 957，占到全国的 27.1%。虽然人口统计数据可能不完全，一些特殊人口并不纳入统计之中，如奴婢、官户、杂户、工匠、寺观、皇族、后宫、少数民族等，均不属州县管辖。中唐以后直至五代时期的屯田营田户也"不隶州县"[136]，同时浮客和土户的隐漏相当于甚至超过著籍户数，但南方人口变动的总趋势应该不会相差太远。

南方的空荒之地开始形成新的人口聚落，政府随之设置郡县，逐渐将其纳入国家行政管理体系。各阶层大范围的人口迁入，特别是衣冠之士带动了南方整体文化水平的增长，促进了城市的高端需求，更推动了手工业、商业的发达。工商业的发展让城市人口的集中远超前代，城市居民多为官吏、士兵、僧侣及城居地主，工商职业的人户所占比重相当大[137]。

唐代中后期南方草市普及、商品经济活跃都与人口聚居不可分割。盛唐以后江南纳入官籍人口的增长，不仅是经济发达让北人南迁，更重要的是南方豪门势力已得到抑制，中央政权可以将大部分人口纳入管理。这也是虽然唐初江淮经济发达，但国家税收无法深入的一个原因。

政治力量的南向推动江淮经济发展，地方特色商品要融入全国性网络，还需中央政策的扶持。国家策略出于社会管理层，上层社会的进入资格决定于官僚位阶，中国入仕资格一直具有远较财富更为重要的地位，"士人在平民中的地位最高，是因为他们所受的训练是获得官职的基本资格"[138]，这就决定了掌握知识成为取得地位的主要方式。早期社会知识与世袭贵族多有重叠，隋唐帝国的核心力量来自西北军事集团，与旧有贵族争取政治话语权是立足的根本，扶持新兴的官僚群体成为打击世袭、掌握政权的重要手段。新贵旧族更替互动也使知识人群迅速扩大，他们的喜好直接影响艺术取向，越窑对主流文化的迎合能迅速提高销路，于是在器型、纹饰中加入时尚需求。

知识力量推动的高端瓷需求

三代之时，掌握神权的世袭贵族与皇权一起占有社会资源，春秋战国以后，"士"阶层逐渐依靠战功与学识参与到政治权力之中，开始冲击早期王权贵族地位。两汉皇权无法遏制权贵大族对财富、土地的集中，至六朝时世风更注重家族传承，贵族逐渐壮大为豪门，非权贵的豪右与世家在中央集权不够强大时，松动着"官场"的话语权。随着社会阶层间流动性的加大，世袭贵族地位有所衰落，选用人才的科举制度在隋代破土，这为唐宋以后"士大夫"与皇权的全面结合，打下了坚实基础。在经历了长期政治文化形态的动荡后，士大夫官僚政治仍然是演进的最终定局，并且发展到更成熟的形态[139]。

隋唐以后豪门势力逐渐衰颓,在皇权扶持下"士大夫"群体兴起,国家从贵族世袭政治向官僚政治过渡。隋王朝打击豪门政策频现,如文帝取消九品中正制,使"武力之子,俱可学文"[140];炀帝大业五年(609)命"魏、周官不得为荫"[141],都是着力打破门阀势力,也因之开拓了从察举到科举选人制度的过渡。众多不同背景的人才引入,让社会进入学术思想融合的时代。"夫仁义礼智所以治国也,方技数术所以治身也。诸子为经籍之鼓吹,文章乃政化之黼黻,皆为治之具也"[142]。隋重用执行能力强大的"文法吏",但治国策略上仍以儒学为基础,入仕选官考核内容是对儒家经典的掌握。以科举选拔人才的模式虽得以创立,但收效甚微,官场仍为世袭贵族所掌握。

早在南朝时知识层就发出"士大夫故非天子所命"[143]的声音,知识分子逐渐从依附于政府的儒生中分化出来,形成庞大的民间认同群体,有自身的发展规则和获得声誉的方式,以及相关的权威与秩序[144]。唐代科举制度让民间受教育群体有机会进入社会管理层,官僚群体的变化使社会资源的再分配形式缓慢转变,"士大夫"包含的范围扩大,成为知识群体的统称。随着安史之乱的影响,曾经由国家对土地实行再分配的均田制彻底崩溃,政府对商业的管制也日渐松弛,从而为新兴地主和商业精英的发展创造了环境。士大夫既是权力参与者也是执行者,成为全社会最活跃的群体,在官僚、商人、地主等各阶层间流动,造成了文化力量的话语权上升。唐代经历着门阀世袭大族被新兴地主、士大夫逐渐取代的过程,这些新旧知识力量带动的财富人群,都是推动高端"名牌"流行的主力。

中唐新兴的官僚团体

汉帝国崩散后政府控制力衰落,"太学"无法持续,知识成为贵胄大族的家学传承，造成"三国、六朝，为道家言猖披时代，实中国数千年学术思想最衰落之时代"[145]。乱世间大族世代高官厚禄，垄断舆论以保障子弟沿着察举、征辟进入官场，同时以儒家经典作为"家学"，广收门生，借此扩大和加强本族的社会影响力，他们甚至还拥有私人武装[146]。东晋时期高级官员出自大族的比例几乎占75%，西晋、南朝和隋代最高级官员出自大族的比例约74%。北朝高级官员出自大族的比例要低些，北魏、西魏和北周汉人高官出自大族的比例超过75%，东魏北齐的比例则在60%左右[147]。门阀大族让王权多方受制。隋帝国科举选才制度的出现，就是皇权试图冲破大族势力的尝试。

唐初为打破门阀对社会资源的占有，提出各种限制豪门势力的政策，高宗即位时经济有所恢复，而王朝初建时的功臣仍在权力中心，这时科举录取人数并不多，绝大部分官员来自门荫入仕和杂色入流。皇权长时期受到世家大族的制约，扶持下层知识力量压制世族权力，成为加强皇权的策略。高宗、武后为控制话语权从变革选官制度着手，脱离传统世谱赐姓的进士，着力推进科举。大批新贵因科举进士进入统治层，开始突破门阀世胄对政治权力的垄断。"武太后临朝，务悦人心，不问贤愚，选集者多收之。职员不足，乃令吏部大置试官以处之。故当时有车载斗量之谣"[148]，正是在新贵的支持下武曌才能把握王权，虽造成了冗官系统膨胀，但也动摇了世族地位。唐初科举选才制度尚不完善，衡量策文好坏的标准是文章词华，缺乏与实用执政能力相关的考试内容，因此入仕人才不擅长处理政务，也无法占有政要高位，到玄宗时及第进士登台阁的高官比重已大幅下降，不能适应执政需求。德宗朝（780-805）改革了考试内容和录取标准，大批经世治国之才终于通过进士科被选拔出来，宪宗时（806-820）任宰相的29人中，进士出身已占17人[149]。

随着选官制度的逐渐完善，越来越多的高官子弟仍要通过科举方能入仕，世袭门荫制随之受损，但至唐王朝崩散时，大族成员仍在科举入仕官僚中占有优势，世袭特权至晚唐仍是主流政治力量。如山东一直是中国北部的文化中心[150]，初唐时山东旧族与关陇强宗激烈对抗，并且仍凌驾于关陇集团之上。唐太宗强调"当朝冠冕"才是家族荣耀的出处，"止取今日官爵高下作等级"[151]，而非"冢中枯骨"之陈望。整个唐代高官由大族出身的比例仍过半，前期曾降至56.4%，后期则又上升到62.3%[152]。从官员比例上看寒门入仕者变化不大，但随着政治管理的深入，官员总体数量大增，所以从绝对人数上看，科举引入的仕子有了显著增加。全汉昇据《通典》卷一七、卷一九统计，"在太宗时，内外文武高级官员一共才六百四十二人，及高宗显庆初，一品以下九品以上的内外文武官却激增至一万三千四百六十五员"，武后到玄宗朝更是飞速上升[153]。相对于两晋南北朝大族参政确有滑落，但仍是官僚中的主导力量，这就造成了前唐文化风格的变化尚不甚明显，出身门第观念仍有很大作用。

王朝初定时力倡兼容并蓄的大学精神，对内扩容寒门仕子，对外汲取诸多西方文化因素。同时出身不高的士大夫在夹缝中逐渐成长，他们对政治话语权的要求也随之增大，民间思想随着新知识群体进入主流文化中，这些不安定因素尚需展露的时机。在多元文化的刺激下，贵族门第思想受到了一定冲击，而贫民出身的士大夫群体，要在占有一定比重后方能发出声音。安史之乱是盛世的终止符，之后国势衰落，藩镇割据，宦官弄权，到9世纪初，社会对政府的信心还没恢复，对政治弊病的批评和诊疗，渐渐集中到了修复失坠的文化权威上。这时正值国家对江淮经济的大开发，对土地、工商业管理全面弛禁，为新兴地主和商业精英提供了适宜的环境。财政机构开始任用商人子弟和其他新贵，为知识人群提供了前所未有的入仕机遇，同时藩镇节度使的权力集中，也创立了一些地方性官吏的任命方法，让文官中以前默默无闻的人，也能参与地方朝政。他们逐渐威胁到了旧家族对权力的垄断，地方官僚机构成为新型精英的摇篮[154]。早期由朝廷支持的学术项目开始下移至地方，学问和文学日渐独立于国家控制，知识人群如春草蔓延逐渐能发出自己的声音。

战乱打击了盛唐无需思索的傲岸，重建华夏文化的重要性显现，这就是韩愈发起古文运动的时代背景。新兴士大夫主要出身于社会下层的中小地主、自耕农，他们到8世纪中叶以后才逐渐进入国家官吏体系，这个集团要想参与到政治核心圈，就要对固化的贵族思维模式发起冲击，而魏晋南北朝以后由家学传承的学术文化风格成为一个很好的进攻点。魏晋学风崇尚玄虚，辞藻、声韵成为文学诗歌所追求的唯一目的，门阀世家的家学传承丰富，延续"积案盈箱，惟是风云之状"的繁缛华丽。两汉视经学如宪法，其"章句小儒，破碎大道"[155]仍是唐代儒学研究的主要方式，这种穿凿过深的学术自毁，在佛、道两家思想咄咄逼人的势头下，弱点暴露无遗。

早期儒学的基本经典如《四书》《五经》都是官书，连《诗经》亦大体经过采诗官雅化[156]，雅就是官方语言文字的规范化，雅、俗之别是贵族与贫民的标志性语言。在早期社会中文化力量与社会统治层基本重合，经典便是皇权、贵族的代言，雅化的经典是为适应统治需求。两汉"表章六经"的今古文经学之争，皆出自贵族对雅化的官方要求。唐前期儒学只是南北朝以来繁琐章句之学的延续，以治三礼为学问的专家，和门第礼法也颇有关系[157]。而新兴士大夫本就是为获得政治话语权而努力，打破旧有门第观念，建立新的礼法制度是其目标，章句经学与后唐逐渐开放的学风相脱节，此空白成为古文运动的学术切入点。以韩愈（768-824）等为代表的知识力量，逐渐建立新学术思想体系："一曰建立道统，证明传授之渊源。二曰直指人伦，扫除章句之繁琐。三曰排斥佛老，匡救政俗之弊害。四曰呵诋释迦，申明夷夏之大防。五曰改进文体，广收宣传之效用。六曰奖掖后进，期望学说之流传。"[158]新兴士大夫从打破门第观念入手，早期维持贵族思想的礼学内容已消减了现实意义，提出郊庙、朝廷礼仪"由三代而下，治出于二，而礼乐为虚名"[159]，为学术革新做好了舆论铺陈。

新学整理出"人伦日用"的儒学，与章句门第雅学截然异趣。这时门阀与宗教团体对国家经济资源的占有，让皇权控制范围受到挤压，在皇权的默认下，新兴知识力量拉开了古文运动的帷幕。士大夫发起修正繁缛学风、复兴儒学的运动，同时提出打击佛、道各家对国家经济资源的占用，为解决国家财政问题打好舆论基础，以此加大皇权对士大夫集团的支持。排斥外来势力的心理需求，也使国民重拾自信的期许有了着落。但唐代科举所用五言律诗、律赋均出于南朝，即使在古文运动以后，《文选》仍是进士科的必读之书，取士科考内容不变，让骈四俪六的锦心绣口依然家弦户诵、童而习之，此流风余韵一直不绝。"南学"在唐代文坛具有相当的影响力，士大夫氤氲在南方精致、实际的世风下，必然影响到学风向内俭、自安倾斜，越窑瓷的简约稳健正是晚唐学风的映现。

简化文风、排佛尊儒的新文化运动只能风起萍末，在有唐一代尚未产生显著影响力，但其直接表达的排斥外学思想为国人所推崇。摈斥外族逐渐扩展为晚唐的社会风气，之后的"武宗灭佛"更体现出这一思潮的麻缕丝絮。

会昌灭佛是文化运动的余绪

"自晋汔隋，老佛显行，圣道不断如带"[160]，宗教势力占有的社会资源日渐增长，在 5 世纪时反对道、僧权的呼声已日见增高。入唐以后宗教更是占有了众多国家资源，财政匮乏和国有土地资源流失，让政府开始关注资产集中的各方势力。佛教本不是我国特色，道教提倡自然无为又与

叁　越窑的繁荣：荷花芯窑址　　73

国政无补，这两股势力占据着盛唐的文化舞台。安史之乱后的中国渐失了世界都会的磅礴，战乱因胡人而起，让国人开始全面排外的思潮，对"胡化"的反感造成了华夷界限的划分。新兴士大夫正是抓住这一机遇，用重建华夏儒学来强化皇权威信，古文运动是排外思潮在学术、意识形态领域的体现，紧随其后的是政府对外来势力的清洗。

战后已有大量胡人深入到今天的江西、湖北、四川等地定居，排胡风潮促使他们更改姓氏、祖籍，以期变装为道地的华人立足。长时间掩藏本民族特色与习俗，加速他们同化为华夏的组成，西来的文化特色也随之融合进本土。"胡人"的信仰中以佛教的影响力最大，原本佛教的轮回观念是一己之事，与中国社会网络的大家族观念颇不相容。为适应国情佛教将做功德设定为替宗族、子孙累积福荫，在个人"轮回"流转中加入了亲缘的连续，同时在佛经中加入"孝"的观念。通过这类吸收、消化，到唐代基本定型为中国本土特色的宗教内容。中国社会高层信众的加入，让宗教在唐代中期时已占有相当丰厚的国家资源，僧尼和道士人口十分庞大，文宗、武宗时估计不少于110万人。佛寺、道观虽散在各地，所在州县亦参与其籍账管理，但州县地方官府却无权对其管辖[161]。

唐武宗因平定泽潞（山西、河北）叛乱急需经费，当时资产多集中在藩镇等地方军事势力、世族官僚和宗教势力手中，相对来说佛教与国人排外的呼声正相契合。武宗本身崇信道教，针对佛教的整治是既可转化国内矛盾又能解决财政问题的可行性措施。于是在道士赵归真、李德裕等的建议下开始毁佛，这就是武宗灭佛（842-846）。会昌五年（845）有朝臣上奏"其大秦穆护等祠，释教既已厘革，邪法不可独存。其人并勒还俗，递归本贯充税户"，于是行动扩大化，所有外国宗教都属于"邪法"给予一体打击。袄教、景教、摩尼教号称"三夷教"，都曾得到唐廷认可并在长安建有寺院，此外还有耆那教、伊斯兰教等，但影响力远不如佛教，这次灭佛行动让这类外来势力也基本消亡。佛教虽已基本中国化，但仍是这次行动最大的打击对象，"其天下所拆寺四千六百余所，还俗僧尼二十六万五百人，收充两税户，拆招提、兰若四万余所，收膏腴上田数千万顷，收奴婢为两税户十五万人。隶僧尼属主客，显明外国之教。勒大秦穆护、祆三千余人还俗，不杂中华之风"[162]。没收的数千万顷田产中，腴田售出得款送户部，中下级田给寺家奴婢丁壮，寺院奴婢有15万人，每人10亩[163]，将之全部纳入两税户管理。对宗教势力大幅度削减的同时，也减缓了土地私有化速度，并解决了国家财政困难。如果说安史之乱是国人对外族不信任的开始，那么武宗法难得以实现，便需建立在民众对外来势力的全面畏惧、排斥心理上。

不仅外来宗教受到清洗，本土的道教也未能幸免于难，武宗在服用了道士杜元阳合成的九转丹后，"遍体生疮，髭发俱脱，十日而崩"[164]，此事件将道教挤出了贵族圈。宣宗（847-860）继位后立即诛杀道士，重拾佛教，敕复寺院，本来由道教引起的灭佛事件，最后却导致了道教在上层社会的失势，炼丹合气的知识与技术也随着道士一起身败名裂，逐渐隐入民间信仰。

灭佛运动主要针对当时流行的密宗，无意间为之后禅宗的兴盛扫清了道路，中唐以后禅宗在"人性与佛性的关系""修行的途径""觉悟的终极境界"这些思路上有了新的开拓，越来越向自然和适意的人生哲理方面转化，融入中国的知识与信仰世界。禅宗从"万法尽是自性"出发，提出"自性若悟，众生是佛"[165]，将佛性移置到自身固有之"性"中，佛在个人心中。这不仅符合打破门阀等级观念的需求，而且强调个体作用的价值观念，因而受到晚唐新兴士大夫集团和一般地主阶层的普遍欢迎。禅宗自谓教外别传，法亦非法，于是如来拈花，迦叶微笑即是付法，不著一字，以参禅顿悟为追求。适时正逢晚唐社会纷乱，从事专门研究

叁 越窑的繁荣：荷花芯窑址

的僧众数量锐减，对佛经、仪式等的规范性要求实施相对困难，而禅宗不立文字，摒弃烦琐教义、仪轨，简约的形式更易于在大众中流行，不久就成为我国最盛之佛教宗派。由于寺院道观是唐代主要的藏书之地，民间的清贫文士参加科举前多寄居于此，因此入仕官僚与宗教的结合较后代更为紧密。文士的佛儒道兼修，为文化内容相互适应提供了更大的发展空间，加速了古文运动后新学能兼收佛、道理论，将儒学建立为"体大而虑周"的政治思想体系。

文士是引领时代的主流人群，晚唐儒学的回归和全民排外的思潮，让复苏本土特色化成为国民心理追求，西来的金银器地位开始有所下降，代之而起的是中国独有的瓷器。经由士大夫诠释的华夏特色逐渐在瓷器中物化、定格，为越窑青瓷的流行做好文化上的伏笔。

地主、士大夫是越窑瓷的主要使用群体

儒、道、佛三家内容不断地交互吸收，唐代中国进入学术混合吸收时代。儒学因外来因素丰富了自身，视界的扩大、新兴行业的增加，逐渐打破了世家显贵对社会利益的垄断，财富开始向新兴士大夫阶层流动，也推动了全民教育程度的普遍提高。高宗时社会相对安定，开始提倡"重诗不重籍"的取士制度，世人皆可因诗而得位，这条上升通道成为民间共通的追求。于是"五尺童子，耻不言文墨"[166]成为世风，庙宇寺院、邸舍旅馆、风景胜地皆有供人题写诗歌的诗板，文人每至一地必先题诗，民众每达一处均以浏览、传抄为乐事。以至青楼娼馆的画壁、女子箱箧的内外皆以诗歌装点，更有甚者将诗画纹刺在身，以成为"行诗图"[167]。在盛唐繁翰的时代，诗歌成了殚精竭虑的主题，文学上的争奇斗妍使整个社会充满着装饰意味，同时也让文学艺术走入民间，社会整体的文学修养因科举取士而大幅提高。

经济快速增长引起贞观（627-649）时道德风尚的变化，新文化势力在中唐以后扩容，让世袭大族遭到冲击，社会经济结构开始由贵族庄园经济，转向与普通地主及自耕农阶层出身的知识分子相结合。自武则天后一般门阀后裔要想取得高官厚禄，也须参加科举和吏部考试，进京赶考导致"货鬻田产，竭家赢粮"，家资"未及数举，索然以空"[168]，豪门势力在科举制度下进一步走向衰落。地主地位有了起落也加速了土地所有权的转移，由此产生了佃户与普通地主关系的非世袭性，这也是普通地主区别于豪族经济的重要特点[169]。晚唐时新兴地主阶层人数远大于早期门阀，农村富裕阶层成长，以科举入仕进入官僚体系成为追求。"士人阶级家庭教育、家族传统及教育弛缓低下，不复如初唐以前及南北朝时代，缺乏依据经典自处的教养。与此相对，庶民社会显示出它的价值，庶民中的富裕者的生活质量渐渐上升，也要模仿士人阶级……中唐以来，古代传统中的士人阶级父子师弟之间依赖体验的训练和家庭教化传统已经失坠"[170]。唐初到盛唐的一系列政策与社会环境的互动，让晚唐以后知识力量向下层普及，门第观念逐步减弱，贵族与庶民界限不再昭彰，民间富户也有能力参与使用高端享用品。这也是上林湖的产量几何倍增长的重要原因。

据记载，在北宋时越窑成品率仍不高，庆历年间（1041-1048）余姚县令谢景初《观上林坨器》诗曰："发窑火以坚，百裁一二占。里中售高价，斗合渐收敛。"那么唐代的越窑烧成率应该更低，高价位就决定越瓷使用者相对集中，宫廷、官僚士大夫、富户应是集中消费者。唐代宫廷经常将多余器物用于出售，贡赋归太府寺左、右藏，太府寺下设平准署，平准令的职掌就有"凡百司不任用之物，则以时出货"[171]，如德宗（780-805）时"宫中取物于市，以中官为宫市使"[172]。"蒙茗玉花尽，越瓯荷叶空"的风雅就这样进入民间富裕人群。学者、地主、商人都是知识人群的主流，人数上较早期世族有了相当的扩大，阶层间的流动让民间喜好与主流群体的流行风尚更为接近。这一时代的瓷器从材质到图案都高下有别，在不违反制度的前提下，民间用品常以官府喜好为楷模，因此在艺术追求上全国趋同，这也是器物时代特征明显的原因。

从盛唐到晚唐主流器物的风格变化相对明显，正说明时尚跟随着学术的步伐。隋唐帝国以北方军事力量发展而来，早期的官僚多出入边塞，习武知兵，初、盛唐的著名诗人很少没有亲历过大漠苦寒、兵刀弓马的生涯，因此文化表达重点在于个人的意气和功业。盛唐氤氲在磅礴包容的氛围中，艳丽的文化风格受到欧亚西来审美习惯影响，碗、盘等日用器皆形体偏大，与豪迈的西北民俗相近，三彩的张扬鲜亮也正合时风（图3-3-1）。中晚唐以后的官僚很少亲历战场，多有门荫科举入仕者，加上长时期的经济繁荣，让名将重臣渐失豪迈之气。经由古文运动对简约风格的推动，引发了主流文化由丰神情韵向筋骨思理的转向。民族意识回归让庄子的飘逸和屈原的绮丽，从盛唐的艺术取向中融通溢出，波澜壮阔的大唐气势开始转向清淡平和，回归到与自然相通的哲学审美，带有浓厚国风

图 3-3-1　唐代三彩器
（洛阳博物馆藏）

78　发现秘色瓷

的青瓷进入主流视野。

战乱让帝国在经历了浓艳繁华的春夏后,逐渐进入秋日的凉薄,越窑瓷苍翠如江南悱恻的雨季,在不经意的回眸中邂逅一池清荷,以清浅安宁迎合了士大夫欲远离沉酣迷乱,向往平静祥泰的心理需求。越瓷定型在厚重规整的厚胎薄釉间,将端庄郑重的大气质感与南方的平和澄澈纳于一体,雅淡质朴与儒学的深重底蕴相契合,这份敦厚凝重,舒缓着晚唐文人对本土文化的思归情怀。文化向内心的精神意境转向,酒具、茶具、日用把玩件逐渐成为中晚唐潮流时尚品,总体面貌由繁华大气向富丽温和过渡。青瓷以远古南方浑厚古朴之青,在时风中隐约流露出晚唐月朗星稀的心境,显现出与盛唐繁丽相左的物质特色。佛教与儒学心境逐渐相合,文人雅士开始将茶道在禅意里衍生,禅茶一味中融入的便是人生,由"鸡声茅店月,人迹板桥霜"展现出峭洁清远、遗世独立的晚唐风韵。

越窑在器型、纹饰上对文士喜好大量吸收,与时尚需求的接轨加上全国性商业网络的畅通,很快进入城市高端消费群,这应该是中唐以后越窑迅速扩大、产量大增的源动力。

上林湖越窑的复兴

上林湖越窑高端器物中除一些大型礼器用于礼佛、崇道等仪式,如香炉、灯盏等为"威仪棣棣"的产品,高品质的主流产品多为日常茶具、酒器、食器,这是中国制瓷器史上前所未有的新面貌。从不同时代最高等级瓷的产量上看,战国亭子桥窑址产品显得相当有限;孙吴时上虞窑址有明显的扩大,但分布地仍集中于江南;上林湖窑址群产品则是几何倍的增长,且在全国都有大量留存,甚至海外也有出现。说明高端瓷不再局限于礼仪场所与皇家贵胄,更广泛的知识人群成为新的使用者,而南北交通线的发达，是越窑能进入国家网络的物质要件。

在秦汉帝国时代，政治经济中心集中于中原，而隋唐帝国时代南方经济实力提升，标志着经济中心与政治中心逐渐分离，南方可转移性收入的增加，让中央财政收入构成发生转向，于是南北间的水运通道进入统治视野。

中唐以后运河地位提升

唐初财政开支并不很大，当时关中耕田耗损尚不严重，对南方的需求有限，运河的重要性并不明显。中唐以后冗官体系庞大、行政管理成本提高，都让国家财政需求剧增，但募兵制才是军费大涨的主因。后代总结兵制对财政的影响时说："唐时，全倚办江淮之粟。唐太宗以前，府兵之制未坏。有征行便出兵，兵不征行，各自归散于田野，未尽仰给大农。所以唐高祖、太宗运粟于关中不过十万。后来明皇府兵之法渐坏，兵渐渐多，所以漕粟自此多。且唐睿宗明皇以后，府兵之法已坏，是故用粟乃多。"[173] 盛唐的农业税收已不再能满足国家财政开支的增长，于是玄宗朝致力于减少浪费、避免低效，并促进租税收入向京城的转运与集中。运河是连接两个中心的主动脉，保持补给线畅通的系列漕运变革成为这时的政策之重。

唐代陆路的驿道繁荣并快速，却不能把南北密切联系起来，因为陆运费用远较水路为贵，且运量不足。木船才是最为经济有效的运输工具，于是最有资格连接军事重心与经济重心的交通线就是运河，其畅通与滞塞都足以影响国家财政。江淮到洛阳一段的运河在隋炀帝时就着力开通，交通尚称方便，然后还要经历八百多里方能到达长安，其中洛阳陕州（河南陕县）间三百里的运输最为困难。运抵陕州太原仓后再由黄河运往永丰仓，"永丰仓在（华阴）县东北三十五里渭河口"[174]，因渭河不便航运，从这到长安太仓时须用牛车。景龙三年（709），"关中饥，米斗百钱。运山东、江、淮谷输京师，牛死什八九"[175]。洛阳位于南北交通要冲，成为江淮北运物资的集散中心，其运输线路直接影响都城供给。高宗显庆年间（656-661）道："岂得宅帝之乡，独称雄于四塞？里王之邑，匪建国于三川？宜改洛阳宫为东都。"[176] 说明方便江淮物资接收是东都存在的重要原因。在武后（683-705）执政的十余年内，除大足元年十月至长安三年（701-703）十月在长安居住两年外，其余时间她都在洛阳，除政治野心外，漕运造成的经济状况也是重要原因。此后玄宗也屡次行幸洛阳，《行幸东都诏》"引鱼盐于淮海，通粳纻于吴越，瞻彼洛汭，长无阻饥"[177]，特别强调了漕运的重要。

到8世纪初，汴河与黄河之间的连接口已堵塞多年，转运船无法通过。开元二十一年（733）关中饥荒，玄宗为促使天下赋税向京城流动，命裴耀卿任江淮河南转运使。裴多次建议疏通漕运："往者贞观、永徽之际，禄廪数少，每年转运不过一二十万石，所用便足，以此车驾久得安居。今升平日久，国用渐广，每年陕洛漕运，数倍于前，支犹不给。"[178] 不久裴被擢升为宰相，主管修缮水运线路并建造转运仓，三年间运至长安的租粮达到七百万石，并节省脚钱三十万贯。这次改革让关中粮食储备大增，又恰逢关中农产丰收，政府遂于开元二十五年规定关中用米代替绢来缴纳庸调资课，江淮改运布来作租缴纳。布价高于米粮价，"初定两税，万钱为绢三匹……近者万钱为绢六匹"[179]，万钱在平常物价下约可购入米10石，大致1300斤，税收改为运布明显能减少运河漕运量。据王永兴考证越瓷入贡的记录正是从这一年开始[180]，"越州会稽郡，中都督府。土贡……吴绢、丹沙、石蜜、橘、葛粉、瓷器、纸、笔"[181]，说明玄宗朝对运河的疏通与越窑瓷进入中原有直接关系，从此到晚唐多有越窑土贡的记录。

其后韦坚（？-746）开通了平行于渭河的漕渠，让货物不必经洛阳后再以牛车转运，由水路中转即可达长安。政治中心与江淮到这时才算直接连通，这也是中晚唐皇帝不再行幸东都的重要原因。但水上运道相当长，且黄河有半年断流期，这些都造成运输总量无法增加，于是韦坚"请于江淮转运租米，取州县义仓粟，转市轻货，差富户押船。若迟留损坏，皆征船户"[182]。以义仓粟转市轻货，可大为减少运输量，同时也能调控市价获得高额利润，这次变革让漕运能力又一次大提升。漕运改革让大唐成为一个经济、政治相结合的整体，同时也是对大地主实力的打压。如规定"差富户押船"，将运费及补足耗损的负担从百姓转嫁到富户，希望以此限制大族的财富积累，但很快激起山东、江左等区域地主的反对，引发了社会动荡，此后不久就是安史之乱。

战乱余孽在河北、山东等地割据，西北各地的财赋还不足以维持守边军队消耗，藩镇经济上也以物产自肥，中央政权赖以维持的经济基础只剩下江淮，运河复航成为帝国势运挽回的当务之急。刘晏（716-780）于代宗宝应二年（763）任转运使，他将漕运改革视为兴国奇策，曾"以书遗元载（宰相）曰：浮于淮、泗，达于汴，入于河，西循底柱、硖石（河南孟津县西二十里）、少华（映西华县南十里），楚帆越客，直抵建章（陕西长安县上林苑中）、长乐（长安县西十里），此安社稷之奇策也"[183]。以东南财赋支持西北军政，基本要依赖运河馈运能力，肃宗（756-763）时，"吴盐、蜀麻、铜冶皆有税，市轻货繇江陵、襄阳、上津路，转至凤翔"[184]。但通航时间并不长，很快不仅河道淤塞，盗贼横行，地方藩镇也参与抢夺汴州、徐州等运河交通要峡。刘晏时代每年由运河运往关中的米，只有裴耀卿时代的六分之一，韦坚时代的十分之一[185]。说明安史之乱后南北两个中心的联系远不及盛唐密切，从中也能看出战乱后的国力已大不如从前。

藩镇反对中央干政，互相僭称王号，对运河这条生命线的争夺始终不断。德宗时（780-805）藩镇多派兵驻屯，阻止江淮运船的北上，如"李正已遣兵扼徐州甬桥、涡口，梁崇义阻兵襄阳，运路皆绝，人心震恐。江淮进奉船千余艘，泊涡口不敢进"[186]。李晟于兴元元年（784）收复京城，但运河尚未畅通，这时关中因兵燹和旱蝗而农产歉收，粮食恐慌几令中央政权动摇。长安长时间物资匮乏，直到贞元二年（786）运河才恢复航运，德宗喜极，"米已至陕，吾父子得生矣"[187]，可见运河不通可造成政权的危机程度。最能控制运河交通之地在徐州和汴州（开封），中央政府在此两地设置劲兵和精明强干的官员，直到宪宗时代（806-826）对运河航运的阻扰才停止，这也正是后唐的中兴之时。正因中唐以后的漕运维系着国家经济命脉，运河沿线城市也在此时迎来了大发展的机遇。

漕运沿线城市化进程加快

隋代运河的开凿让沿河的河阴、睢阳、宿州、泗州、扬州、真州、镇江及杭州等，都先后成为南北交通的重要码头，进而发展为繁荣的城市。"唐时漕运大率三节：江淮是一节，河南是一节，陕西到长安是一节"，"三节最重者京口"，"京口是诸郡咽喉处"[188]。京口在今江苏镇江，与扬州隔江相望。天宝年间（742-756）韩滉（723-787）累官镇海节度使、浙江东西观察使，泾原兵变时他训练士卒保全东南。韩滉统治中心在京口、扬州一带，是唐代漕运的咽喉，对江南粟帛转输地的控制让他深得朝廷倚重。之后中央对这里的水路多次疏通，贞元四年（788）、宝历二年（826）在扬州城内开漕河，又开市河，沟通了城内城外，"扬州官河填淤，漕挽堙塞，又侨寄衣冠及工商等多侵衢造宅，行旅拥弊。亚乃开拓疏启，公私悦赖，而盛为奢侈"[189]，"南方旱歉，人相食，播搢敛不少衰，民皆怨之。然浚七里港以便漕引，后赖其利"[190]。扬州作为新兴港口，当陆上丝绸之路萧寂时，成为国家商业流通重地。当时的"扬子院"易称盐铁扬州院，在诸院中地位最重，是江淮钱谷货物委积储藏以待北运之地。于是"天下支计出此一方"，"唐世盐铁转运使在扬州，尽榦利权，判官多至数十人，商贾如织，故谚称'扬一益二'，谓天下之盛，扬为一而蜀次之也"[191]。这里"淮海奥区，一方都会，兼水陆漕挽之利，有泽渔山伐之饶，俗具五方，地绵千里"[192]。

扬州位于长江、运河、海口的交叉点上，连接东西陆路和运河，然后又向国内、国外的四方辐射，这一重要的交通地位使其成为南方工商业汇聚之地。中晚唐时这里的发达程度逐渐与中原接近，谭凯从唐代墓志中考证，850年左右京城长安郊区的地价"比长三角地区扬州郊区的土地价格贵了两倍"[193]，可见中唐扬州的发达。其内可通运河，外由长江入海，在扬州港附近的堆积中多见越窑瓷碎片，海外对中国瓷器的需求非常之大，便利的水路运输，让全国各窑口瓷器在这里汇聚。

与之相邻的浙江也是晚唐国用多出之地，成为五代吴越国发展的经济基础，杜牧（803-852）"今天下以江淮为国命，杭州户十万，税钱五十万"[194]。特别是杭州作为运河终点，带动了周边河流交通沿线城市的经济进步。杭州位于太湖以南，杭州湾以西，天目山以东，是钱塘江的入海口，其东为地处平原地区的绍兴、宁波。从农业产出上看扬州和苏州处于水网密布的平原，比杭州周边多山地的农业条件要好。但扬州位于长江的北岸，如果运河的终点在此地，江南钱粮汇聚时要过江，消耗成本会增高。如果运河终点在苏州（吴郡），浙北的粮食通过人力畜力运到太湖之滨成本虽不高，但苏州北、东、南三面朝海，西面正对太湖，陆地的辐射力有限。镇江虽位于长江以南，如果运河端点在此会深入江南不足，同时镇江到杭州的300余公里中，天然水网密布，开河成本相对较低，加上浙江的经济富足，都成为运河终端南伸的动力。杭州的优势是浙江北端与江南平原连接，与中原的陆路交通方便，由富春江、浦阳江可直达浙西的衢州、金华，钱塘江、钱清江、曹娥江三大潮汐河流连接绍兴、宁波到杭州的水路，因此成为汇聚江南物产集中漕运的理想之地。此外自古这里就是江南的富庶地，曾经支撑起多个强大的割据势力，作为运河终点成为朝廷伸向江南的触角，也方便此区域动向的及时反应。杭州运河端点的地位，让周边地区在晚唐有了提升经济实力的机会，加速了周边的城市化进程。

官僚、富户及其家属大都住在城市，一些普通地主、宗教势力也被吸引到城市里来，再加上贡举和铨选制度的影响，造成了唐代大型城市的发达。城市人口与职能分布密切相关，主要受以商品经济为核心的因素左右，城市居民数量的增长，也代表着中高端商品购买力的提升[195]。中晚唐政府特别是经由宪宗朝（806-820）的集权努力，基本纠正了战乱后的无序，再度回到皇帝及来自京城家族的人把持多数藩镇要职的局面，中央重新控制了帝国的大部分区域。北来的高门贵族促成了城市人口需求的高端化，各种土产名品由特定地区有一定规模的手工作坊生产，商品向大中城市的集中推动了道路交通、商业网络的发达。高端商品在流通中相互学习仿制，使时尚因素迅速蔓延，越窑正是这时进入了全面上升通道，产区明显扩大，质量、数量都有了飞跃性的提升，成为唐代"名牌"。

可以说运河是南方商品进入政治核心的物质基础，而江南的文化进步与人才丰富，是越窑复兴的社会铺垫。安史之乱后的国家重心南向，大型城市的集中出现等都为越窑带来了发展机遇。

越窑复兴

浙江地形以河流山川为主，耕地之外须加大对丘陵山区的利用，临水的山地方便商品运输，也具有既有制瓷业发展的最好条件。这里汉六朝的早期越窑到唐代仍具有相当的产量，也就自然成为提高南方经济能力的扶持项目。从上林湖发掘状况来看，其正是约在8世纪下半叶再次兴起，并迅速成为全国窑业中心，与江南地区总体经济地位提升时间基本一致。

越瓷入贡的年代可查的记载主要有：开元二十五年（737）、开元二十六至二十九年（738-741）、天宝年间（742-756）、长庆年间（821-824）[196]。战乱以后"天宝以来，大盗屡起，方镇数叛"[197]，顺宗（805）曾叹"两河、中夏贡赋之地，朝觐久废"[198]，"经常之法，荡然尽矣"[199]，开始增加可控州府的赋税及供奉，越窑应该在战乱后更多地进入中原。也正是这时的文学作品中开始频繁出现越窑瓷，如宰相元稹于元和五年至九年（810-814）间的诗"纸乱红蓝压，瓯凝碧玉泥"；约同时代的顾况在《茶赋》中记"舒铁如金之鼎，越泥似玉之瓯"；施肩吾（780？-861）有《蜀茗词》"越碗初盛蜀茗新"。目前所知的越瓷入诗均从这时开始，从侧面说明其在唐代早期尚不为世人所重，在成为贡瓷后影响面明显扩大，才引起士大夫群体的追捧。

上林湖越窑再兴的时间应该始于盛唐，没有畅通的运输路线使之不为世人所识，王朝之初对官用物产运输管理的规定，应该也是青瓷没有入贡的一个因素。如初唐的《唐六典》记载"度支郎中、员外郎，掌支度国用、租赋少多之数，物产丰约之宜，水陆道路之利，每岁计其所出而支其所用。凡物之精者与地之近者以供御。物之固者与地之远者以供军。皆料其远近、时月、众寡、好恶，而统其务焉"[200]。陕西、河南、河北的陶瓷器到达京城相对方便。据目前考古资料来看，陕西耀州窑到入宋以后质量才逐渐提升；河北邢州的窑区到中晚唐以后才达到鼎盛；河南多以绞胎、三彩等釉陶器为主，鲁山段店窑在黑釉上洒蓝、白彩斑的花鼓，颇得皇家喜爱，曾有记录"宋开府璟尤善羯鼓"，玄宗与之谈鼓时说"不是青州石末，即是鲁山花瓷"[201]。这些窑口留存的陶瓷各有特色，但同期质量都比越窑差，盛唐的越窑在不具备地利条件下能打破《六典》规定进入中原，正是其独具特色的标志，同时也说明皇族的需求可以打破法典的限制力。战乱以后以租庸调为基础的赋役制瓦解，加以奸吏邪臣微射恩宠，"用近疏远"制度遇到破坏，许多州府的贡赋都增加了额度和名目，在这样的背景下越州贡瓷数量大增，耀州、邢州贡瓷也逐渐恢复[202]。"昭宗乾宁四年……耀州贡瓷器"[203]，"邢州钜鹿郡，上本襄国郡，天宝元年更名。土贡丝布、磁器"[204]。这时的漕运力量已较盛唐大为缩减，越窑产品却开始在文化阶层中普及，可见其风格颇受主流思潮追捧。

唐代茶文化逐渐发达，在名目繁多的饮食器中，越窑碗、盘、盏等成为日用高端器。以世味煮茶的陆羽（733-804）中唐后正隐居江南各地，他用《茶经》向世人介绍了越窑品质："越州瓷、岳瓷皆青，青则益茶，茶作白红之色。邢州瓷白，茶色红；寿州瓷黄，茶色紫；洪州瓷褐，茶色黑，皆不宜茶。"认为"瓯，越州上"[205]，将越窑列为天下瓷器第一等。知识力量将审美倾向与商业需求一同带入江南的轻烟薄雾，制瓷业更是主动靠拢时尚以促销路。金银器是盛唐流行的高端器，越窑青瓷兴盛时正值南方金银器加工业大发展，青瓷从器型到纹饰都出现金银器特征，如法门寺地宫中的金银器与瓷器外型基本统一。

唐时民间与进居塞内的民族交流频繁，从宫廷侍女到士流之妻，女扮男装的胡文化特色成为风尚，"女为胡妇学胡妆，伎进胡音学胡乐"，"城头山鸡鸣角角，洛阳家家学胡乐"时时可见。朝廷重臣及宫廷之中也遍及胡风，如安禄山、武延秀、杨贵妃等也都以擅长胡旋舞著称。日用器物亦多见外来特色，全民皆尚金银器也成为盛唐特色。金银器经丝路而来颇受王公贵族重视，大多是从波斯萨珊、嚈哒或拜占庭等输入中国，主要造型有胡瓶、盘、杯、碗等，为满足宫廷贵族的需求，国内开始仿效中亚、西亚风格，并在汲取西方工艺和装饰手法的同时加入本土喜好。唐以后我国

叁 越窑的繁荣：荷花芯窑址　87

的金银加工工艺才赶超西方，中晚唐时已形成中国化风格，并反向影响胡人器型，宣宗大中年间（847-859）成立了专给皇室打造金银器物的"文思院"，法门寺地宫出土的金银制品，许多是文思院的产品[206]。9世纪时方镇割据势力强大，地方官府经营的金银器作坊出现，浙西等地金银器的生产数量和制作水平，已不亚于中央官府。手工业者的作坊联盟、行会也在晚唐开始出现，说明民间加工已有相当规模，时风的追求和行业间的工匠交流，让不同材质的流行器物风格基本一致。这时的南北方各大瓷窑如越窑、邢窑、定窑等，均呈现仿金银器的特征。

越窑兴起正值全民对外来文化排斥之时，但国人审美喜好上已接受了中国化的金银器造型，越瓷初创的器型多嫁接了这些流行因素。如折腹碗、海棠杯（图3-4-1）、花口盏（图3-4-2）、圆口钵、盒、执壶等，都是在金银器造型上加以改造。多出现类似金银器的外撇卷边，花式口沿，器身的筋条，圈足等[207]。瓷器口沿下有时会有一圈折线，器腹弧线转折处有些也留有折线印记，在金属器的沿口与接缝处都有这样的线条，是金属片衔接和收入口时必有的接缝处，瓷器上的这些"棱线"应该是仿金银器时保留的印记，这类"棱筋"也能提升器型整体精神。类似花朵或云朵的曲瓣形态在银盒中多见，造型刻意强调器物弧曲变化，正是当时南

图3-4-1　晚唐越窑海棠杯　　　　图3-4-2　晚唐越窑花口盏

方金银器的普遍做法，越瓷中多瓣造型的器物演变成凸瓣、细密水滴状的瓣形变为桃形莲瓣；富于变化的多曲形改造成适合我国民风的新品，花朵造型设计体现了对异域文化的取舍，融入了东方审美情趣，花瓣形的杯、碗和高足花口器成为中晚唐乃至宋代器皿的主流[208]。瓜果等造型也是唐代金银器的重要特征，各类胡瓶造型在越窑青瓷中也多见。

但更多的是延续早期越窑而下的器型，如由南朝的饼型底碗、盏，到唐代的玉璧底、环底，再到五代出现圈足，发展序列齐全，并且是越窑的主流器型。玉璧底碗的器型以其底足颇似玉璧形而得名。在中国茶叶博物馆，藏有一件长沙窑青釉玉璧底碗，碗内底心有"茶埦"二字刻款[209]；湖南博物馆有多件长沙窑玉璧底器皿，外底部带"酒"字款，可见玉璧器用途广泛。越窑以后，南北方各瓷窑中普遍烧制这类玉璧底、玉环底器皿，邢窑、定窑、长沙窑等都有实物传世，但在这些窑址中没有发现从饼型到玉璧型底的发展序列，只是间断性的有宽窄不同的器底出现，可见各窑口对不同时代流行的越窑器进行了仿制。

越窑瓷可以说集南北特色于一身，站在时尚之巅为世人所慕，使用范围已遍布全国高端文化层。在祭祀中"夫子廊庙器，迥然青冥姿"；大型礼仪宴饮"列筵飞翠斝"，成为文人玉壶菊酒，一顾淹留的点缀；迎合着雅士日常"末盥邵陵王，瓶中弄长翠"的把玩；是田园"留欢尽绿樽""归隐谢浮名"的道具。梅花纸帐是宋代文士清心致雅的标志，"蕲簟曙香冷，越瓶秋水澄"为翰墨轩窗安放着恬静。世人在绿樽红烛中追求于瓶中花、壁上画的相知，香盒更是倚着六朝的柔丽，将凄美凝练于宝枕春梦中，在"钿合碧寒龙脑冻"的思绪中结晶。还有人用来尝试乐律的起伏，《乐府杂录·击瓯》载"充太常寺调音律官……善击瓯，率以邢瓯、越瓯共十二只，旋加减水于其中，以箸击之，其音妙于方响"[210]，成为"清同野客敲越瓯，丁当急响涵清秋"的陪伴。唐代越窑多与时代文房的奇珍并称，如

"箧重藏吴画,茶新换越瓯","遗我绿玉杯,兼之紫琼琴","蜀纸麝煤沾笔兴,越瓯犀液发茶香",以"山茶分越瓯"轻和着文士的品味。

越窑以温润深沉的青绿釉色,包孕着浅淡的纹样饰线,整体呈现出柔和清雅的光晕,与晚唐趋向文化内敛的心理追求接近,一时间成为时尚翘楚,迅速融入多个层面。唐代产品与前代高端青瓷在品类上也有重大转变,日用器成为绝对的主流,说明使用群体和范围都较早期大为拓展,日用品的高需求推动了全国制瓷业的大发展。唐代虽然国家经济繁荣,但绝大多数人的注意力仍在生存的基本需求上,没有更多时间及财力关注艺术品味,高端消费品的选择只适用于衣食无忧的少数人群,他们正是时代的权力层和富户,越窑瓷还远不能普及到社会底层。这时的越窑以南方特色为主,主动吸收不同阶层南迁带入的习俗观念,特别是以贵族为代表的文化群体,推动流行器物与中原文化的接轨。

在越窑复兴之时制瓷业在全国范围扩展,全国不同等级瓷器窑场如雨后春笋,早期产品基本以仿越窑青瓷为主,有些逐渐壮大,如陕西耀州窑也在仿越窑青瓷外增加更多特色产品。此外隋代北方白瓷逐渐成熟后,在邢窑形成白瓷中心,邢窑白瓷逐渐与越窑青瓷相匹敌,共同形成了"南青北白"的唐代瓷业格局。这一方面是瓷业技术的普及,另一方面也说明使用群体已较早期大为拓展。南北窑址所出产品基本一致,以日用器物为主,说明出身平民的知识力量,已开始在世袭贵族把控的权力层露出头角。

对荷花芯窑址群的发掘,恢复了中晚唐越窑兴起时的基本面貌,越瓷将凉露浸衣之青定格为时代文化品味,成为后世制瓷业学习仿效的范本。秘色瓷的探寻之路还将继续,考古学者在古银淀湖地面勘查时,发现有南宋时的青瓷碎片堆积,期望能发掘到五代、两宋的地层,于是寺龙口窑址进入学者视野。

肆

越窑由盛转衰：寺龙口窑址

在寺龙口窑址丰厚的堆积中，有晚唐清淡无饰的青瓷；有北宋早期细刻划花的秘色瓷；有北宋中期走向繁复粗糙的产品；有北宋晚期数量、质量全面衰落的产品；此外还有少量南宋早期的堆积。这里以北宋产品为主，序列完整，展现了越窑由盛至衰的全过程。

北宋早中期越窑进入全盛，窑区从上林湖扩展到了宁波东钱湖、上虞窑寺前等地，形成了次一级的窑场，其影响波及了婺州靠近越窑的东部地区，包括东阳、武义、义乌、金华、浦江、兰溪等地。由于宋学的转向让唐宋青瓷风格有很大的区别，北宋逐渐向轻巧浅淡发展，后期由于瓷土质量的限制，又向繁缛富丽方向靠拢，而北宋后期的主流文化正以三代复古之风为尚，这就使越瓷地位一降再降。大约以熙宁变法为分割线将北宋越窑分为前后两个阶段，前期质量稳定，产量较五代增大，说明秘色瓷的影响力尚在，产品与主流文化的结合还算紧密；后期质量出现明显下滑，但不论是窑区还是产量却大幅度上升，可证销售渠道有了明显的转向。

为何越窑在质量并没有大幅度减退时就已失去了贡瓷地位？这要从当时国家的政治策略中寻找原因。神宗朝的变法帮助王度过经济危机，改革目标是让江南可移动性收入能进入政治中心，这时为减轻运河漕运压力，对江淮"名品"的政府采购缩减。越窑正是这时退出了地方土贡的名单，只能开发新的销售渠道解决生存问题。于是在五代海运外销的基础上,越窑成为外销瓷的主流产品,这时瓷土质量已无法满足高端器物生产,外销瓷对品质的要求远不如贡瓷,也就失去革新动力。此后质量愈见下滑,被周边窑区的同类产品替代,到北宋后期终于隐没。而早期龙泉窑虽以仿越窑产品为主,但其瓷土条件远高于越窑,终于在两宋之际完成了替代,成为国内外青瓷的主流产品。越窑从此全面衰落,寺龙口窑区遗存基本可以再现其在北宋发展的全过程。

从晚唐持续到南宋初的寺龙口窑址

寺龙口窑址位于慈溪市匡堰镇寺龙村北的小山上,距上林湖不到4公里。这个区域的堆积年代从唐代晚期延续到南宋初期,五代地层有少量质量稍差的秘色瓷片(图4-1-1)。发掘面积共1044平方米,清理龙窑遗迹1座、作坊遗迹2处,出土瓷器碎片5万余件,并获得大量窑具标本。

图4-1-1 寺龙口窑址堆积

这里的窑炉与荷花芯窑址基本一致,炉长近50米,堆积达10米以上。可以明确其始烧年代应在晚唐,历经五代、北宋而延续到南宋初期（图4-1-2）,寺龙口窑址丰厚的地层、完整的演变序列,清晰地揭示了两宋越窑的发展过程。

图4-1-2 寺龙口窑址龙窑炉

肆　越窑由盛转衰：寺龙口窑址

北宋早期越窑瓷土质量下降

寺龙口窑址晚唐五代时期的产品质量一般，北宋早期最为兴盛，有少量产品的胎釉质量接近秘色瓷，但数量、种类均极少。这类器物胎质细腻致密，胎色灰白，釉多为与秘色瓷接近的天青色，与出土于法门寺的标准秘色瓷在质量上有相当差距，胎质略粗而色深，流行细线划花装饰，题材包括龙（图4-1-3）、凤、鹦鹉、对蝶、缠枝花卉等。说明晚唐五代的秘色瓷核心烧造地并不在此，同时也可见北宋时期的秘色瓷质量已大为下降。

图4-1-3　北宋早期细线划花龙纹

以寺龙口为代表的两宋青瓷，较晚唐五代时期明显衰退。秘色瓷的天青釉色与匣钵的密封性能息息相关，陶质匣钵的密封性，无法使青瓷在还原环境下烧成，"秘色"必须使用密封性能更好的瓷质匣钵。以釉封口的匣钵须打破方能取出器物，一次性的匣钵对瓷土资源的消耗非常大。晚唐时期大量瓷质匣钵的使用，使上林湖地区便于开采的优质瓷土资源开始不足，五代时期的匣钵胎质变粗，从细瓷质演变成粗瓷质（图4-1-4）。北宋早期匣钵质量进一步下降，终以粗陶代替粗瓷，这是宋代越窑质量不断下降的重要原因（图4-1-5）。从匣钵和瓷器质量下降的过程，可以看出越窑最终停烧，最大的技术原因是方便开采的优质瓷土资源已逐渐枯竭。如今在上林湖地区要找到便于机械开挖，同时质量与晚唐瓷土相当的仍不多，在当时完全是以人工开挖，高品质瓷土成本就会更高。当瓷土开采

图4-1-4 晚唐瓷质匣钵与五代粗瓷质匣钵

成本在商品卖价中得不到足量回报时，降低质量乃至停烧应该是最合理的选择。

越窑北宋以来的风格转向，相当大的原因是瓷土质量下降不得已的选择。越窑的胎色延续呈现青灰，这是釉色衬托出翠青最重要的条件之一。而此种青灰色胎，又是

图4-1-5 北宋粗陶质匣钵

由本地的瓷土特殊成分所决定的。低质量瓷土会造成胎质粗糙，胎色不纯。晚唐五代秘色瓷的青薄釉本就是为彰显胎质纯净与器型简洁大气，很少会在胎体上刻划图案。到北宋早期薄釉已不能掩饰胎质的欠缺，同时瓷质匣钵质量下降也让釉色的青绿不再完美，不得已用刻花等装饰来弥补胎釉缺陷，后逐渐发展为以繁缛掩饰瑕疵。吴越国纳土后的上林湖窑址数量、规模仍然庞大，分布密集，大量的细线划花装饰在青釉的衬托下尚不失华美，且器型较唐代更为轻盈、飘逸，与宋初时风结合尚好。釉色虽不

肆 越窑由盛转衰：寺龙口窑址

能与秘色瓷的顶峰并论，但仍具有最高等级的品质。

晚唐五代的越窑，生产规模和工艺水平仍长时期保持相当高度，入宋后从产量与器型上还看不出受到政权交接影响的印记，应该是与宋王朝在接管吴越国后，很快就对越窑介入正常行政管理有关。周密（1232-1298）在《云烟过眼录》记"大宋太平兴国七年岁次壬午六月望日，殿前承旨监杭州瓷窑务赵仁济再补修，进入吴越国王宫"[211]，太平兴国三年（978）钱氏纳土入宋，赵氏在982年之前已监理越州窑务，有学者推断赵"到任时间不当迟至吴越纳土以后的第四年"[212]，可见北宋早期朝廷对越窑的重视。

在寺龙口堆积的北宋早期地层中，出土大量细线划花的青瓷精品，展示了越窑由盛转衰时的基本面貌。堆积中出土有龙纹瓷器碎片，与刻有"太平戊寅"（太平兴国三年，978）的瓷片共出，质量较同期产品为高，北宋早期越窑仍承担部分贡器的烧制。只有少量高质量器物的品质与秘色瓷接近，尚可称之为"广义的秘色瓷"。这类器物主要见于高等级墓葬中：北宋元德李后陵（图4-1-6）、辽祖陵（图4-1-7）、辽韩佚墓、阜新关山辽墓、辽陈国公主墓等。这些青瓷不仅器型硕大、胎釉质量精美，在一些特殊的器型（如套盒）上多见龙凤等纹饰。在印尼爪哇岛井里汶北宋沉船中，也发现越窑的龙纹大盘，这些明显是外销商品，由此可见龙凤纹这时并

图4-1-6 北宋元德李后陵出土越窑青瓷套盒

不专用于皇室，同时也说明外销瓷的品质并不比同期贡品差。

北宋中晚期的全面衰落

北宋中晚期时越窑品质再度下滑，进入由盛转衰的转折期。器型仍沿袭早期，以碗、盘、盒、炉、盂、执壶、罐、盏、盏托、钵等为

图4-1-7　辽祖陵出土越窑青瓷龙纹大盘

主，新出现五管灯、夹层碗等。在胎体处理上已远远不及北宋早期细腻，且越到后段胎质越粗，更显现出产品质量与优质瓷土存量减少的相关性。施釉也从基本满釉，向多数器物外腹施釉不及底过渡，釉色多呈青黄并趋于暗淡，达到秘色瓷标准的器物已基本不见。装饰更加复杂化：大量醒目的粗刻花技法被应用，堆塑、镂空以及少量的印花等技法并用，以粗刻花纹饰最为流行。细划花呈衰落的趋势，线条细而不流畅，很少见有祥和、端庄的形象，完全找不到秘色瓷清雅恬淡的特色。少量的印花为凸起的阳纹，并常带有可能作为姓氏的文字。装烧使用匣钵以粗瓷为主，质量介于瓷质与陶质匣钵之间，秘色专用的细瓷匣钵基本不见。大量明火裸烧开始出现。

这时的越窑产品质量虽愈见下降，但产量却大为增加，并向周边早期越窑的旧窑区扩散，说明越窑找到了新的商业渠道。其质量并不比国内同期其他窑区差，但已不再有绝对的品质优势。除了江南本地的民间需求，应该与海外销售量大增有关。从海运遗留外销瓷中各窑口产品的占比，也能看出越窑在北宋中后期外销瓷中占有绝对性的数量，与窑区产量变化一致。到北宋晚期龙泉窑与越窑产品同类，逐渐抢占越窑市场，这以后越窑质量、产量都急速萎缩。

寺龙口窑址还有南宋堆积层，出土器物中不但有精粗两种青瓷产品，同时还发现少量与传统越窑明显不同的"官窑型"器物，其可分成两类：一类为胎釉与传统越窑接近，但器型多为陈设或礼仪用瓷（图4-1-8）；另一类胎质釉色、烧成方式、器物形制、造型艺术和仪态风神，均与北方的汝官窑制品相类（图4-1-9），装烧上亦出现越窑所不见的支钉（图4-1-10）。同时南宋地层还有"官"字匣钵发现。这些特征与《中兴礼书》记载南宋初，朝廷在余姚、越州征烧瓷器相吻合。据发掘者研究："据文献记载，南宋高宗绍兴元年（1131）、绍兴四年朝廷曾两次命越窑烧造明堂祭器。绍兴四年以后不见官府命越窑烧造祭器的文献记载。这批祭器可能就是绍兴元年和绍兴四年奉命烧造的祭器残破废弃品。"再结合有纪年的青釉瓷器与国

图4-1-8 寺龙口窑址出土南宋炉

图4-1-9 寺龙口窑址出土南宋乳浊釉瓶 　　图4-1-10 寺龙口窑址出土南宋支钉

内墓葬出土同类型器物比较来看,"年代应在南宋早期,即约公元1127年至12世纪中叶"[213]。这些南宋堆积使"依见今竹木祭器样制""禁廷制样须索"[214]的记载有了相合的实物。南宋龙窑遗迹和相应堆积层位的确立,纠正了越窑衰落和停烧于北宋中晚期的传统观点,但此类堆积数量很少,这里应该不是当时最主要的烧制地。

寺龙口窑址产品的盛衰过程,正与主流思想引发的器物风格变化密切相关,从顺应时风的产量增长,到质量维持时的产量剧增,最后走向风格背离时的全面衰落。从这个窑区长时期的堆积中,可明显看出器物风格从厚重端雅转向轻盈温润,由追求线条胎质的展现转向突显精致工丽;然后再转向繁缛复杂的堆塑装饰,最后完全失去了江南浅淡的风格。宋初精巧轻盈的取向与主流文化喜好相接,儒学经由数百年对外来文化的重整,造就了宋代的学术繁荣,士大夫逐渐能直接参与国家改革策略的制定,在一系列富国强兵的革新措施中越窑退出了中原商贸圈。

宋学进步与士大夫参政

经由宋学的思想变革,士大夫参与政事较唐代远为深入,知识力量在全国的普及,促进了学术、政治的开放性,为之后的革新铺平了道路。随着一系列为解决国家财政困难进行的改革,特别是熙宁变法后的国家政策调整,成为越窑失去贡瓷地位的导火索。越窑在北宋经历了由盛转衰,这不仅与国家政策取向直接相关,更是因为学术转向引发了社会审美取向的变化。

宋代的国家重建立于文化自信之上,以国学吸收不同特色的文化是宋学发展壮大的基础,儒学与宗教思想的结合点在"心",于是心性理论成为宋学的着眼处,禅宗的教义与传统老庄哲学对自然的态度相近。宋学以

"天人合一"理论囊括哲学、宗教、伦理、社会和美学的内涵，要求自身与自然合为一体，摆脱人事羁縻。于是千秋永在的自然之态高于转瞬即逝的世间奢华，与世俗的疏离让生活的豪放渐向精巧细腻发展，社会文化品味愈见清淡。这时的越窑正受瓷土质量限制，胎体质量开始下降，器表装饰多以浅刻划花为饰，到北宋中后期装饰堆塑愈见繁复，逐渐背离主流文化，这应该是其失去贡瓷地位的一个原因。

政治需求推动学术繁荣

大唐帝国崩溃后，朱温、李存勖、石敬瑭、刘智远等虽相继建国，但始终没能全面控制运河周边势力，这些政权注定终会势衰力微。直到后周世宗（954-959）荡平淮南，将分隶于两个政权的运河重新打通，同时大规模整治运河水道恢复效能，奠定了北宋统一格局。陈桥兵变后的外患仍主要来自北方的契丹和西北的西夏，需配备重兵守关，军事、政治重心须设在北方。为避免唐末五代的藩镇之祸，宋代实行集中兵权的政策，军费巨额的财货耗损已非中原赋税所能应付，只能通过运河以江淮物资支持中央财政，于是都城选址须在便于漕运又能照顾西北边防之地。汴州（开封）位于运河北段，在唐代就是漕运要冲。以汴州为根据地的朱温获得江淮财富才能篡夺帝位；后唐虽然建都于洛阳，但不久又以汴州为都，名曰东京；后汉、后周亦是如此。说明掠夺、控制江淮物资是五代小政权得以维持的经济基础，宋太祖虽不满意汴州没有险要地势，也只好迁就建都于此。

宋代疆域大为缩小，燕云十六州失于辽，陇右西北地区归于西夏，云南一带独立为大理，越南北部脱离为安南国[215]，仅以江南为基地与北方的辽、金共存，可以说是又一个南北分裂时代。宋代经济文化核心区在江南，发达的学术传承影响着帝国的政治取向，西北军事权力的丧失，让其政治模式不同于唐。唐代有海纳百川"天下共主"的气度，支撑起"怀柔远人"政策的，是军事领先和政治强大带来的自信与飞扬。晚唐时不可言说的傲骨已向日渐败坏的环境屈身，至宋时更是完全不见了大国的孤高，管辖区域由八尺大床变成了三尺行军床[216]。睥睨四方、君临万国的风度已被打压成对抵抗异族入侵的惧怕，异族不仅成为敌手，还深入到中国大地之内。我族与他族在心理上有了严格的界限，每年要对辽纳币，与西夏亦有长期战争。"积弱"的现实和"自大"的内心，使怀抱华夏自豪感的文士处境颇为尴尬。

宋代的科学、哲学成果累累，天文学、数学、医药学、机械学等都远远领先世界，科学具有引领社会进步的实用功能，哲学的深刻思维精于剖解，但这些都无法逸出理智范围，只能是少数思想深邃者的精神消费品。只有在宗教中才能让人找到不干逻辑的宁静，"此地绕千秋风月，偶来做半日神仙"是现实生活的必要补充。内心对理想的领悟过程是知识层快乐的源泉，"为仁由己""尽其心"都是古人领悟世界时对内心的珍视，心的永恒、空寂成为希望。平民更想要无需论证的"神力"权威，来提供超验的精神指导，宗教的不可验证性让其具有相当大的社会需求。于是让国学逐渐深入到全民意识形态，用艺术方式表达信仰并淡化外来文化对民众思想的影响力，成为两宋政治、学术建设的指导思路。

国人的忠贞本就针对文化而言，在外来文化进入时国人会产生"民吾同胞，物吾与也"的自我族群认同，这种现象超越了政治的时空格局。强大的"外族"骚扰让国内矛盾缓和，华夏政治在皇权与士大夫共同努力下走向精细化。王朝能自保后将凌云壮志浓缩为学术重整的动力，抵制异族文明最通常的表现在于对固有特色的阐扬和夸张，北宋历史学上的"正统论"、儒学中的"攘夷论"、理学中的"天理"与"道统"说，都在于突显或重建以汉民族为中心，拒斥异族或者说异端文明的入侵渗透[217]。王朝以突显国家合法性轮廓，来确认传承并抵御"外患"，重建"道统"，并以之对抗蛮夷戎狄文化的侵蚀，这也是宋代道（理）学产生的大背景。理学对佛、道思想的吸收，让宋代宗教也进入哲学化进程。

外来的佛教为了在中国思想界立足，进入后一直向主流学术靠拢，这个过程自东汉就已开始，到隋唐已逐渐适应国情。如龙门石窟中，集合不同出处特征的佛、菩萨、弟子、天王、力士都进入主像组合，千手观音、四大菩萨等不同的组合方式多样，失去了早期印度佛教的严格性。规仪要求逐渐减弱，强调内在精神的意义也是佛教中国化的特色。禅宗是晚唐以后最重要的佛教宗派，到了两宋禅学与儒学进一步整合汇通，共同显现出哲学化的进程。

宋学的全面的哲学化

佛教因受众的区别在中国大致可分为两路：因果业报、三世轮回的思想，以及以"实际功德"为底价的种种戒律、行为，就成为下层民众的信仰与规范。而那些阙于宇宙与人生本原的理论，以及通过"心灵体验"来赢得精神超越的感悟方法，就成了上层文人的宗教实践[218]。多数普通人的信仰以灵验、实用为基础，自然的信仰崇拜不需更多的理解，用相对固定的仪式行为便能感受到内心的宁静，这一受众群从古到今的延续性很强，净土宗由于能帮助世人除却各种罪孽，并把现世的欢乐延伸至死后世界，同时给灾难深重的内心以进入乐土的方便法门，因而在民间得到最广泛的流行。禅宗将佛教思想与老庄的自然哲学，以及儒家的心性学说水乳交融，形成独特的哲学理论与修行解脱观[219]。不同心理需求，造成佛教在我国的宗派林立，通过理论与实践的长期尝试、重组，到两宋时净土宗与禅宗相对流行，对宋学具有影响力的理论基本出于禅宗。

要在众多宗派中抢占一席之地，不仅要着力于经典建设，在世俗社会竞争中也得有平静超脱的机会。禅门自起始处就由底层信仰向文化哲学有意识靠拢，在南北方不同的文化路线上更容易显现出来。南北朝时"北方佛教重行为，修行，坐禅，造像……南方佛教则不如此，着重它的玄理"[220]。达摩进入中国北方时一筹莫展，虽居嵩岳但从者甚少，弟子慧可（487-593）四处奔走，仍无一立足之寺，三祖僧璨（约510-606）长隐于山，与世隔离，直到四祖道信（580-651）时代，战乱平息，达摩一系在大别山区才算真正有了一个开宗说法的地盘。大别山位于南北之间，在南北朝至唐初是蛮族聚居地，文化落后，易于接受没有更多思想内容的禅定修行，达摩禅乘机安定。禅宗"自北而南"，为立足不得不顺应江南主流学术氛围，很快融入了义理之说，这才开始建设相关的禅理系统。经过长期惨淡经营的禅门至唐代开始崛起，其组织形式、思想体系初步成形，佛性理论、修行方法、终极境界也开始渗入南方的希望愿景。四祖道信与五祖弘忍（602-675）是禅宗历史转折时代的重要人物，他们在禅思想的广泛适应性上着力，使禅法一方面以念佛、供养仪式等外在的行为适应下层百姓；另一方面以"无有分别，自性圆满"的心性理论，以及"守本真心"等调息、观心的自心体验适应上层知识群体，走入宗教朝向与哲学相适应的时代。《金刚经》更是直接跳出佛经与制度限制，"如来所说法，皆不可取、不可说、非法、非非法"，"一切贤圣，皆以无为法而有差别"[221]，抛开外在的规范直指思想恬淡平静的目标。在这些理论推动下，佛家开始了法门大启根机不择的普及。

唐朝禅宗从一个佛教小宗派不断壮大，五祖弘忍的弟子神秀、惠能两位大师借用政治权势推动禅法。唐初两京之间皆宗北派神秀，武则天曾召神秀入东都供养，从此北宗势力占居两京僧首达到了顶峰。开元二十年（732）在滑台（河南滑县东）大云寺举行无遮大会，当时北宗正如日中天，背靠朝廷。南宗慧能的弟子神会（684-758），以石破天惊的话头和惊世骇俗的语言向北宗挑战，猛烈抨击的结果是神会被逐出洛阳。北宗的兴隆一直持续到安史之乱踏破洛阳。战乱后北宗内乱，南宗在叛乱中尽力表现对王朝的忠心，神会趁机到北方弘法并帮助朔方军筹集军饷，逐渐赢得了地位，禅宗最终成为佛教各派中最有势力、最有影响的宗派[222]。南宗神会的理论让渐修之教荡然，普寂（北宗神秀的弟子）之门衰歇。是时普寂、神会各追封神秀、慧能为六祖，合称为"南能北秀"，南北宗之名由是始起[223]。

武宗灭佛使全国范围内的僧侣遭到毁灭性打击，留下来的教徒多有依赖大家族庇佑而生存者，他们"例从俗服，宁弛道情，龙蛇伏蛰而待时，玉石同焚而莫救"[224]，之后重新崛起的正是依托于士大夫精英的禅宗僧侣，到晚唐五代时，禅宗越来越趋向贵族化和精英化了。与禅法可以兼容的义理之学，也出现了日渐玄虚化的转轨，禅宗与中国知识层贴合紧密。唐末战乱让世人看不到前途，苦闷避世的思绪增厚，"净心、自悟"的空灵辽远，成为心灵重创后由繁入简的方式。慧能以后的禅宗改良，和韩愈及其弟子李翱（772-841）等发起的儒学运动都持续到北宋，面对成熟强大的佛、道思想的挑战，儒学自我意识的勃兴和重构宏愿，成为宋学改进的动力。

虽然禅宗教义已突破以往的佛教樊篱，却更适合留在僧侣与学者间流传，无法像儒家思想一样深入规范民间日常。佛教在两宋对哲理内容的强化，可以满足士君子之心灵追求，士大夫以取得佛教智慧为乐，正与禅宗不拘泥仪轨"直指人心，见性成佛"的顿悟思路日渐接轨。丰富了中国古已有之的国学传统，在宋学中形成理、禅合流的趋势。天台宗诗文僧释智圆（976-1022）通过《中庸》和《中论》绾连起理论衔接，认为二者在反对极端化、坚持中道等重大问题上相通。同时代的士大夫晁迥也以《中庸》为出发点，沟通儒佛思想基础，引发了后来学者博采众长，排除儒、道、佛各家的门户之见，摒弃了早期留存在儒学经典中的谶纬、玄虚。同时禅门宗风把宗教修炼形式脱胎成容易把握的日常生活经验，"般若智慧的生活化"和"终极意义的日常化"，从此，悬浮在人性之上的"三昧境地"不再是久觅不得的彼岸景致，"空"成为存在于人类心中的某种清澈的感受。理论的哲学化让佛教相关规仪也有了转变，六祖惠能"若欲修行，在家亦得，不由在寺"的狮子吼，让佛教从出世转向入世。南北朝至安史之乱前佛教在经济上主要靠信徒的施赐、工商业经营以及托钵行乞等维持。安史之乱以后施舍不盛，佛教徒只能设法自食其力，百丈怀海的《清规》和"冬参夏讲"的丛林制度，便是在这种情况下发展出来的。到宋代时"朝参夕聚，饮食随宜，示节俭也，行普请法，示上下均力也"[225]，"一日不作，一日不食"已变成佛门俗语[226]，佛门与民间日常结合更为紧密。文人化的禅思想常对具体的宗教仪式与世俗规范，如神话、礼仪、戒律、忏悔甚至于一般教义采取鄙夷的态度，把它们看成是形而下的、琐碎的、着相的东西而贬斥，而对于抽象的、玄虚的、空灵的终极境界，却总有特别爱好，他们不断地追问最终本原，并把本原视为拯救人生的唯一实在。

　　禅门宗派的思想分化，在于给后来寻找路径之人提供多种选择，通过不同渠道建立起从宇宙本原、宗教生活到终极境界都彼此贯通的思想体系。禅宗从惠能之主"顿悟"、神会之说"无念"，到马祖之论"非心非佛"，无形中使得宗教的存在意义不断淡薄以至于无，终于在宋代有了与儒学极其相近的哲学属性。这时的理学也建立起自己的儒学传承谱系，对义理的解释与禅思想在心灵追求上趋向接轨，人生终极境界与生活情趣相互影响，化解了此岸与彼岸、世俗与神圣的紧张，使中国文士拥有一个极其特殊的人生态度，也为中国的思想世界保存了一个超越的精神境界。佛教在宋初具有入世归儒的倾向，高僧大德对时政的关怀不在士大夫之下。

国民的信仰选择多关乎感情的皈依与经验的感受，心灵的快乐需求会附着于某种对象，它出自哲学或神学并不重要。在国人认知中"万法皆空"的世界上并没有永恒与固定的存在，也不存在人、神、天界、俗世的中心，唯能确定无畏的"定点"只是心灵，其他都是不可凭倚的幻象，即心即佛、心空为道，心即是佛教与儒学的衔接点，也是道教理论的出发处。皇权对不同文化因素的包容，官僚士大夫的儒、佛、道各家兼修，都让宋代学术迎来了新的发展契机，如孝宗（1163-1189）在《三教论》中说："以佛修心，以道养生，以儒治世，可也，又何憾焉。"[227]

晚唐道教已完成了由显学而为秘密，由上层转向下层的进程，道教的修仙、仪式、丹药等内容，混合进入民间信仰的组成。而庄子的天地宇宙、出世逍遥等思想内容，逐渐与宋学的心性理论接轨。所谓道不远人是使国人不再寻找遥远与虚幻的外力，老庄体验"道"依据的也是人的"心灵"，自然无为的至高境界在于人心，恬静明朗即是天道的终极，疏沦真心，便是"至道"[228]。道教生于中国，方术和羽化飞升的修行目标使它偏向"神灵救赎"，不似佛教的"无文字语言以为说"，道教专凭文字语言以为"神"。符文的隐秘让道士能以箓召万灵，投使鬼神来求安身之处。相关的经典也在追求古奥艰涩时尽量流彩溢金，繁富铺张如汉代的大赋。道教宫观的建筑风格也以华丽为追求，"或丹墀碧砌，青锁绿纹，或金铺银扃，霞梁云栋，以"攒峰胎玉""玉水芝草"等人间富贵突显仙境美好，正说明道教主要流行于民间，繁缛的装饰意味切合着下层社会对富裕生活的理解。

道教"神授天书"是在制造关于书写文字的神话，并赋予经典的权威性，对神秘力量的垄断和信仰者的无条件崇敬，于是语言功能偏重对意义的阻隔和垄断，这样的复古语言虽不利于教义传播，但经典绵延却相对容易[229]。"释厄解困"神秘性、权威性的崇拜，渲染和营造出典籍的渊源久远，也维持了在下层民众信仰中的宗教位置。也正是为汉字赋予的深幽寓意，在凝心澄虑以返照万理的宗教体验中，让文人在冥思苦想处可觅得新意。道教经典中的词汇源就这样挤进士子的诗词殿堂，如仙人所居之地称为"碧落"，而"玉音摄气，灵风聚烟"是度人场景，祝祷祈禳的"上梵"仪式等，都成为流行用语。如"上穷碧落下黄泉，两处茫茫皆不见"，"横碧落以中贯，陵太虚而径度"，"一春梦雨常飘瓦，尽日灵风不满旗"，"十二楼前再拜辞，灵风正满碧桃枝"，"焚词飞上界，奏名玉帝前"。宋代由"初霞拂羽衣"的想象到"向谪仙家里，滕王阁畔，飘玉佩、下丹阙"的神游，与"岩庭交杂树，石濑泻鸣泉"的环境结合。道教经典中的语词典故、特有句法、主题内容等被直接挪移至文学之中，让其终于没有退出哲学化范畴。

宋代不论是学术研究还是国民文化教养皆达到最高水平，士人的焦虑紧张情绪呈现在学术思想世界，成了精英观念和经典思想的背景与平台。在试图证明华夏的正统性和"文明"的合理性过程中，以汉族为中心形成了自己认同的"民族国家"观念，这种观念也促使儒学不断整合吸收不同文化因素，这样的学术整合，对儒学的捍卫和复兴起着举足轻重的作用，也使佛教、道学走向了辩证、理性的入世哲学体系。正是儒学的平仁理性使政治斗争、宗教改革多以学术争论方式呈现，从此针对宗教的武装性运动不再出现，也正是学术理论的融合，让政治、经济、艺术各方面都呈现出清冷理性的风格。

"平常心是道"成为庄、禅、儒共同的心理归宿，在山林溪石的自然及柴米油盐的人生中体验，与宇宙万化为一的愉悦都是提升后的人生境界。文士的视境中染满禅意道心，体验的最深处是在儒学的视野下囊括了宗教的神秘，儒佛道混一的哲学构成基本完成，在宗教、方术的推挤中儒学思想不断扩容。士大夫在禅茶修心的意境中将感恩、包容、分享、结缘等象征美好的因素，引入流行文化中，由学者参与的时尚风物创作，使宋瓷也被赋予了沉着静敛、慎独幽思的人格魅力。僧、道为弘扬佛法道心皆须借重学者参与，因此教徒高层与士大夫之间的交游密切。文士集团引领主流学术的融合，随着他们参与政事的形式与方式增加，让皇权渐脱神性并加入与相权的博弈之中。

士大夫从政学兼收到共治天下

唐代科举入仕是官僚制度的一次重大改革，宋在此基础上官僚体制又有了进一步的推进。太祖解除武将兵权，削弱五代以来军事强势可能引发的政治动荡，叶适（1150-1223）言"国家因唐五代之极弊，收敛藩镇权归于上"[230]，此后王朝军事力量始终薄弱，甚至"衣甲皆软脆，不足当矢石"[231]，终无力统一西北。这样的国策让文士集团成为宋代管理层中坚，太祖曾经密立誓碑"不得杀士大夫"[232]，造就了文人地位独高，文官对朝政的掌控使军事力量愈加削弱。

王朝学风变化与文官集团紧密相接，官僚制度将儒家经世的使命推向理性辩论，使文官系统在国家与社会的拉锯战中，不但有举足轻重的分量，也成为国家和社会联系的力量[233]。发达的印刷术让知识快速传播，民众皆可研习学问并参加科举，终于开创了人人可凭才学入仕的时代，宋代知识力量向民间的普及，得益于唐末五代世袭门阀势力的消散。

早期豪门大族多源自先秦贵族，从两汉一直延续到晚唐五代。东汉以后大土地所有制有了迅速发展，强化了家族力量的联接，大族容易获得族员任官身份，其后代在铨选上也比局外人更具优势。这些具有强大政治势力的家族，在唐代的京畿地区附近，通过一个血缘与婚姻相结合的网络相联。820年前后的宪宗的中兴，成功纠正了社会的无序，京畿权贵家族仍继续把持着高层官僚职务，直至黄巢军以兵围攻宋州，断绝了运河交通线。880年黄巢占领两京对拒绝加入新政权的旧臣全部逮捕，之后的大屠杀让数百位高级官员及聚居的族人死亡。这时在徐州割据的时溥（？-893）南攻泗州阻绝运河航运，使黄巢无法得到江淮补给，才让僖宗（862-888）有机会平乱。但晚唐的藩镇割据之势已成，漕运更无法贯通，"借东南经济力量及科举文化以维持之李唐皇室，遂不得不倾覆矣"[234]。战乱从肉体上消灭了大部分京城精英和财富，因婚姻、名望等建立的京畿权贵网络瓦解，豪门政治团体最终分崩，离散的贵族部分进入割据政权，部分南迁。到朱温建立后梁（907-923）时，拆除长安建筑并将人口迁往洛阳，"长安自此遂丘墟矣"[235]。朱温篡夺帝位但无力占有江淮经济实力，让其国势不强，此后的后唐、后晋和后汉亦复如此[236]。中原长达80年的经济断流，终于让遗留的权贵大族网络无法重建。于是主导10世纪政治的都来自十分不同的家族群体，大部分崛起于地方势力[237]。这也使两宋世袭封建和世家门第观念不再强烈，社会进一步走向平等，"唐朝崔、卢、李、郑及城南韦、杜二家，蝉联珪组，世为显著。至本朝绝无闻人"[238]，新兴的知识群体完全取代了世袭地位，掌握着华夏学术思潮，推动政治力量的总体走向，从此彻底解决了豪门贵族的政治影响力。

宋以后科举成为全民可期的上升通道，大多思想家多出身贫微，有过困穷苦学的经历，苏辙曾说"凡今农、工、商贾之家，未有不舍其旧而为士者也"[239]，据美国学者贾志扬统计，这时的成年男性中有3.2%会参加科举考试[240]。统治者这时也吸取前朝教训，如东汉党锢之祸是儒生士大夫的大劫，孔融、刘表等在朝文士并不足以旋转乾坤，真正的杰出人物是在政治体系之外的荆襄七郡，儒学的僵化和学术正统地位不在朝堂是东汉灭亡的重要原因。因此统治层大量增加科举入仕名额，网罗知识力量进入行政管理体系，太宗以后每次科举录取皆不少于八九百人，造成了官场严重的"员多阙少"。平民入仕担任要职不仅增加了各级政府活力，且缓解了国家上下层的矛盾。张载（1020-1077）根据这一现状，将"士"解作"未官者"，在野的"士"与入仕的"大夫"共同形成"士大夫"这个知识群体。

春秋以后"士之仕也，犹农夫之耕也"[241]，"士"与"仕"源远流长的亲和关系，使得基于道艺的优越感、强烈的政治责任感、入仕参政的传统要求，以及居官任职之天然人选的观念是士阶层的显明特征。宋代他们已不再来源于贵族，但依旧保持了强烈的政治责任感，以及"精神贵族"的气质[242]。在野学者通过授徒和对经典的解释，愈加得到社会尊重，形成了一个以道德、知识与思想相互认同的阶层，他们介于皇权与个人之间，以文化力量抵消着政治权力，试图以文化重心与政治重心相抗衡。他们以恢复儒家理想为目标，以批评时政为己任，知识层人员的迅速膨胀，也同时会引发政治话语权的扩散。宋儒的整体动向是秩序重建，而理学是宋学中最具创新的部分，由"治道"到秩序建立是其始点。

皇权与官僚结合共施统治成为宋代特色，"士大夫"的学术底色使王朝政治发展有深厚的儒学支撑，政、学兼收并蓄笼罩着学风。知识层多出身平民，将社会下层对地位平等的要求带入学术理论，在士大夫势力增强后开始要求更高的政治待遇。王安石曾说"道隆而德骏者，虽天子北面而问焉，而与之迭为宾主"[243]，之后文彦博当面向神宗（1068-1085）提出"为与士大夫治天下"[244]的理论，这是中国政治史上的突破性进展。先觉者将"承当"精神落实在推动改革重建秩序上[245]，以政治主体自居，不再能安于秦汉以来"士贱君肆"的政治成局。张载在《西铭》中比"大君"为"宗子"，深层用意是通过宗法化以削减君主的绝对权威，缩短君臣之间不可逾越的距离，从此君臣关系发生根本性质的变化。通过一系列向"君为臣纲"的挑战，显示出理学在中国政治思想史上的开创性，"君"的性质与职权，和臣、民的关系等问题，都进入了儒学的议事日程。此后的程颐"天下治乱系宰相"[246]的理论深化，把建立秩序的重任背负于肩，让士大夫隐然以政治主体自恃，可以用"以天下为己任"概括宋代士大夫的政治地位。

"共治天下"的思维方式直接侵蚀着皇权的控制力，真宗（998-1022）使用"异论相搅即治道"[247]来对抗皇权流失。他起用政见不同的大臣，在文化阶层内部引发异见，以便相互牵制抵消士大夫集团的整体力量。这项政策激活了自由议论的风气，但同时也让中央政令的贯彻打了折扣。印刷术的发展使北宋知识阶层有了更多的参政机会，比如"小报"的流行，是进奏官在编发合法官报的同时，又把"命令未行，差除未定"的材料另外抄录，编写成新闻对外传播，小报在一定程度上满足了当时社会对朝廷政事、信息的需求，也逐渐形成了自己独立经营的传播系统。这种文人控制舆论对朝政的干预，出现了权力层面以道德评判代替政治是非的风气，这对帝王的话语权是个巨大的威胁。用政治手段牵制、平衡各学术团体，试图减弱知识层的影响力，成为两宋皇权控制的重要手段。

知识力量在士、商、农、工各阶层间的流动变得频繁，国家学术与社会意识形态普遍认可学风、政风的开放。官僚成为政治主体的组成，并参与到对皇权的限制策略中，直接影响国家一系列变革的风向，而这些变革措施成为击向越窑的一记重拳。

政治改革对越窑起落的影响

宋代的政学兼收并蓄，在士大夫群体的合力推动下，民间的心境和意绪也开始与主流文风相统一，全国范围内形成一个与大而化之的唐诗相对应的，纤细柔媚的花间体风格。北宋词风全面展现着民间追求，细腻温婉，了无金戈之气，与国家崇文修武的政策正相适应。

知识人群的流动让社会意识形态趋向一致，全社会的文化开放，使得不同阶层对舆论也具有了一定影响力。文风、学风成功推动着政风开放，经过长达数十年的激荡、推演而树立的宋学新风，以义理之辨代替汉代的章句之学，延续着韩愈等唐代士大夫的古文运动。这些思想结晶为以士大夫为主导的改革运动打开了舆论通道，之后一系列开源节流的新政，实现了王朝在经济困境中的自我拯救，新政对漕运制度的革新，成为越窑向中原输送量锐减的重要原因。

宋代变法对越窑的影响

宋太祖推行的募兵制度让军队逐年扩编，以至于"尽用目前苟且之法，以罔天下遗利，十分之八尽举以食兵也"[248]，到仁宗宝元、康定年间（1038-1041）又多次败于西夏，政府财用匮乏，盗贼蜂起，上层弥漫着要求变革的思潮。漆侠曾汇总《乐全集·论京师储军事》数据"庆历（1041-1048）时国家财政入不敷出，每年差额在三百万缗以上"[249]，以范仲淹为代表的士大夫提出一系列的改革方案，于1043年付诸实施，这便是"庆历新政"。当时朝野反对势力庞大，一年多后变法宣布中止。这时的士大夫在经济、政治、法律、文化各方面取得了成果，开始与皇权共同掌握政治话语权。庆历新政虽受挫，但以欧阳修等为代表的士人得以继续自唐而下的文风改革，他们反对汉以来的佛教及图谶等谬说，提倡用古文简易的词句表达深邃思想。文风变革的同时，经学研究上的卓越成就得到社会广泛认可，这些为此后的政治改革奠定了思想基础。

庆历文化运动为道（理）学的产生奠定了基础，之后程颢（1032-1085）、程颐（1033-1107）等在洛阳形成了一个文化重心。二程理论对人的道德伦理提出了相当高的要求，把伦理提升为本原，程颐的"理便是天道也"[250]让"道（理）"内在于"心"，这构成了理学的思想基础。在"异论相搅"策略实施后，文士集团中各学派的地位争斗逐渐激烈，从仁宗嘉祐初（1056）到宋神宗元丰末（1085）的三十年间，宋学先后形成了多个学派：以王安石为首的荆公学派；以司马光为首的温公学派；以苏洵、苏轼、苏辙为核心的苏蜀学派；以及以张载、二程为代表的关、洛道（理）学派，是其中较主要的四个。当时荆公学派在政治上得到变法派的支持，称为官学，一直持续到北宋末年；富弼、吕公著、二程等人在洛阳，形成了一个足以与政治重心相抗衡的文化重心，吸引了一批民间学者与文人。唐以前帝国的政治斗争通道，大致就是由官僚组织的顶端和宫廷圈子构成，皇权垄断着真理解释权，到北宋出现了政治与文化重心分离的现象，由知识层掌控的舆论成为新的社会力量。道统与政统逐渐分立，"知识分子不但代表'道'，而且相信'道'比'势'更尊。所以根据'道'的标准来批评政治、社会，从此便成为中国知识分子的分内之事"[251]。

官僚也直接参与到政治策略的制定与执行之中。北宋中期政府内部的争斗、北方外族的入侵都耗损着国力，"国用不足，在用度太奢，赏赐不节，宗室繁多，官职冗滥，军旅不精"[252]。军队无能，政府腐化，社会上弥漫着要求变革的舆论，神宗为摆脱国内政治、经济危机，以及辽、西夏不断侵扰的困境，任命王安石为参知政事，开始了以士大夫为主导力量的熙宁变法。为提高政策执行力度，革新派征用能吏，将实践能力置于道德之上，与传统儒学以德行为重，任人唯贤的治国思路相左，从而引发了新旧学派间的党争。1069-1085年成为王安石（熙宁）变法的主要阶段：1069年军队开始并营，经过两年的裁并厢军使财政得到转机，"熙宁五千六十万而费尽之"[253]，国家收支基本平衡。在保守派失势的后变法时期，社会丧失了王安石理想的初衷，改革精神化为乌有。同时能吏、材吏的重用，让对道德毫无顾忌之人同样能"得志"，这也引发了之后社会风气的整体下滑。

北宋这次最大的改革挽救了危在旦夕的国家经济，也让正处于下降通道的越窑进一步边缘化。宋前期越瓷一直在地方土贡的名单之中，据《宋会要辑稿》载，"青瓷库在建隆坊，掌受明、越、饶州、定州、青州白青瓷及漆器，以给用，以京朝官三班内侍二人监库。宋太宗淳化元年七月，诏青瓷库纳诸州青瓷，拣出缺璺数量，品级科罪"。变法时期越瓷仍在进贡之列，"神宗熙宁元年（1068）十二月，尚书户部上诸道府土贡物……越州，绫一十匹、茜绯纱一十匹、秘色瓷器五十事"[254]。赵与峕引《元丰九域志》所载土贡之目"瓷器三百一十事"，所出州府有四："河南二百事，耀、越各五十事，邢一十事"[255]。这时越窑土贡数量已明显少于汴京附近的河南，据目前考古发现当时河南瓷器质量并没有绝对优势，入贡数量却远高于其他产地，原因可能是"熙宁初，辅臣陈升之、王安石领制置三司条例司，建言……凡上供之物，皆得徙贵就贱、用近易远"[256]的建言实施。此后再不见越瓷的贡瓷记录。除文献记载之外，目前所知越瓷在中原地区的出土，以冯京夫妇合葬墓的刻划莲瓣纹碗为北宋最晚，二人合葬于绍圣元年（1094），他们随葬的越瓷碗与窑址实物对比，约产于神宗元丰年间（1078-1085）或稍后[257]，与熙宁变法时间也基本相合。

贡瓷属州府岁贡，神宗朝许多州府土贡名色有所增加，连原无须纳贡的开封都有了土贡任务[258]。《宋史·地理志》记载各州府土贡时，土贡瓷器的只有河南府、信德府（邢州）和耀州[259]，如《元丰九域志》载

"耀州华原郡感德军节度……土贡瓷器五十事"[260]，"耀州……淳化县，属永兴军路，建炎四年没于金，金隶陕西京兆府路，贡瓷器"[261]，"《宋史》地理志：邢州贡白瓷"[262]。有关贡瓷的记录中没有越州和邻近州府。这时贡瓷之地有一个共同的特征，就是多出在汴京附近，无须经由运河运输，北宋漕运的变化应该也与越窑瓷不再入贡有所关联。

北宋经济南强北弱，江、淮、浙诸路既有丝帛之利，又有米粮之丰，钱、银等产量都远高于北方，收银数额在元丰以前北方占30%，南方占70%，元丰年间（1078-1085）北方占18%，南方占82%。南方的铸钱工业也远较北方为盛，据《宋会要·食货》及《文献通考》，将元丰以前及元丰年间各州军每年铜钱的铸造额，分南北比较。元丰前铸钱北方占21%，南方占79%，元丰年间北方占25%，南方占75%[263]。众多物资构成了中央政权赖以存立的经济基础，这些可移动收入皆需经由运河到达汴京，运河的畅通让政治与经济两个中心再次结合，宋王朝才没有步五代后尘。由东南六路运往汴京的物品，就米粮一项已相当可观，"太平兴国六年（981），汴河岁运江淮米三百万石……至道初（995），汴运米五百八十万石。大中祥符初（1008）至七百万石"[264]，真宗末及仁宗（1023-1064）时，运河每年运抵汴京的米，有时多至八百万石。此外经赣江、长江及运河输送至汴京的物品，以金银、香药、犀角、象牙及百货为主。北运的物品中除米粮外，其余如金、帛、茶、布、瓷等物的运输称为"杂运"，杂运自天圣年间（1023-1032）采用直达法，不再用唐代的分段运输。直达法的长途运输造成人员稽留河道，出现盗卖船中物品现象；同时沿线设立的水闸开闭没有节制，运河又常因水浅而滞船，从此运输效率大为下降[265]。从熙宁变法前后南方产出物资总量的增量来看，不仅是米粮，连"杂运"数量也明显大增，可见运河阻塞现象应该是日益严重。

由此可见变法要求的"徙贵就贱、用近易远"[266],不只是为了减少政府开支,在汴京附近采购大宗物品目的多是为减轻漕运压力。到徽宗崇宁三年(1104),依照户部尚书曾孝广的提议,遂连米粮运输也改为直达法。同时在修延福宫、艮岳期间,蔡京的亲信朱勔在苏州大规模搜集奇花异石,多恃势取运米的漕船送花石。花石纲的阻扰让运河北输更是雪上加霜,靖康年金人入侵时漕运不通,各地得不到江淮物资接济,粮价飞涨大起恐慌,加速了北宋的崩散[267]。在漕运压力大增的情况下,越窑向北方的销售必然困难,终于在熙宁之后中原不再出现越窑瓷。这时的越窑瓷质量虽不比同期有土贡窑区产品差,但综合运输成本后性价比已没了优势,此后应该不仅断失了宫廷采购,也没有了面向中原的大批量销路。

这时全国的制瓷业已普及,南北都有工艺先进的窑场,瓷器质量也大为提升,这也是中原对越窑瓷需求不再强烈的原因。考古证实,约1000-1080年间耀州窑逐渐走向兴盛,仿越窑刻划花类的器物胎细白而釉色青翠,纹饰以雕刻与刻花为主,呈浅浮雕状,有些质量已超过越窑[268]。耀州窑位于陕西,是北方地区规模最大的青瓷窑场,运输到汴京明显较越窑方便,但从元丰年间"耀、越各五十事"的土贡数量来看,耀州窑总体质量应该离越窑还有一定差距。北宋晚期耀州窑质量开始下降,南宋之际已有评说:"耀州出青瓷器,谓之越器,似以其类余姚县秘色也。然极粗朴不佳,惟食肆以其耐久多用之。"[269]由土贡瓷质量并不高于越窑,可确定就近纳贡很大一部分原因是为保障漕运。土贡地位的失去也让越窑改进动力丧失,于是江南相对水运方便的区域和海外销售成为越窑的新出路。

在越窑退出了土贡名单不久,因皇家喜好可以使漕运让位于花石纲,可见越窑如果仍有不可取代的独尊地位,运输就不是首要考虑的问题。

瓷器在宋代地位很高，王室喜好铜瓷远胜金银，如徽宗曾回忆："朕时尚幼，哲宗最友爱，时召至阁中，饮食皆陶器而已。"[270] 徽宗很快将变法获得的国库存量消耗殆尽，在继帝位七八年后，全年课税收入只能供应八九个月的支用[271]。正是在国家财政困难时复古的汝窑却进入鼎盛，说明朝廷对高端瓷需求量仍很大。汝窑以简洁的陈设瓷为特色，釉色仍以不同层次的天青为主，与越窑风格已相去甚远，可见此时越瓷与主流文化的背离，才是其失去土贡地位的主要原因。

越窑瓷与主流学风逐渐相背

晚唐五代的越瓷是江南水乡的文化符号，吴越国纳土归宋后，越窑也很快被纳入行政府管理。宋初的越窑产品出现一些体量特别大的薰炉、大盆等，与五代越瓷风格相去甚远，可能是北宋早期中原审美习俗中还留有唐代遗风。之后逐渐趋向精致轻巧，且陈设器增加，这是源于主流学术的修古思潮。这一风潮在北宋后期逐渐下行，到南宋时才对社会意识形态开始产生影响。

中央政府对南方水利、农业、手工业、商业大力扶持，当经济拓展后紧随其后的就是文化观念输入，而文化观念的初期沟通，必须建立在中央与地方知识层间的互通。在地方官僚与当地民俗观念不再有沟通障碍后，行政管理才能深入，较主干线更偏远的支线地区也纳入行政管理之中。南方就在这样的步骤中网络细化，民俗文化及边地物产也与主流社会接轨。江南人多田少的生存压力推动商业进步，坚实的地方经济又促进学术水平上升，吴越发达的文化基础，让南方知识力量迅速壮大并逐渐进入管理层。

北宋真宗（998-1022）时，科举考试中南方士人录取数开始远超北方。但执政观念上，原有官僚对南方学者仍相当排斥。陆游曾说"臣伏闻天圣以前，选用人才多取北人，寇准持之尤力。故南方士大夫沉抑者多……及绍圣、崇宁间，取南人更多，而北方士大夫复有沉抑之叹"[272]。寇准（961-1023）华州下邽（陕西渭南）人，颇喜南器，时有"闲酌松醪引越瓯"雅兴，却"尤恶南人轻巧"[273]，他曾多次压抑南方学士，说明北宋早期南方仕子在人数上的超越态势已形成。北宋中期以后学术中心更偏向江南，到南宋时"福建出秀才，大江以南士大夫……皆为天下第一，他处虽效之，终不及"[274]。学术思想的南北交融与政府重心的南移，让江南政治经济地位得以巩固，南方文化也渐渐进入学术主流。"钱塘自古繁华"，有"参差十万人家"，两浙路的经济实力支撑起华夏文藻富丽的时代，在这里拥有一个比唐代远为庞大也更有文化素养的阶层。宋代江南仕子已多出任京畿官僚，如晏殊、范仲淹及欧阳修等都位于核心权力层。他们是政治史上最活跃的人群，为时代风气之前导，让江南特色逐渐进入主流文化。文士阶层是国家与社会斗争中的制衡力量，这一特权层的心理变化不仅影响了中国政治、经济的发展道路，对全社会的时尚习俗也有着潜移默化的作用。长时期的"太平盛世"，发展起来的审美趣味优雅而精细的趣味。

南方经济地位提升，让文化风格由纤巧柔美逐渐代替磅礴豪迈。宋代的慢词适合表达更为具体的心情意绪，一词一景皆细腻微妙，从江梅堤柳到海棠依旧，处处比兴出浓郁的幽远。以禅宗喻诗是风会时髦，审美取向在默然中超鸿蒙，混希夷。杭州运河端点的地位，让上林湖越窑处于最繁华边缘，受世风影响渐多。纳土归宋后的越窑产品胎质有所下降，出现细划花与透明釉色的结合，与主流文化崇尚的平和青绿接轨，但器型整体还能显现出清淡的痕迹，质量仍居上乘，得到普遍追捧。产量也较五代末期没有明显减少，这就造成方便开发的瓷土一再减少，于是为掩饰胎土瑕疵，越瓷风格从清淡渐趋华丽。

知识下行使南方士大夫参政人数逐渐增长，让江南特色渐占主导地位，如太祖、太宗、真宗三朝翰林学士中北方士人占89%、72%、70%，仁宗朝南方士人大幅增长，到近60%，以后各朝保持了这一趋向[275]。相应的南方习俗也成为主流，高端瓷礼器随之普及民间，但就是在需求大增之时，越窑仍没能摆脱衰落的命运。上林湖区域高质量瓷土大为减少，不得不走向与时风相悖的行程，在繁复通俗中走向没落，北宋中期以后胎土质量持续下降，大量醒目的粗刻花技法被用来掩饰这一缺陷，堆塑、镂空等繁复技法并现，细划花线条细而涩滞，很少见到祥和端庄的形象。器型纹饰进一步繁赘，与宋代文风中的禅意开始背道而驰。北宋后期越瓷在国内的使用量明显萎缩，这个繁盛了三百余年的名窑开始面对苍凉萧瑟的命运，如梦中幽兰，进入一场花事的凉薄。同时浙江西南部的龙泉窑逐渐壮大，龙泉青瓷与同期景德镇的青白瓷各有特色，在审美上更接近清淡柔和的品味，逐渐取代越窑成为高端瓷的新宠。

寺龙口窑址还有少量南宋堆积，这类产品与龙泉窑同时存在，但烧制时间不长。从此越窑在年华的边缘氤氲起弥留的感伤，与之一起下行的还有"秘色瓷"的称谓。北宋后期秘色瓷停烧后，多有名窑青瓷被冠以"秘色"之称，两宋之际几乎所有高端青瓷皆称为秘色。如北宋晚期的徐兢描写高丽瓷"狻猊出香，亦翡色也……其余则越州古秘色，汝州新窑器，大概相类"[276]，说明到北宋晚期秘色瓷已被称为"古"器，高丽瓷、汝瓷新器也与秘色相类，高丽由对越窑瓷的欣赏发展到工艺上的摹仿。约处于两宋之际的庄绰评价龙泉特产"又出青瓷器，谓之秘色，钱氏所贡盖取于此"[277]。南宋的太平老人记"高丽秘色，皆为天下第一，他处虽效之，终不及"[278]，宋元之际的蒋祈在《陶记》记"其视真定红磁，龙泉青秘相竞奇矣"[279]，宋末龙泉窑产品已被认为是"青秘"。

这些青瓷与五代越窑传统釉色完全不同：越窑"秘色瓷"为薄透明釉；汝窑高端器多为乳浊釉；龙泉窑的南宋产品以乳浊厚釉为特色；高丽瓷则多有仿汝窑的色调，其釉色没有汝窑这么乳浊，是透明中带着乳浊。这些青瓷共有的特征是青绿釉色且品质优良，说明"秘色"已是高端青瓷的普遍称谓，实物面貌不再清晰。"秘色"的文化意义逐渐大于物质存在，成为憧憬盛世的文化载体。

"秘色瓷"的原貌从此缠绕着千年过往，敦促世人加快探寻的步伐。寺龙口窑址产品与晚唐五代的秘色瓷几乎是擦肩而过，于是考古人员再次对周边区域展开更细致的调查。距寺龙口不远处的低岭头窑址群引起了学者注意。

伍 越窑的尾声：低岭头窑址

两宋之际的飘零政权既要控制西北军事重地，又要方便征收赖以生存的诸路贡赋，都城选址成为其首要考虑的问题。这时的运河只有长江以南的镇江到杭州段尚算通畅，杭州位于运河南端，朝廷如果没有北上征战的信心，想偏安一隅，在此落脚是掌握江淮经济命脉的最好选择。为表达王朝光复国土的宏愿，只能将杭州定为"行在"。落定前的小朝廷既失去了军队控制权，又没有经济实力，同时政治传承的合法性也遭到质疑。四面楚歌中的国家祭祀，成为权力重申的象征舞台，礼器的就近采办也就成为必然，这种形势下越窑再次成为贡瓷产区。

　　政治安定后的南宋成为一个经济文化强盛、军事弱势的王朝。强大的学术力量将理学推入华夏正声，也支撑起全民的知识、礼仪下行，特别是家庙的普及，让高端的拟古陈设瓷逐渐向民间普及。这次越窑复兴时的技术开发，主动结合南北工艺特色，特别是对乳浊厚釉的研发，一改秘色瓷纯净通透的审美标准。礼器的外型与釉色类玉的质感追求，为青瓷与学术的完美结合奏响了序曲。这时离宋初秘色瓷高产已有相当长的时间，物质面貌的不清让"秘色"更顺利地进入思想世界，造就文士怡情悦志的青葱艳色，南宋越窑成为盛世回望中"秘色"的新起点。

　　这次越窑虽与主流文化结合紧密，但大量产出时间却很短暂，瓷土存量不足应是其中一个因素。但当时正逢社会阶层打破，瓷器需求量几何倍增加，开发周边瓷土资源应该也是不错的生存渠道，这时的国家税收管理也正前所未有地强化，相关窑业的税收精细化，可能也是越窑无力开发新资源的一个原因。以低岭头为代表的南宋窑区，终于只能成为越窑璀璨的尾音。

南宋的"低岭头类型"

在古银淀湖区的低岭头（图5-1-1）、开刀山、张家地、寺龙口诸窑址，均发现了一批类南宋"官窑"的产品，与传统越窑风格差别较大。这一类器物以低岭头窑址群最为集中，因此被称为"低岭头类型"，这里是南宋初期烧造宫廷用瓷的场所之一，这类产品再次将越窑与宫廷用瓷紧密相连。

"低岭头类型"将越窑烧造的下限推到了南宋初年，并且使汝窑、越窑、龙泉窑、南宋官窑等的工艺关系清晰联络起来，它对于探索北方瓷釉

图5-1-1 低岭头窑址

技术的南下，以及乳浊釉产品的兴起具有重要意义。

南宋越窑的器物类型、特征

低岭头的瓷片堆积与传统越窑差别巨大，从釉层类型上看可以分成传统的青釉与北方汝窑特色的乳浊釉两类产品。

传统透明青釉产品，以青灰色为基本格调，或呈青灰、豆青、青黄之色，多数器物釉色较差，质感不强，滋润感不佳，少量产品釉层薄而透明，但润感极强。其中又可分为两个小类，一类主要是日用的碗（图5-1-2）、盘、盏、碟、盏托、壶、盒、盆、五管灯、韩瓶等。以刻花为主（图5-1-3），亦结合划花及少量的印花。装饰题材以花卉为主，少量的动物纹饰，有荷花纹、莲瓣纹、牡丹纹、菊花纹、摩羯纹等，纹饰风格较为粗放简洁。装烧上分为匣钵单件装烧（图5-1-4）与明火多件叠烧（图5-1-5）。此类器物无论是从器型、胎釉、装饰，还是装烧方式上，均与传统越窑一脉相承。

透明釉产品中还有另一小类，是不见于传统越窑的陈设瓷与祭祀用瓷，包括长颈瓶（图5-1-6）、梅瓶、玉壶春瓶、炉（图5-1-7）、觚、钟等。虽然釉色仍是传统工艺格调，但釉的润度明显更佳，釉面更为洁

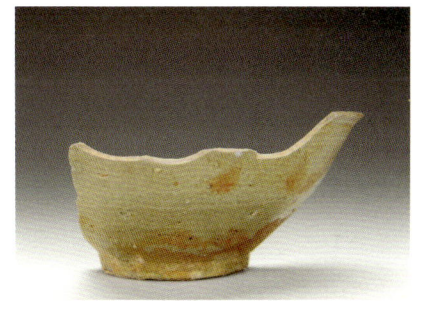

图5-1-2　低岭头窑址出土碗　　　　图5-1-3　低岭头窑址出土刻花盘

伍　越窑的尾声：低岭头窑址　　127

图 5-1-4　低岭头窑址匣钵装烧 　　　　图 5-1-5　低岭头窑址明火叠烧

净。装饰技法虽然主要以刻划为主，兼以细划花，也有少量的贴塑，但装饰题材、布局发生很大的改变，通体装饰于盘内腹（图 5-1-8）与碗等器物的外腹，新出现的云雷纹等则完全不见于传统越窑的装饰题材中。陈设

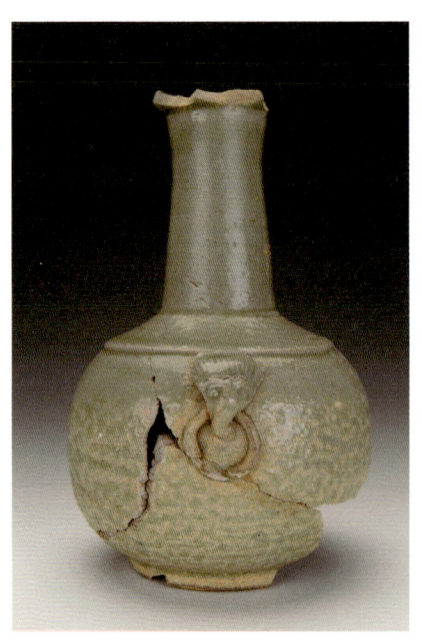

图 5-1-7　低岭头窑址出土三足炉

图 5-1-6　低岭头窑址出土长颈瓶　　　图 5-1-8　低岭头窑址新出现的纹饰

与祭祀用瓷器，除胎、釉特征与传统越窑较为接近外，其造型、装饰更接近于商周时代的青铜礼器。这种全新的类型可能与北方的汝窑、定窑及耀州窑有较为密切的联系，有学者称其为北方风格的青瓷造型。

除此之外还有一种类汝窑乳浊釉的产品，在晚期地层还出现素面、多层施釉的乳浊厚釉瓷片（图5-1-9），这是由越窑的传统生产工艺结合南下的汝窑乳浊釉技术，并增加釉层厚度而创烧的产品。在南宋早中期的越窑、龙泉窑此类产品都有一个釉层逐渐增厚，并发展成熟的试制过程。南宋在杭州设置官窑时应该同时取得了越窑、龙泉窑等地在技术、工匠等方面的支持。这类厚釉产品以陈列器、观赏器为主，有碗（图5-1-10）、盘（图5-1-11）、盏、鸟食罐、洗、花盆、罐，也有礼

图 5-1-9　低岭头窑址出土乳浊釉器物

图 5-1-10　张家地窑址出土乳浊釉碗 　　　图 5-1-11　张家地窑址出土乳浊釉盘

伍　越窑的尾声：低岭头窑址

图 5-1-12　低岭头窑址出土乳浊釉尊 　　图 5-1-13　张家地窑址出土乳浊釉瓶

图 5-1-14　低岭头窑址出土深灰色胎乳浊　图 5-1-15　低岭头窑址支钉垫烧
釉青瓷

器类如簋、尊（图 5-1-12）、瓶（图 5-1-13）、鬲式炉、三足炉、奁式炉、钟、瓶、器座等礼器。胎以青灰色为主，但亦有深灰色胎出现（图 5-1-14）。釉色主要有天青、粉青、灰白等，呈乳浊失透状。基本为素面，少量器物出现以釉层厚薄呈现色差的装饰，如鬲的足部出筋，三足奁的足部有近似于勾云的纹样，都是以釉层厚薄不同显现出装饰效果。装烧工艺上新出现了支钉垫烧技法（图 5-1-15），与传统的越窑垫圈垫烧完全不同（图 5-1-16）。

但南宋堆积层并不厚，说明这次复兴期的烧造时间较短，越窑在此后不久就全面停烧，不再具有文化特色。窑址内的基础工艺仍是浙江本土越窑的传统：龙窑炉、垫圈与垫饼、钵型匣钵等。在这个越窑传统之上，吸收了包括汝窑在内的诸多文化因素，逐渐形成新的窑业面貌。

图 5-1-16　低岭头窑址垫圈垫烧

北方因素的加入

"低岭头类型"工艺上出现一些北方因素：乳浊釉、支钉、新器型等因素，多与汝窑有密切关系。

装烧方式上，虽然仍为南方传统的龙窑及匣钵（图 5-1-17），但在垫烧支具发生一些改变，使用支钉垫烧，一种呈锯齿状，支点粗大；另一种

图 5-1-17　张家地窑址龙窑炉

伍　越窑的尾声：低岭头窑址　　131

图 5-1-18　汝窑支钉垫烧工艺

为圆饼形，支点较小。两种垫烧具都是北宋汝窑的特色垫具（图 5-1-18）[280]。类汝窑的支钉在低岭头大量出现，少量为圆饼形加小支钉的复合型支钉，大量的是锯齿状的粗大一体型支钉。这种支钉是在浙江本土垫圈的基础上发展而来，是汝窑与南方传统窑业技术的一种结合，反映了南北不同制瓷工艺的互通。

汝窑位于河南省宝丰县清凉寺镇，从唐五代就生产瓷器，入宋后渐盛，仁宗（1023-1063）时就有官用产品，哲宗元祐元年（1086）后汝州为宫廷烧制瓷器，质量大为提高。清凉寺发掘出土了大批官瓷瓷片和部分瓷器，在工艺上汝窑与越窑明显不同。汝窑采用石灰碱釉，所含钾、钠的比例加大，成为一种黏度高且不透明的釉，是在烧成过程中，析出一定量的钙长石针晶簇和少量分相液滴，由于针晶尺寸较大，晶体和分相液滴数量也相对较少，因而只能使釉轻微乳浊，此釉透明度不高，让胎质不易显现。乳浊釉较透明釉更接近青玉的厚重质感，同时也可以掩饰一些胎质瑕疵（图 5-1-19），这类产品一改秘色瓷以往胎质洁净和器型线条简洁的特色，是以类玉质感和古典造型的结合取胜。

图 5-1-19　宝丰清凉寺窑址出土乳浊釉青瓷

132　发现秘色瓷

乳浊釉可以上得很厚，而且其三氧化二铁的含量控制在1%左右，从而烧出了呈淡雅的天青色、质感温润如玉的瓷器。乳浊青釉的颜色较透明青釉大为拓展，有乳白、月白、紫红、深蓝、青黄等，或呈单一的釉色，或呈一种复合的多变釉色，釉面或宁静，或流动。釉层较透明釉更厚，均呈现亚光的失透状。但汝窑应该是受到"秘色瓷"色泽标准的影响，以青色为绝对主流，在第六次发掘出土的瓷片中，官窑瓷占99%，其中天青釉占65.7%，淡天青釉占16.8%，因土壤腐蚀、天青褪色接近白色或灰色的占11.7%，因火候过高显豆青釉的占5.8%[281]。正如明代曹昭《格古要论》所说"汝窑器出汝州，宋时烧者淡青色"[282]，也正说明北宋知识层仍喜好秘色的青绿标准。汝窑将透明釉改进为乳浊青釉，两者色泽颇近，但乳浊釉更能展现水润脂滑的温煦，呈现出"类玉"的质感。乳浊釉产品中碧玉翠霞的天青月白，成为青瓷的时尚定位，南宋之际亚光失透的审美偏好也进入江南。

汝窑乳浊釉虽属于青瓷的系统，但和透明薄釉且色调偏绿的越窑产品相比，观感大不相同。有学者对南宋的越窑与汝窑乳浊釉作出比较："南宋低岭头窑所烧的青瓷器的胎是用当地南方瓷石作原料的，为就地取材；而釉的成分与汝瓷釉相近，很可能是借用了北方汝瓷釉的配方，因而烧制出与传统越窑风格相去甚远，而与汝瓷外观颇似的低岭头窑仿汝瓷类型的产品。这说明南宋低岭头窑在汝瓷技术南传过程中很可能起了承前启后的作用。"[283]乳浊釉技术在越窑的寺龙口、张家地和低岭头诸低岭头类型窑址均有出现，但持续时间均不长。两宋之际的龙泉窑已有财力大量吸收汝窑窑工，结合南北技艺，使乳浊釉产品的试烧在短时间内成功。龙泉窑与越窑在南宋初期同时尝试增加釉层厚度，开始对汝窑乳浊薄釉产品再开发。特别是礼仪用器的开发较汝窑陈设器的更为繁荣，这些器物的使用方式也更丰富活泼。

图 5-1-20 龙泉窑出土青瓷尊　　　图 5-1-21 杭州老虎洞窑址出土青瓷觚

从低岭头窑址的类型来看，器物整体向乳浊不透明釉的色泽进化，厚釉类产品尚未完全成熟就已停烧。这一类型的器物已脱离秘色瓷透明薄釉的特点，正是从这时开始知识层以"秘色"定义所有高等级青瓷，在"秘色"广义化时代的越窑，仍承担着文化意义上的时尚引领地位。"低岭头类型"在此后的龙泉窑（图5-1-20）、杭州老虎洞窑（图5-1-21）中皆为主流产品，其中陈设观赏类器物是北宋复古风潮的延续，而瓷礼器以新的类型大量出现，应该与政权南漂时的应急策略有关。

南宋落定与越窑延续

女真族南犯时"杀人如刈麻，臭闻数百里，淮泗之间，亦荡然矣"[284]，覆灭了北宋政权。靖康元年（1126）正月康王赵构去金营做人质，钦宗蜡书诏令他入援开封，十二月"康王为天下兵马大元帅"[285]，率大队人马逃向东平府再到济州。次年五月金军虏徽钦二帝北返，赵构成为唯一没被掳走的皇子，于是"即皇帝位于南京，改元建炎"[286]。这时的飘零政权既没有

134　发现秘色瓷

财政收入又缺乏直属军队，只能在金军的追迫中以正统传承的号召力寻找落脚地。

初定政权要与当地土族结合才能真正落脚，用延续科举取士的方式安定士大夫阶层，同时以江南的富足解决财政困难。这种条件下就近解决祭礼和日用器物是最合理的办法。上林湖本就是北宋青瓷的集中产地，又方便通过浙东运河、钱塘江直接运抵杭州，可以说政权落定杭州是越窑短暂复苏的直接原因。

南宋政权初定

北宋末年金军入侵，全国多地组建勤王军参加开封保卫战，"自宣和末，群盗蜂起，其后，勤王之兵往往溃而为盗"[287]，到处抢夺物资，让地方土族相继编组民间自卫团，一时之间性质互异的军事势力纷纷涌出。自建炎元年（1127）到绍兴二年（1132）的六年间，各路合计群盗和叛乱共发生57起[288]。时人称："方今兵患有三，曰金人、曰土贼、曰游寇。"面对不断扩张又无法统制的军事势力，赵构政权只是其中一个被拥立者，旗下并无一兵一卒可用，面临着"今诸将之骄，枢密院已不能制"[289]。于是收回兵权及掌握财政控制权是存亡的关键，流亡朝廷一面主张同金和议，一面欲通过确立专卖财政来维持小朝廷运转。同时利用军费自给的民间武装势力建立藩镇体制，以拖延金军南下步伐，地方军队势力因此膨胀。

1127年临时朝廷迁到扬州，建炎三年（1129）女真兵渡过淮水，政府将案牍、金银装入船舶，停泊在从扬州到瓜州的运河，但因水量太小，这些珍宝多成为女真战利品。流亡朝廷由镇江南遁杭州并"升杭州为临安府"[290]，而金军一直紧随，同年腊月迫使他们从定海（镇海）下海。金军入海"追三百余里弗及，提领海舟张公裕以大舶击却之"[291]，二十只海船漂泊在从台州到温州的近海，到建炎四年女真兵马搜山检海已毕，撤离江浙北返，高宗才弃舟登岸，完结了"彻夜西风撼破扉"的飘零，于"绍兴元年改称行在"[292]，并由余姚回越州，在绍兴二年终于重返杭州[293]。

落脚后首先面临的问题就是财政收入，初期的宰相吕颐浩（1071-1139）"喜用材吏，以其多出（蔡）京、（王）黼之门"[294]，由他提拔的务实官员，帮助临时政府渡过了初建时的财政困难，如建炎元年（1127）任用"梁扬祖提领东南茶、监事"[295]，"自扬祖即真州置司，岁入钱六百万缗"[296]。早期维持高宗麾下诸武将、佣兵的开销皆赖此专卖，此后南宋财源的大半亦有赖于盐、茶、酒等的税收。

初步解决财政困难后，收回兵权成为第一要务。江南士人在建炎四年正月和绍兴元年二月曾两度上奏，要求严责诸将的横暴，收回兵权并削减军费，于是朝廷将停战议和提上日程。绍兴八年"时诸将韩世忠、岳飞皆以议和为非计"[297]，由于中央没有自己掌控的军队，"今天下之权，不在庙堂，而在诸将。诸将拥重兵据要地，偃蹇自肆"[298]，虽有高宗的决断和秦桧的政治执行力，还是无法推行和议，于是借用民众的厌战情绪成为高层引导舆论的手段。绍兴九年就有福建官员指出"东南之财尽于养兵，民既困穷国亦虚竭。然此所费止于养兵一事而已"[299]，高宗、秦桧政府以此类言论为出发点，提出和议是为了息民、裕民、休兵，将舆论引导到裁减军费、休养民生的关注点上，不久在朝臣和民众的迭相唱和声中，和议在舆论上逐渐占据了"正当性"。

绍兴十年五月宋、金开战，次年二月高宗、秦桧策划了"柘皋之战"，迎击金军并获大胜[300]。柘皋大会战根据中央战略构想获得胜利，由高宗全面调动全国军力，宣告了政府军事统帅权的确立。四月任命三大家军将领张俊、韩世忠、岳飞分别担任枢密使、枢密副使等高官，使他们麾下的部队各自独立，归皇帝直接指挥。很快利诱张俊上缴兵权，

"初太师秦桧与俊同主和议,约尽罢诸将,独以兵权归俊,故俊力助其谋。及诸将已罢,而俊居位岁余,无请去之意。桧乃令殿中侍御史江邈论其罪"[301],张俊率先向高宗提出交兵权的请求,高宗于同年底赐死岳飞。十月"上谓大臣曰:人主之权,在乎独断"[302],正表达了掌控军权的迫切。这时两国战争形势已明显不利于金,年底宋金和议成立时,宋并不要求夺还两帝、收复失地等,自始至终只进行防卫战,可见收回兵权才是主要目的,和议只是手段。绍兴十二年终于完成了兵权归属,高宗成为南宋军事力量的唯一支配者。同时诸家军所经营的财源亦收归国有,这使南宋财政收入由建炎时岁入不足 1 000 万缗,到了绍兴末年则猛增至 6 400 万缗[303]。此大捷之后,金政权也不再期望一举歼灭南宋,认可了两国共存的状态。

宋军的强势让金急于达成和议,愿意一举解决领土、国境、岁币、册封关系、归还梓宫、母后回归等与缔结和议有关的问题。绍兴十一年的和议结果是:南宋的版图只有北宋的三分之二,并同意向金称臣。决定放弃部分领土与百姓的条件并未引起强烈的抗议,应该与南渡后的"士大夫"心态有重大关系。南渡后有河东名门,如两河、山东系的"士大夫"阶层对皇权的依附性愈加增大,加上十五年的南漂让北地官僚的地缘纽带逐渐淡薄化,如初期宰相吕颐浩多起用山东之人,到和议时高层官僚中的江南人士增多,对北地的感情并不深厚,这种心态使和议结果中割让北方土地的条件被平静接受。对国家军队、经济的全面控制,和当地知识群体的舆论认可,在这两个层面结合后政权才算落定,而政治传承和合法性是得到知识力量支持的重要手段。

传承合法性确立与政权稳定

绍兴七年(1137)"金人许还梓宫及皇太后,又许还河南诸州"[304],

直到绍兴十二年八月和议后，金才归还了客死的徽宗皇帝、显肃皇后、懿节皇后的梓宫，同时身为徽宗皇后、高宗生母的韦太后也平安回到临安。高宗仓促组织政权时并未得到徽宗或钦宗的直接授权，是获哲宗皇后孟氏的支持即位，而孟氏是因出家为道姑方逃过靖康之难，还俗后才称元祐太后，这让高宗继位的政治合法性一直蒙尘。和议后徽宗梓宫的回归让两宋宗庙祭祀的连续性得以保持，对于南宋大统的政治正当性具有决定意义，因此在和议条件中具有比领土、岁币更重要的地位。

政权传承合法性一经确认，紧接着就是在次年全国推行经界法。通过官府测量土地绘图登记地产，为国家税收提供依据，这一系列措施让国力开始复苏。早在绍兴六年十二月的诏书中，就开始设定一些统治区的地方行政机构，选定了浙西十四、浙东九、江东八、江西四、福建四、湖南一，合计四十县的管理范围。其中三十一县集中于两浙、江东，由此可以看出南宋的权力核心区范围。在湖北、广东、广西、四川等边地普遍都存在地方官缺员的现象，而两浙、江东的主要府州完全不存在知县缺员。皇权与权相的结合让财政、军事回归，"渡江以来，庶事草创，皆至桧而后定"[305]，南宋政府终于走上正轨。

为了政权能在南方立足稳固，首先要获得政治中心知识层的拥戴，在扶植江南经济的同时，官僚组成也渐以南方士人为主。建炎四年（1130）"上曰：才吏亦不可无，但勿令太多。前吕颐浩当国，纯用掊克之吏"[306]，这时北宋朝廷曾重用的元祐派系官僚，也在政府初具规模后开始了复权运动，动摇了山东籍官员吕颐浩的政治基础，从此朝廷积极起用南方学士。绍兴元年"今国家所有不过数十州，所谓生者，必生于此数十州之民，何以堪之？"[307]，江南数十州已成为承担国家财政的主要地区，本土派系官僚的话语权也逐渐强大。早期高宗时的宰相吕颐浩、黄潜善、赵鼎、张浚皆非出身江南，而孝宗治下的宰相共十六人，出身两浙者六人，江西四人，福建、四川各三人，参知政事的籍贯也以两浙为最多，其次是江西、福建[308]。在南宋诞生四十年后，中枢内已基本为新版图内出身的官员，开启了以江南官员为核心的时代。北地出身官僚长时间居于江南，早先的地缘排斥观念逐渐淡化，终于进入由南方文化主导学术和意识形态的时期。

政治传承正当性的确立，是士大夫与皇权结合的基础，也是国家核心政治力量建立的纽带。自建炎年间（1127-1130），高宗迫于金军的压力前后共更换了二十五个驻跸之所，政府几度濒临崩解，但这期间却没有出现协助金军的地主或士大夫，甚至民间也没有强大的军事力量与金军联合，与宋代士大夫多依赖于皇权有关。两宋的政权与地主阶层仍保持着强烈一体感，当外族入侵时民族认同有着比政治统治更为强大的凝聚力，抵抗外族入侵的心理需求，使学术分歧、政治内斗都退居其次。

建炎元年至绍兴十二年间（1127-1142）外敌和内乱的情况最为严重，但科举考试仍然定期有计划地举行，如绍兴五年八月，"礼部侍郎周执羔，请复赐新及第进士闻喜宴于礼部贡院"[309]。科举制度延续就意味着，统治层对官僚组成的认可不曾有变，这是地主、士绅提升地位的主要通道。只要士大夫（阶）层对继任政权保持信赖，叛乱的形势在国内就不会扩大，因为参加科举考试的多是地方地主、土豪阶层，宋史中家族连续三代皆为科举官僚的情况很少见，说明由官僚发展为世袭家族的可能性很小。北宋末年的大地主皆是当时的政治权贵，他们与皇权的利益直接相联，在政治起落中权贵时有更新，新贵总是在向有资产的旧势力搜刮聚敛，因此始终无法形成强势的地方割据势力。而中小地主多依赖大地主势力，虽然徽宗到南宋初年土地兼并猛烈，但中下层地主阶级的经济力量一再削弱，他们也不能独立成为强势的政治力量。这就造成了整个士大夫阶层与皇权的直接捆绑，让临时朝廷看似无力却能逐渐稳固。南宋以后权臣与大地主也基本重合，如秦桧、史弥远、韩侂胄、贾似道等权相家族皆为大地主。中下层地主士大夫要么依附权臣，要么屈居于地方州县，这一阶层是士大夫的主流势力，他们只能随着皇权的需求拥有经济实力，无法独立成就势力，这也是宋代不曾出现地方割据的主要原因。

在政权初立时国家祭祀具有安邦定国的意义，徽宗朝颁布实施的《政和五礼新仪》制度在南宋仍沿用。南逃途中青铜礼器失散，瓷礼器的需求量大增，越窑这时在工艺技术、器物品类的新开发，都体现出时代政治需求。

南宋越窑的短暂复苏

飘零政府南下急需搭建起礼制规范，彰显正统传承是政权的立足之本，于是奉天祭祖的象征意义突显。朝廷的动荡不足以支撑青铜重器的加工，加上北宋慕古风潮的延续，以陶瓷礼器祭祀恢复的古礼场景，成为国家祭祀仪式重建不得已的选择。这时综合运输条件与制瓷技术等因素，上林湖越窑和龙泉窑成了早期宫廷用瓷的临时生产地，低岭头、寺龙口等窑址群应该就是当时承担烧造宫廷用瓷的重要场所，陈设器、礼器及高端日用器是南宋官方器物的主要来源。

"渡江之初，历年未远，绍兴赐鼎，已淆彭城之传器……是知中兴诸贤，数典已昧"[310]。宋学将三代古国设定为理想社会楷则，以复古重建华夏的文化自信，在这一思潮的推动中，类古礼器是北宋特色，朝廷为尽快重建礼乐，由文思院依北宋礼书及《宣和博古图》礼器制度设计图样，重铸新器。为弥补金石不足，高宗命临安府、越州等地以陶代铜"仿旧制随宜制造"祭器。《中兴礼书》记：绍兴元年（1131）"祀天普配位用匏爵陶器，乞令太常寺具数下越州制造，仍乞依见今竹木器祭样制烧造"。之后在绍兴四年又"勘会近奉圣旨，陶器令绍兴府余姚县烧造"，"诏依绍兴元年明堂大礼所用《三礼图》样制造","将来明堂大礼合用祭器等约九千余件,见今绍兴府烧造陶器"。据记载,到绍兴十三年"今看详欲乞先次将圆坛上正配四位合用陶器,并今来所添从祀爵坫并依新成礼器仿博古图,内陶器下平江府烧变,铜爵令建康府铸,其竹木祭器令临安府制造"[311]。说明瓷器烧制任务不再落到绍兴余姚,可见南宋的宫廷定制持续时间并不长,这与越窑南宋堆积不多的情况基本相符合。

越窑在地域上离政治中心较近,仍有不少尚在运营的小窑场,动荡之中的朝廷须"惟务俭省",产品虽在胎质上有所欠缺,但乳浊釉的出现可以有效弥补部分胎质的缺陷,因此仍为朝廷临时用器比较合适的选择。当时的龙泉窑也是朝廷用瓷来源的一个重要窑口,于是出现两窑同烧贡瓷的情况。也正是乳浊厚釉产品的逐渐成熟,让此后的龙泉窑能替代越窑成为新的青瓷中心。

经济制约使越窑意外获得发展机会,拟古的瓷礼器以质料的不同,从青铜的凝重中幻化而出,简洁至极的曲线勾勒出别种的优雅端巧,掀开了中国青瓷的新篇章。汝窑中的高端产品以陈设用器为主,而"低岭头类型"中大量的仿古礼器,应该就是特定时代风貌的锁定。复古陈设瓷在北宋高层流行,到南宋已在全国普及,这与南宋理学的进展基本同步,从中可见学术文化对艺术风格的导向作用。

复古瓷流行的文化背景

外敌的入侵让国人形成更强的文化认同,军事薄弱使宋代建立民族自信尤显重要。南宋政权安定之初为获得传承正统的舆论支持,实施的一系列政治举措,皆以华夏学术文化的支撑为背景。唐代韩愈的古文运动到北宋庆历兴学,都发生在传统儒学受到挤压之时,这些政治、学术上的铺垫，为南宋理学的产生奠定了思想基础。希望参与统治的士子常以学术思想的争论来表达政见区别，领袖人物的汇聚宣传使政治权力与知识权力之争逐渐突显，并在北宋末年形成了政治重心与学术重心分离的现象。南宋以后经历了战乱的士大夫心态较北宋更为内敛，理学以儒家学说为中心兼容佛道的部分哲学化思想，论证了封建纲常名教的合理性和永恒性。

学术转向牵动着知识层的心理需求，理学对个人内心修为的极致要求，使全社会自我意识增强，矫正了对传统个体能动性的认知。家庙祭祀的探讨应运而生，随着知识的普及下行，瓷器中的礼器、陈设器向社会下层普及，终使"宋瓷"成为和均韶风、振发文雅的德行载体。民族文化的回归从晚唐就已开始，到两宋才基本成形。

自北宋而下的复古风潮

北宋整治割据强调集权，提倡以经学恢复礼制，用昔日的光荣增强民族凝聚力，怀古之风在此背景下兴起，复古只是手段，寻求国富民强的文化自信才是目的。高宗极力营造平和的氛围，如建造皇家宫殿与寺庙、重建宫廷绘画收藏以及复兴画院，以图解儒家经典和说教性、宣传性文本的绘画作品[312]。将这些独立场景连接成一个连续画面，就显现出当时恢复国学的政治需求。皇家仪式用的礼器与图像皆具有类似政治预示性[313]，这样的政治氛围为创作和使用仿古器物培养了语境。

宋初在官制名称设置等都参考古制，如真宗在大中祥符四年（1011）曰："如以钟鼓楼为漏室，窑务为甄官，岂若直指其名也！悉宜改正。"[314]他尤重儒家经典，以金石之学复原古礼、证经补史成为时代的政治语言。"圣人制器尚象，载道垂戒，寓不传之妙于器用之间，以遗后人，使宏识之士，即器以求象，即象以求意，心悟目击命物之智，晓礼乐法，而不说之秘，朝夕鉴观，罔有逸德"[315]。于是国人皆喜藏古物，"一器至有直千缗者，利之所趋，人竞搜剔山泽，发掘冢墓，无所不至"[316]。靖康之后古物多毁损丢失，南宋初年又"敛民间铜器"以铸币，这让金石学衰落[317]，但对古典的推崇一直延续，让两宋瓷器中充满了礼器、陈设器的身影。

由权力层刻意创建的"复古"语境，将政权和神权的关系用礼制和宗教等艺术形式表达，与思想世界的"华化"建立联系，期望以文化传承的视角重申民族认同。祭仪的复古让陶瓷礼器备受关注，"先儒言天地外臣用瓦簋，考工记旅人为簋是也，故孔颖达云：陶器谓瓦尊豆簋之属"[318]，"簠、簋、尊、豆皆非陶器，及用龙杓，请改用陶，以椟为杓"[319]。仿古瓷从最初用于皇家礼祭的仿制，到徽宗"循古之意而勿泥于古"[320]的创作，逐渐提炼出因时"法意"的神韵。古风弥漫中，游宦将昔日庙堂重器引入书斋陈设，于是金石学勃兴，出现大量仿商周青铜器、玉器的瓷礼器，汝窑陈设瓷的创新应运而起。为配合陈设器的厚重质感，乳浊不透明釉就开始盛行。"三代意象"的回归削弱了外来文化的棱角，瓷器在宜花、宜人的风雅中涵叠了华夏"天人合一"的思想精髓，稽古、化古的审美追求，物化于陶瓷器型端正、纹饰古雅、工艺精良、气质超脱之中。

在皇家推崇艺术追求的文化氛围下，不仅仪式、建筑、日用器具，连民间节日也都充满了拟古氛围。潜移默化的书卷之气已普及民间，香事、品茶、插花等风雅爱好不再与平民霄壤相悬，全民参与的文化活动更是推动了宋瓷品类的丰富，陈设、日用器等也逐渐成为民间用瓷的重要组成，在全国性的商品市场网络中流转。如徽宗精于茶艺，在《大观茶论》对采制、烹试、品质等茶事汇总整理，使民间的"寻茶"有了依据，全国盛行点茶、斗茶、茶百戏等，都显示着高层文化的号召力。徽宗将简约、素雅的艺术追求带入书法、绘画、制瓷等中，通过士大夫的推广传播，德礼内涵融入到艺术品的光晕中，在世俗界流淌传递，特别是茶俗的普及让瓷器集品赏与实用于一体，隐含着茶德文化向民间迅速普及。

宋以后以"黄金成以为饮食器则益寿"[321]的观念已不再，虽然金银器数量远较唐代为多，但器物的造型和纹饰没有更多的进展，艺术水平似有下降趋势。这时金银器已在民间普及，如酒楼中"太平楼、丰乐楼、南外库、北外库、西溪楼，已上并官库，属户部点检所，每库设官妓数十人，各有金银酒器千两，以供饮客之用"[322]，金银器的下行让其失去人文、艺术意义。两宋的知识层氤氲在法三代古意的淡香中，陶瓷器物结晶为一种文化意境，成为刻意的追求。复古陶瓷器全面超越金银器地位，从供奉、交往的礼仪用品，成为心灵享受和表达尊重的形式，在皇家贵族、宗教场所到文人雅士、普通民众，社会各层皆能见到陶瓷的点缀。

自北宋而下的慕古风潮，让仿三代青铜礼器的瓷类引领时风。从仁宗庆历七年（1047）"扫地而祭，器用陶匏，席用槁秸"，神宗元丰元年（1078）的祭祀"天地自然之性贵诚尚质，不敢修其文也"[323]，祭器中部分青铜器簋、尊、豆等由陶瓷器替换。到南宋时铜质礼器大量被陶瓷代替[324]。南宋高宗的中兴复古，将瓷礼器功用推向了顶峰，化古维新的思潮让宋瓷与商周尊、觚经典纹样既相像又独具特色。到嘉定十七年（1224）理宗即位时"各用笾二十六、豆二十六、簠八、簋八、登三、铏三、枘槃、神位席、币筐、祝筐、玉爵反坫、瑶爵、牛羊豕鼎各一"[325]，可知明堂祭器包括了陶瓷、铜、铁、玉、竹木等不同的材质，各种材质各具独特功用[326]。瓷器新风不仅带动官窑走向辉煌，还对民间产生广泛性影响。"低岭头类型"是法三代古意的结晶，为朝廷定制器型，其中的碗、盘、碟、盏等日用器，可能是皇家高端用瓷。

正是因拟古礼器的文化追求，推动青瓷釉色向类玉的端稳方向研发。越窑南宋早期的地层中，有接近成熟的乳浊厚釉瓷碎片，胎色完全包融在青色厚釉之下，展露的只有如玉的温润，唯一的装饰是用釉层厚度聚积而成的色泽变化，薄胎厚釉恰到好处的配合，氤氲出绿绮映春的千秋沉潋。厚釉瓷展现了"郁郁乎文哉"的君子端方，工致诗意的词韵弥漫世风，造就了孤岸辣秀、长洲芊绵的古风瓷韵。新式陈设器层出，让家国重器的礼制符号逐渐抽离，用艺术手法喻"意"与"象"，延展出华夏固有的德礼内涵，并移入平民社会的语境中。宋学的复古之风造成瓷礼器、陈设器成为时代特色，越窑的"低岭头类型"是皇家定制，以典范的造型站在时代开篇。

可以说瓷礼器下行是国家文化普及、意识形态统一的时代标志。低岭头类型对青瓷如玉的品质追求，正是拟古陈设器普及的发端，而仿古礼器能在全国大范围流行，与士大夫开发的新理学语境直接相联。

"庆元党禁"与理学兴起

自北宋哲宗亲政（1093）后，士大夫参与"共定国是"已成为权相用来镇压反对派的合法工具，改变了宋代党争的性质，使它从政治观点间的冲突逐步演变为权力斗争[327]。从此权相层出直接影响着南宋的政治格局。秦桧与宋高宗时期君权与相权高度统一，到韩侂胄、史弥远与贾似道时代，权相擅政径直取代了君主行政[328]。"庆元党禁"正处于权相韩侂胄时代，理学经由这次学术圈的大洗牌，官学地位终不可撼动。

徽宗的退位宣告了蔡京专制的终结，受压迫的元祐、旧党派系官僚随着战乱的平复陆续集结到南宋朝廷中。这批官员将北宋亡国的责任集中在奸臣蔡京、王黼等人身上，认为他们的思想背景源自王安石，因此强烈要求驱逐相关官员。高宗（1127-1162）站稳脚跟后顺应朝臣思路，将北宋灭亡之罪责推到王安石变法，于是居于主导地位近六十年的荆公新学开始衰落。同时高宗要收夺地方兵权须有舆论配合，从儒家经典中找出理论根据是最具说服力的。时任中书舍人兼侍讲的胡安国著《春秋传》，以"尊君父，讨乱贼，辟邪说，正人心，用夏变夷，大法略具"[329]。由古史中解读出全新的经义，从思想、学术上呼应时政，他敦促高宗收回兵权，对荆学打击压制，同时推崇宣扬二程学说，理学士人逐渐进入权力层。

高宗扶持不同学术团体，宣布程氏之学与荆公新学各有可取，也容忍了宰相赵鼎对王学的抨击和对程学传人的引荐，但随着赵鼎在与秦桧政争中的落败，让程学失势。这时社会上"小报"开始泛滥，周麟之（？-1163）《论禁小报》："小报者，出于进奏院，盖邸吏辈为之也。比年事有疑似，中外未知，邸吏必竞以小纸书之，飞报远近，谓之小报。……臣愚欲望陛下深诏有司，严立罪赏，痛行禁止，使朝廷命令，播之天下，天下可得而闻，不可得而测，可得而信，不可得而诈，则国体尊而民听一。"[330]限制"小报"发行，是控制舆论力量的重要手段，但收效不佳，这类传播方式成为民间士子沟通、交流的渠道。

孝宗（1163-1189）频繁易相并开放言路，以"异论相搅"振肃皇纲。为抑制文士集团的整体力量，孝宗推重苏蜀学派用以抑制理学，乾道末年孝宗下令追赠苏轼为太师，不久他亲自为《东坡全集》撰写赞序，称其"忠言谠论，立朝大节，一时廷臣无出其右"[331]，于是在乾、淳之际道（理）学发展的同时，苏蜀学派也颇为兴盛。浙东事功派也是从这个时期开始繁荣，他们大都入经出史，强调建功立业，将王安石荆学派的通经致用的学风继承下来。这些受孝宗支持的反道学势力是政治当权派，道学虽政治在野，但在民间的传播却不可小觑。理学大家朱熹、陆九渊、张栻、吕祖谦等经过不懈努力，广开书院授徒讲学，他们及其弟子或进入官僚系统，或成为后备梯队，到孝宗晚年已然构成了国家权力不容忽视的群体[332]。在乾、淳年间影响遍及江浙、闽、川蜀等地，逐渐超越其他学派取得民间学术的主流地位。理学（道学）在这样的语境下很快在士人阶层弥漫，北宋的二程思想经多方诠释，到这时线条终于明确起来，淳熙末年道学派渐渐在朝廷上形成一股独立的政治势力。

由于道学派过于强调程学为得孔孟正传的唯一性，绝对化了个人道德自觉的要求，专注于绝对使其丧失了轩豁与谦卑，不再能看到丰富文化现象皆有绝美的个性，视角的狭隘很容易对不同声音产生超越、打击之想，开始进入与反道学派分庭抗礼时期。南宋初年员兴宗说"苏学长于经济，洛学长于性理，临川学（王安石）长于名数"[333]，代表了当时士大夫的看法。洛（道）学奉《中庸》为不可亵渎的经典，苏轼则认为"夫《中庸》者，孔氏之遗书而不完者也"[334]，把子思看作"欺世盗名"之流，苏学注重从实际出发，论说时事利害，被人比作战国时期的纵横之学。程洛道学偏重于讨论性命义理，言必称正心诚意，力辟事功之说。苏氏率性情、主辞赋、重文章，与程氏的循规矩、去人欲、弃辞章呈现出截然对立之态，两派立论无法相容。北宋以江西为中心的功利思想这时已转至浙江，由金华、永嘉、永康诸学派组成浙东事功派，他们从史学中寻绎出解决当前政治经济问题的办法，对崇尚空谈的学术予以鄙夷和批评，认为物之所在，道则在焉，提倡功利之学，反对虚谈性命，与道学正宗的不切实际存在明显分歧。朱熹本人曾严厉批评浙学，学术上的全面"排他"使得道学多方树敌，在复杂的政治、人事的矛盾中，将其他学派皆放在了对立面上。孝宗便是利用道学的排他性，从各学派间的调停中维持皇权的主导地位，由于他不好道学、反对朋党，党争在这时还没有掀起轩然大波。

之后光宗（1190-1194）绍熙末年，随着赵汝愚的执政，朱熹入朝为焕章阁侍制兼侍讲，理学派暂居上风，朱学对道德的极端要求引起多方势

伍　越窑的尾声：低岭头窑址　　147

力排斥，时任太子的赵扩亦对其多有不满。绍熙五年（1194）赵汝愚集团策划了绍熙内禅，拥立太子即位。当时以恩荫入仕的韩侂胄（1152-1207）也应邀参与其事，但"翼戴之功"没能让韩得到欲求的位置。他开始对赵汝愚"怨望殊甚"，时任参知政事的京镗支持侂胄势力，终和赵、朱集团形成对立。内禅后太子赵扩即位为宁宗（1195-1224），立即"内批"[335]罢朱熹职，同年罢免赵汝愚，次年升京镗任右丞相，反理学派借机与韩侂胄联手。朱熹被逐后影响力尚在，于是韩侂胄集团的刘德秀、何澹、胡纮等人多次上疏要求，宁宗终于决定"禁用伪学之党"，导致理学再次成为在野派。这时"小报"引导的舆论力量已危害到国家政治安全，如赵升的《朝野类要》"是书作于理宗端平三年（1236）"[336]，其中提到南宋小报之盛行："每日门下后省编定，请给事判报，方行下都进奏院报行天下。其有所谓内探、省探、衙探之类，皆衷私小报，率有漏泄之禁，故隐而号之曰新闻。"[337]于是朝廷下令全面禁止[338]。韩侂胄利用实施禁令的机会，将打击面扩大至所有政见不和者，使非理学者也遭受到了重大损失，最后形成了南宋历史上大规模禁锢学术的"庆元党禁"。

这次运动实际上是统治层对学术界的一次全面清扫。自高宗以来皇权长期利用各学派的矛盾，文人学者内部斗争愈演愈烈，因恶道学而生朋党，朋党以忠谏为罪，从此政风离北宋哲宗的绍圣（1094-1098）弊政已不远。皇权利用权臣之手完成了这次扩大化的党禁，对学术阶层话语权的完美收回，使皇权的政治权威进一步加强。韩侂胄集团也利用党禁独揽权柄，宁宗收回的皇权很快被韩相专断朝政取代，权相之势已不可撼动。韩侂胄为缓解国内反对派声势，在嘉泰三年（1203）萌生北伐开边的念头，想借此转移舆论的攻击目标。次年宁宗采纳韩侂胄建议，追封岳飞为鄂王，之后追究秦桧绍兴十一年（1141）和议的误国之罪，严重打击了主和派，在舆论上做好与金再开战的准备。同时韩相秘使边将挑起事端，在宋金边界的东、中、西各段试探性挑衅此起彼伏。1206年终于成功挑起"开禧北伐",次年宋军战败,韩侂胄被宫人暗杀,人头成为"嘉定和议"的润滑剂。

此后宁宗要全面收回皇权必先革韩侂胄弊政,于是"首开言路,以来忠谠"[339],清洗韩党势力与庆元党禁的昭雪同时进行。为党禁受害人恢复名誉,对赵汝愚增谥忠定,朱熹赐谥号文公,在嘉定十三年(1220)周敦颐、程颢、程颐、张载分别追谥"元、纯、正、明"。这些措施使党禁完全解除,理学派很快在朝堂立稳根基。此后的理宗(1225-1264)虽不喜理学,却鉴于韩侂胄覆辙,不能不转而采取尊奉态度,自此理学取得官学地位。庆元党禁的收场,表明理学之势已不可阻遏,"道统"逐渐确立在"政统"中的合法性,理学参与到官方教育选拔系统。

庆元党禁借政府力量全面声讨与彻底扫荡的,正是士大夫长久以来借以安身立命的道德自持,严重导致知识群体的价值危机与道德失范,致使正气消弭,廉耻沦丧,士风浇薄,政风颓靡。自此关闭了北宋庆历思想开启的乐观向上、生机勃发、充满希望的思想语境,使得乾道、淳熙年间的学术繁荣、学派林立、百家争鸣的局面一去不返。后世评定庆元党禁"则非祸中于国家,而且害延于学术矣"[340],"宋代儒家的政治文化至此也耗尽了它的全部活力"[341]。理学将心性、天理说成是本体或起源,在"食色性也"之上硬性叠加上"义理之性"和"天地之性",并以"道心"来管辖人心,以"义理"来管辖气质,以心性来管辖情欲。传统社会需要一套意识形态来维护礼教秩序,南宋中后期理学逐渐达到了哲学理论的完备,"存天理、灭人欲"成为理学最鲜明的标准旗号[342]。引领中国文学进入与自然相隔的层面,不再拥有"水流三尺,水石皆洁"的自愈力,之后的中国思想在相当长的时期,失去了包容豁达的盛世景象。

理学道德性命之说的成熟,开始了思想领域的高度统治,士大夫以天下为己任的政治担当，催发了自我意识与主体精神的再崛起，让个人修行的追求达到极致。日常生活中的一言一笑，一物一景皆关乎涵养境界，完美精神的渴求让知识层参与到高端瓷设计中。南宋以后的主流学术与社会意识形态逐渐统一，必然触发全社会礼仪规范的下行，家庙祭祀逐渐成为民间家庭必备，这也是南宋陈设瓷流行的社会基础。

礼仪下行与民间家庙兴起

祭祀仪式在中国有一个缓慢下行的过程，从神权社会由统治者垄断，到秦汉以后逐渐增加参与人员，随着唐宋皇权的"去神性"化，国家参与到对地方神灵的改造中。通过"造神运动"使江淮以南、以西等早期政治稀地，逐渐能接受到主流文化的影响，终于在南宋基本完成学术思想对社会意识形态的改造。这个过程与国家政治南向基本同步，家庙祭祖普及是儒学深入民间的结果，拟古瓷也因此成为时代文化的定格。

江淮的繁荣带动国家重心南向，环太湖区域聚合了重要经济产业，晚唐五代以后人口集中南迁，从皇室贵族、官吏、僧尼，到工匠、商人、士卒、农民，囊括社会各阶层。移民定居一般首选在已有一定经济基础、统治巩固、汉人占绝对优势的地区。宋太宗时曾置江淮、两浙发运使司，在淮南设局指挥东南六路的转运使，调运粮食至汴京，兼管茶盐、货币的政令及荐举官员等。正是由于唐宋不断向南开发，让江淮的民间意识形态与中原基本趋同，此后并以此为基础向更为深入的西、南方向进发，不断加强边缘地区信仰习俗的整肃策略，让全国文化面貌渐趋一致。

地方性的大型活动、祭礼仪式是政府与当地势力沟通的重要渠道，也是展示政治权力合法性的舞台。各地官员会直接组织参与地方性活动，如"祈祭由当地官民共同参与，地方长吏亲自主祭的仪典往往吸引许多观礼者，有时达数千人"[343]。在公共祈祭仪式中，官吏发言具有宣传政治要求并争取百姓认同的作用。唐末五代江南地方政权为将影响力深入下层社会，让官僚参与民间地方神灵的祭祀，强化本地祀神并有意"援神自立"，引发了南方一系列"封神"活动勃兴。这一传统延续到了两宋，皇帝下诏命祭的特定人物增加，以官方思潮在民间建设祠祀旌贤、劝忠，在朝廷与地方官联手中，民间好巫祀神之风大规模收编，持续的上下沟通，使民情与理政讯息能涌向中央。杂乱的地方性神祇多为皇权树立的新忠良所取代，祭祀中的神性化因素减弱，民俗与主流学术的忠孝观念渐趋一致。接近现实的"英雄人物"地位大增，激发着民间对祖先的自豪感，"家庙"观念这时进入史书视野。

三代之"庙祭"为集合性的皇家宗族祭祖处，筑于城内并以此形成城市核心，西周以王"族"与其所分裂出的"宗"，共同构成社会结构的基础。宗庙是由帝王家族分化而成的祖庙，"庙者貌也，刻木为主，敬象尊容，置之宫室，以时祭享，故曰宗庙"[344]。神权社会时"庙"有着比"殿"更重要的政治意义，贵族世袭地位与宗法制度直接相关，是参与社会利益分配权的直接证明，因此庙祭等级区别规定明确："天子七庙，诸侯五庙，大夫三庙，士一庙。"[345]到唐代设置祖庙仍有官阶限制："凡官爵二品已上，祠四庙。五品已上，祠三庙。六品已下达于庶人，祭祖祢而已"[346]，"唐开元礼明曰，冠者朝服见庙，无庙者见祖祢于寝"[347]。"寝"是在家族中开辟一个祭祀祖先的空间，说明庶人还不允许建家庙。随着唐末世袭贵族的灭亡，以世袭等级规范为目标的古礼法，不再能适应社会新兴的需求。

宋代社会的平等性实现，但礼俗文化变更有一定的时间差，到北宋末年《政和五礼新仪》推行才让"礼及庶人"思想逐渐成形。这时知识层对庶人家庙祭祖的探索，在理论建设上已相当完备。如张载（1020-1077）《经学理窟·祭祀》记："今为士者而其庙设三世几筵，士当一庙而设三世,似是只于祢庙而设祖与曾祖位也。……便使庶人,亦须祭及三代。"[348] 略晚于他的程颐曰:"后世在上者未能制礼,则随俗未免墓祭。既有墓祭,则祠堂之类亦且为之可也。"[349] 通过这一系列的思想推动,南宋时期家庙在民间开始普及。南宋以后相应的家庙规仪逐渐成形,理学成为国家学术正声,朱熹的理学地位,让《家礼》中的祭礼程序成为后世的教科书。他认为祠堂作为家庭祭告祖先的场所,最能体现"报本返始之心,尊祖敬宗之意",民间"冠婚丧祭,仪章度数者"皆为文中规范,这时"宫庐器服之制,出入起居之节,皆已不宜于世"[350],于是要建立新的礼仪规范。南宋的民间礼仪多有参照徽宗之法,"凡营居室必先建宗庙,凡造养器必先修祭器,庶羞不逾于牲牷,燕衣不逾于祭服"[351],皇家祭礼用品的典范号召力,成为民间祭祀设施、仪式的效仿对象。

国家"造神"运动是儒学对民间祭祀的重整,将以忠、贤思想树立榜样神圣化,填充入民间祭祀的神灵队伍。以神明的道德化来提升社会凝聚力,并深入到冠、婚、丧、祭等民间日常。通过赐封的神灵增加不仅规范起民间礼仪,这也是国家学术对佛、道、方术等民间信仰生存空间的挤压,随着统治深入,社会意识形态与主流学术愈见一致,陈设瓷因之逐渐成为时代特色。瓷器大量参与到祭祀礼器中,士大夫为其加入了华夏的德礼文化内涵,乳浊厚釉类产品因之而出。但低岭头窑区尚未完成最终定型,直到南宋官窑和龙泉窑才终于趋于完美。

南宋成为越窑的尾声

随着江淮可移动性收入的增长,吸引着高端知识人群向南方城市集聚,他们对社会整体审美风格有重大的影响力,北宋后期渐成的优雅精细,在南宋复古瓷上达到最佳体现。低岭头类型正向着精致留白的古典韵味靠近,对乳浊厚釉技术的研发让青釉色泽更类朴玉,在厚重平和中体现出矜庄持重的质感。士子将国学的文化设定参与其中，深堂琴趣、秋江暝泊的无画妙境成为寄托风雅的主题，将世风的浅淡与儒学的谦宽神气相合，成为此后主流瓷器风格的坐标。

随着阶层传承观念的宽松，礼器、陈设器全面下行，逐渐成为全社会皆可使用的物品。尽管南宋越瓷与主流审美取向相吻合，但上林湖质量上乘的瓷土资源最终无法支撑起大批量产出，政局的稳定、交通的顺畅，加之龙泉窑在丰富资源的推动下青瓷产业蓬勃发展，逐渐替代了越窑。两宋之际的越窑、龙泉窑，生产工艺都明显受北方青瓷影响，与中原战乱、汝窑停烧、大量高水平窑工注入江南有关。这时上林湖窑址数量从上百处萎缩到个位数，且产品明显委顿，而龙泉窑正是这时全面兴起，"江南则处州龙泉县窑，质颇粗厚。政和（1111-1118）间，京师自置窑烧造，名曰官窑（可能指汝窑）"[352]。庄绰（约1079-?）《鸡肋编》记龙泉"宣和（1119-1125）中，禁庭制样需索，益加工巧"[353]，说明在北宋末龙泉窑虽已与定窑、汝窑等一起成为官方烧造瓷器的窑场，但质量还不能满足高端需求。

南宋的龙泉窑区从龙泉金村扩展到大窑附近，窑址从个位数发展至数十处。产品从刻划花类发展为与乳浊釉类并行。到南宋中期乳浊厚釉产品才完全成熟，并成为时代最高等级产品。龙泉窑在北宋中后期与上林湖越窑共存，产品以刻划花为主特征基本叠合，明显有着来自工艺技术层面的互通。龙泉大量新设窑场的产品质量与老窑址接近，熟练窑工成规模的进入是必需的技术支撑。当汝窑技术人才南下时，处于快速上升期的大窑地区必然成为工匠首先考虑的去向，这时龙泉窑吸收的工匠应该相对多数，同时越窑产区的缩减也会导致工匠向新窑区迁移。龙泉的瓷土储量丰富且易于开采，相近的器物风格让它占领了越窑的市场份额。两处产品在起落时间上也正好交错叠合，龙泉窑不管是工匠技术，还是器物风格类型，都与越窑传承相关。

复古陈设器、礼器的流行，让青瓷以秘色表达的纯净通透釉色不再流行，礼器以瓷与玉的结合凝淀出"瓷德"的内涵，成为南宋的文化新需求，宋瓷从此参与到个人品行修为的语境之中。不仅全国名窑出现大量礼器、陈设器，各地方性小窑口中也全面仿制此类产品，窑区遍布带动起窑业管理更上台阶。

窑场管理机构在五代时的越窑就已出现，由于国家商业网络的崩坏，海运外销瓷成为吴越国收入的新来源，对其税收的需求促进了"省瓷窑务"的建立。随着宋代手工业管理的精细化，窑业也成为杂项税收的一个种类。税收的强化让制瓷业开始远离不计成本的时代，秘色瓷对胎土质量的高要求很难持续，这也是北宋中期越窑追求产量，使秘色瓷质量一再下降的一个原因。从南宋初年新产品的开发中，可见越窑技术力量仍雄厚，若这时开发新的瓷土资源，恢复高等级产品仍可期待。越窑不再开发新资源而选择大范围停烧，除了全国瓷器质量普遍提升，越瓷售价受到影响以外，我们试着从税收的角度来看越窑面临的状况。

税种增长与窑业机构设置

越窑自北宋中期以来一路下行，南宋时虽有宫廷需求的加持，亦无力回天，造成这一严重后果的重要因素是优质瓷土的枯竭，而沉重的税赋可能也是一个因素。要掌握国家对江淮地区整体税收的政策，方能还原出制瓷业所需承受的税收情况。

宋王朝将地主阶层与政权利益的捆绑，增加了民族凝聚力，但国家地、赋之权版籍混乱，有地无税、地多税少等现象频见。太祖曾经清查隐田以均田赋，当时目标着眼于税收，往往把逃亡户的田赋均摊给未逃亡户,这样必然加速大地主兼并土地。为增加农业税收曾用方田法对私有土地进行测量,并宣传"均税非以规利,而本以便民"[354],但方田均税触及大地主利益,加上河北、陕西等地试行过程中出现众多弊端,终于无法用农业政策革新来解决财政问题,只能开辟新的财税渠道以解财政所需。

加强经济繁荣地区的管控,使之成为杂项税收的主要来源,是朝廷增加赋税的有力手段。这时的两浙路已成为全国最发达地区,文化艺术、商品流通皆在此地汇聚流转,"赋敛烦重,可谓数倍于古矣"[355]。从经济最为发达地区多出"例只养二男一女,过此辄杀之"[356]的普遍现象,可见江南承担的赋税之重。

两浙路农、工、商业的繁荣

继五代钱氏集团对环太湖区域的全面开发,经由北宋政府的再深入,到南宋初年杭州已经具备了承载都城的经济实力。南渡政府的落定让通往杭州的交通沿线,都成为维系政府安危的要道,早期进入杭州的一些支路也开始被纳入行政视线。如位于西南的新安江有水路可达杭州,在南宋咸淳元年(1265),升严州为建德府,治建德县,辖建德、寿昌、桐庐、分水、淳安(淳化)、遂安六县。交通线路行政管理机构的设置,促进了沿线地区的经济开发。农田水利建设一直是政府投入的首要项目,杭州政治地位的上升,让政治力量向周边深山、河道支线不断延伸,政策的扶持让农产品发展进入突飞猛进的时代。

五代吴越国时就颇重治水,为宋代的开发打好了基础,如"钱氏时当置都水营田使,以主水事募卒"[357],曾募集七八千人,称为撩兵,专职治理太湖,并常为田事治河筑堤。营田军专兴水利而不打仗,使江浙地区七八十年中只有一次水患[358],保证了江南长时期的丰收。两宋国土捉襟见肘,对可用资源只能尽力开发,《禹贡》所说的两浙,属于古代的扬州,

伍 越窑的尾声:低岭头窑址

是"厥田唯下下"[359]，到宋代有了重大转变。是因国家大量的人力物力投入，"吴越闽蜀地狭人众，培粪灌溉之功至也"[360]。湖河之地逐渐被全面利用，仁宗（1023-1063）以后江淮地区围湖造田的规模越来越大。杭州西湖自真宗以后渐至淤塞，苏轼于元祐四年（1089）出任杭州知州，在《乞开杭州西湖状》记"自国初以来，稍废不治，水涸草生，渐成葑田"，"昔之水面，半为葑田，霖潦之际，无所潴畜"，政府虽规定"西湖水面，不许人租佃"，但葑田却"许请赁租佃"，致使西湖淤塞日益严重[361]。宣和中（1119-1125）尽籍湖田为官田计 2 267 顷[362]。经长期的国力投入，江南经济繁荣，如两浙路"有鱼盐布帛粳稻之产"；淮南东西路"土壤膏沃，有茶盐丝帛之利"；江南东西路"川泽沃衍，有水物之饶……岁给县官用度，盖半天下之入"[363]。

南宋江南围湖造田更盛，陈傅良（1137-1203）说："闽浙之土，最是瘠薄，必有锄耙数番，加以粪溉，方为良田。"[364]嘉定十五年（1222）"（鉴湖）今官豪侵占，填淤益狭"[365]，明州广德湖、镇江府练湖围裹状况与鉴湖类似。"浙人治田，比蜀中尤精。土膏既发，地力有余，深耕熟犁，壤细如面，故其种入土坚致而不疏"[366]。环太湖文化区的土地质量不高，依靠大量人力的投入才能提高农业产出。浙东水利建设在宋代富有成效，自杭州至绍兴、明州一带有许多湖泊，"湖高于田丈余，田又高海丈余，水少则泄湖溉田，水多则泄田中水入海"[367]。除改善水利围湖造田之外，政府还引进高产农作物，如占城稻的引入并一年多季，使产量大为提高。此稻因来自占城国（越南）而得名，其性早熟、耐旱，宜于高仰之田，"比中国者穗长而无芒，粒差小，不择地而生"[368]。真宗大中祥符五年（1012）"江淮两浙旱，给占城稻种，教民种之"[369]，派人到福建取得占城稻三万斛，并教民习种。

农业水利的投入让江南亩产大增。宋初亩产量一般地稳定在二石上下，这也是唐代的最高产量。仁宗时（1023-1063）亩产二三石。占城稻早熟且适应性强，北宋晚到南宋初已达到亩产三四石。南宋中后期两浙地区实行两作制，亩产量已高达六七石，这大约为战国时代的四倍；唐代的两至三倍有余。此外桑、茶、甘蔗等种植面积扩大。棉花的种植也正由南到北扩展，至迟南宋末已经到达两浙路一带[370]。这里成为两宋三百年农业生产最发达的地区，也是我国古代农业精耕细作、集约经营的一个典型。时人谓"自晋南渡之后，东南渐重而西北渐轻；至于宋，东南愈重而西北愈轻"，从此"陆海之利，今称江浙，甲于天下，关陕无闻；灌溉之利，今称浙江、太湖，甲于天下，河渭无闻"[371]。

南方耕田面积到宋代已超越北方，如唐代耕地为485万多顷，宋代为511万多顷[372]。宋之疆域比唐朝小得多，并以南地为主，可见土地开发的深入程度已超越唐代。北宋时东南六路每年供应中央漕粮600余万石[373]，江南西路占121万石，居第三位；南宋偏安以后粮食几乎全靠江西支持，其漕粮供应已占到600万石的1/3[374]。从"苏湖熟，天下足"的谚语中也能看到南方国土开发和经济进展。宋代农业税沿袭唐代两税法，南宋史家李心传记"唐之庸钱，杨炎已均入二税"[375]，宋在两税外又再次增收人丁之庸，为"庸外之庸"。此外对土地税收没有明显增加，"此特计其赋租以知顷亩之数，而赋租所不加者十居其七"[376]，"每三亩之地，止取一亩之税"[377]。马端临总结宋代"赋入之利，视古为薄"[378]，应该就是指农业两税。

农业亩产大增是精细化农耕的结果，这也说明劳动力的汇聚，两浙在北宋神宗元丰三年（1080）占全国总人数的12.3%；南宋宁宗嘉定十六年（1223）占总人数的17.5%[379]。两浙路土地尽管在垦辟比例上已居全国之最，但总面积在全国诸路中仍是较小的，地少人多问题始终严峻[380]。南迁定居人口对王朝政区的深入和稳定起着积极推动作用，但也造成了更大的生存压力。"江浙闽中,能耕之人多,可耕之地狭"[381],过剩的人口迫使劳动生产率提高,也为手工业发展提供充足的技术资源。在壅培灌溉甚勤的生产方式下有众多农闲时余出的劳动力,而粮食作物不能养活逐渐增长的人口,开发副业"垦山种果菜,渔海取鲑蛤之属以自给"[382]成为必然。商品粮的丰富是手工业精细化、专门化的前提,手工业与商业又互为动力,为税收细化打好基础。南迁人口在两浙路的绍兴、杭州等密集区生存困难时,会向山区等早期相对不发达地区拓展,先进的思想和技术也随之跟进。行政管控力量在向边区深入,消耗的社会管理资源也会增长,不断开发新成熟地区的税收渠道势在必行,在这样的循环因果中,西南地区加速汉化。

北宋初年就已开始了多项创收尝试,如"常赋外更为'博买务',禁民私市物帛"[383],在重赋外政权试图垄断收购民间物产,但很快遭到农民起义的打击。当时川峡地区的土地大多被官僚、寺观霸占,993年"王小波、李顺构乱于蜀"[384],暴动初期目标是反对人身奴役,到后期发展为"均贫富"的理想,起义虽在995年就被平定,但这也让大地主阶层的实力受到重击。如早期文献记录中"川陕豪民多旁户,以小民役属者为佃客"[385],起义后"旁户"这一名称就很少出现,国家"博买务"政策也不再敢实施。开发更为适合的税收种类与方式,成为政策的当务之急。

适合南方的税种在晚唐以后层出,五代吴越国对江南工商业的精细开发,新兴行业让税收门类更加多样化。到纳土归宋时,丝织业、酒业、茶业等项目都有了更为精细的税收规范,为国家重心南向铺平了道路。直到北宋庆历年间(1041-1048)朝廷仍推行抑商政策,官府垄断商业贸易经营,禁榷茶、盐、酒等高利润商品,严厉限制商贾私营。这样的政策不仅增加国家管理成本,对财政收入也无更多益处,于是欧阳修建议将"权商贾""通漕运""尽地利"共同作为充实财政、巩固国防的举措，在《通进司上书》中说："大国之善为术者，不惜其利，而诱大商，此与商贾共利，取少而致多之术也。"[386] 此后朝廷放宽商业禁法，促进手工业交流和商品经济繁荣，同时出台严格的税收策略，以保证"杂项"税的增加。经济策略的方向性调整，不仅是南方工商业发达程度的体现，也从一个角度看到政权对底层管理能力的提高。

宋代国家税赋总收入比唐代增加了10余倍，以太宗年间（976-997）的收入总额1 600万贯为基数，之后历代都有增长，仁宗（1023-1063）、徽宗（1101-1125）两朝是增加过程中的两个波峰，而南宋在这个基础上一再猛涨。两税在国家财政收入占比越见缩小，如北宋仁宗朝时还占56%左右，南宋时已下降为20.4%和15.3%[387]。从宋代亩产量增长中可以推算，农业税收入的绝对值一直处于增长状态，而两税占比却不断缩小，正说明开发了众多杂项税种。与北地单纯的农业收入不同，南地物产门类较多，税收种类增加需要建立在工商业飞跃性繁荣的基础上，同时也要不断加深税收项目的细化和严控。

两宋税收品类的增加

宋代延续唐代盐茶等税收策略，"国家岁用至广，两税之外，仰给于盐茗者为多"[388]，到南宋初年时"国家利源，榷茗居半"[389]。可见榷盐、酤酒等管理由来已久，但到两宋最为严格，不仅盐、茶、商、酒需要征收，织造、制瓷等手工业也为官榷所辖，其中酒、茶的税收增长最为明显。

酒业的管理从汉代就有，"榷酤"是指卖酒要经政府在各地设立的公卖局出售，汉昭帝时召开的盐铁会议，便废除了酒的国营专卖。在王莽六筦法中仍有盐铁酒酤之官卖、名山大泽布铜冶由国营的规定，但实施

伍　越窑的尾声：低岭头窑址

能力有限。北周之酒榷、市税及盐池、盐井之禁，隋开皇三年（583）已尽废除，无酒税。唐初亦不禁私人酿酒，广德年间（763-764）开始有榷酒之税[390]，五代吴越国对酒业也有管控。龙泉县的松瞿、小梅、松源一带位于边境，驻兵甚多，酒业早在那时就已实行"买扑"。买扑是酒税承包的形式，即私人自愿向官府提出承担某一特定地区的酒税，数量由官府规定，私人可在指定区域内酝酒酤卖，政府保证不让同行参与竞争。"榷酤甚获其利"，"龙泉县松瞿、小梅、松源三处酒坊，一年共趁办额钱一千九贯八百一十九文足"，"县民张延熙贪婪无识，遂入状添起虚额，买扑勾当"[391]。吴越国"榷酤"酒税，说明龙泉的产量和市场都具有相当规模。宋代酒榷以此为基础，且严格程度远胜于前，如在州府县镇"户私造差定其罪：城郭二十斤、乡间三十斤，弃市；民持私酒入京城五十里、西京及诸州城二十里者，至五斗处死"[392]，正如后人总结"史策所载历代榷酤，未有如宋之甚者"[393]。严格的管理措施使酒税大增：景德年间（1004-1007）商税450万，酒税428万，盐税355万，杂税合计1 233万贯。庆历年间（1041-1048）商税1 975万，酒税1 710万，盐税715万，杂税合计4 400万贯[394]。其中酒税增加了4倍。

饮茶、卖茶的记录出现较早，西汉的王褒在《僮约》（前59）就记有"脍鱼炰鳖，烹茶尽具"[395]之句。魏晋南北朝以后记录渐多，如"（谢）安既至，纳所设唯茶果而已"[396]。唐代饮茶习俗在全国逐渐普及，早期仍"南人好饮之，北人初不多饮。开元中，泰山灵岩寺有降魔师大兴禅教。学禅务于不寐，又不夕食，皆许其饮茶。人自怀挟，到处煮饮。从此转相仿效，遂成风俗"[397]。"开元、天宝之间，稍稍有茶，至德、大历遂多，建中以后盛矣"[398]。茶本为东南物产，安史之乱时茶事"遂多"，这与越窑开始兴盛的时间也基本一致，足见正是人口流动和政权的推进让南方特产得以大范围进入国家网络。建中四年（783）"度支侍郎赵赞议常平事，竹木茶漆尽税之，茶之有税，肇于此矣"[399]，这大抵是起征茶税的最早记载[400]。此时正是安史之乱后二十年，说明南方饮茶习俗向全国普及时，政府就已开始征收茶税。茶的产销已成规模且相对集中是控制并征税的前提。茶树喜湿润多雨的高地，与南方地理条件适应，"先春朝隮常雨，霁则雾露昏蒸，昼午犹寒，故茶宜之。茶宜高山之阴而喜日阳之早，自北苑凤山，南直苦竹园头，东南属张坑头，皆高远先阳处，岁发常早，芽极肥乳"[401]。饮茶习俗来自南方，陆羽所列的八个产茶区分别为：山南、淮南、浙西、浙东、剑南、黔中、江南、岭南全在南方，茶税自然也就是针对南方的税种。贞元九年（793）"税茶岁得钱四十万贯"[402]，到大中年间（847-859）"天下税茶，增倍贞元"[403]，说明晚唐茶利每岁约有80万贯。

宋时"茶之为民用，等于米盐，不可一日以无"[404]，"上而王公贵人之所尚，下而小夫贱隶之所不可阙，诚生民日用之所资、国家课利之一助也"[405]。饮茶习俗普及逐渐形成内涵丰富的茶文化，参与到文士"脂茶划荡墨索清"，友人"茶笋尽禅味"的风雅中，民间已然"尽日东风，荡飏茶烟"。产茶区域和产量扩大是茶税收入增长的源头。宋之榷茶始于太祖乾德二年（964）"八月置榷货务，置于京师及沿江，令商旅入金帛京师，执引诣沿江给茶"[406]。宋代分川茶和东南茶，这时开征的是东南茶利。有记载江西"南康军，同下州，太平兴国七年，以江州星子县建为军……贡茶芽"[407]，南唐是975年降宋，这次并不一定是入宋以后最早的贡茶记录。太平兴国三年吴越纳土后，中央政权很快开始对江南、两浙、荆湖园户所产茶均实施榷买"岁如山场输租折税，余则官悉市而敛之"[408]。熙宁七年（1074）开始了对川茶的征榷，"鼎澧归峡产茶，民私贩入北境，利数倍"[409]，川茶可用于"卖茶博马"[410]，取得更高利益，次年开始"茶马法"，由川陕都大提举买茶马司管理相关事务[411]。徽宗崇宁元年（1102）右仆射蔡京议大改茶法时说"祖宗立禁权法，岁收净利凡三百二十余万贯"，蔡京改专卖为茶引，省去了运输、销售各环节，"自茶法更张，至政和六年（1116），收息一千万缗，茶增一千二百八十一万五千一百余斤"[412]。

宋代对私茶管理相当严格，如"太平兴国四年诏，鬻伪茶一斤杖一百，二十斤以上弃市"[413]，这样的严控让太祖至真宗大中祥符的四十年间榷茶法最见成效。"神宗熙宁七年（1074）为三十万贯，以此为基数，宋神宗元丰五年（1082）以后，茶利为一百万贯，涨了三点三三倍，高宗绍兴（1162）后，为二百万贯，涨了六点六六倍"，而"宋高宗末年财政总收入为5 940余万贯，宋孝宗时为6 530余万贯。而这两代的茶利，分别占财政总收入的4.6%和7.2%"[414]。从这里来看绍兴十一年（1141）因议和而发生的岁币25万两的价值，南宋初年时"银一两准二贯三百文"[415]，25万两约58万贯，由政策调控的茶利收入约200万贯，要远高于岁币。同时岁币还可以在宋金贸易中得到补偿，仅茶叶贸易一项，金每年要向宋支付30万两银（一作70万两）[416]，可见茶利对国家财政的补充作用。茶利管理的细化让相应的管理机构逐渐健全，如在南方六路产茶区设提举茶事司，"湖南于潭州，湖北于荆南，淮南于扬州，两浙于苏州，江东于江宁府，江西于洪州"，各负责本路榷茶改法事宜[417]。从茶利收入的增长中可见茶产量的巨大提升。同时饮茶之风的普及必然加速制瓷业的繁荣，越窑的兴盛正处于唐宋饮食风格巨变的时期，器类与风格紧随着主流文化的需求。正如皮日休（838-883）《茶瓯》提到"邢客与越人，皆能烧瓷器"，茶具在酒具之后成为全国瓷器的重要门类。

除盐、酒、茶的官榷，渔业、丝织业等也纳入税收管理。晚唐五代移民浪潮推动了江南经济加速，尤其苏、杭被称为天堂，这里经济类作物繁多，丝织、瓷器等手工产业全面繁荣。两浙路水面丰富"会稽诸暨以南大家，多凿池养鱼为业……明年卖以输田赋，至数十百缗"[418]。如嘉定年间（1208-1224）的台州赋税收入中，两税正赋占比已不到25%，经总制钱、酒税约占35%，折帛钱约占40%余，说明两浙之地的手工业收益已远高于农业。锦丝是重要的经济产业，"东南诸路都盛产丝、绫、罗、绢，婺罗尤其是这一带著名的产品，就产量而论，两浙路大约跃居全国第一位。但在丝织技术上，还没有达到北方的水平"[419]。婺州自北宋以来一直是商品生产发达地区，多种收入渠道造就的婺州经济繁荣，催发了郑文融（1264-1353）"用货折租"缴税方法的出现。针对江南开发的这些新税目让南宋财政收入大增，建炎时（1127-1130）岁入不满1 000万缗，到淳熙内禅（1189）时已增至6 530万缗有余，这一数额比北宋最高岁入还超出1 700多万缗。高端手工业的繁荣，直接影响着国家税收的种类与方式。特别是用钱货折租方式的出现，能大量减省河道运力，为特色商品流通创造了更好的条件。

南宋时国土只是北宋的约四分之三，耕田数量显然少于北宋全盛时期，财政税收却增至北宋的408.1%至425%，并且税收主要出于南方各地，重税给南方民间带来了严酷的生存压力。税收在经济发达地区的管控相对严苛，这就是杀婴行为多出现在南方的重要原因。北宋末年全国人口已达1.2亿左右[420]，两浙、江东、福建等路更是地少人多，"浙间无寸土不耕"[421]。沉重的税赋使各地"杀婴"屡禁不止，且"江南尤甚"，如婺源"多止育两子，过是，不问男女，生辄投水盆中杀之"[422]；最为富庶的两浙路是重灾区，福建路也是宋人公认杀婴严重之地"闽人不喜多子，以杀为常"[423]。重税和人口的增长造成了南方许多地区民生艰难，政府加大对浙、闽工商业的扶持，增加国家税收的同时也为解决人口压力。发达地区的高额税收，让城市低端人口向更偏远的山地、荒林处深入，加快了对政治稀地的开发。扩大外销让沿海运输线沿岸的区制瓷业逐渐繁荣，促进了行政网络的覆盖和细化，两浙以外的福建、江西、湖南以至岭南地

伍　越窑的尾声：低岭头窑址　163

区，经济文化地位正是这样逐渐提升。

两宋除了唐代就已完善的盐税外，以酒、茶、商等杂项税收增长最多，不仅是对这些商品及其附属品的销售加强管理，加工饮食器具的制造业税收也全面普及。特别是南宋以后民间祭祀的广泛和仪式制度的宽松，让陈设瓷的需求大增，全国各大小窑址瓷器产量几何倍增长，在强化手工业、商业税收的大环境下窑业税收管理走向成熟。与制瓷业相关的税收细密繁复，遍及从原料到生产、运输、销售遍布各环节，且非一次性完成，因此设置相应的管理机构成为必然。

瓷窑务是窑场管理与税收机构

瓷业管理机构从五代吴越国就已开始，当时的窑务管理不仅只是税收，也参与生产经营管理。约乾宁三年（896）在上林湖设置了"省瓷窑务"，其下有直接管理工匠的作头、都作头，"作头或作官虽直接管理工匠，似乎还要同工匠一样从事劳作"[424]，他们都有自己的作坊，职掌不仅限于单纯的征税，还要管理瓷器生产。

"务"是中晚唐开始出现的财政机构名称，至唐末五代已在各地普遍设置有山场务、回易务、茶务、盐务、榷酒务、商税务、营田务、坑冶务等，管理相关行业的生产、经营、税收等。五代时设立的"省勾院""省回图库务"等均与赋税财利有关，"省"的头衔表明隶属于吴越国中央财政机构，不受地方州县管辖。"省瓷窑务"显示了对吴越政权的重要性，明显有别于同期曲阳县龙泉镇的"瓷窑商税务"，和宋初介休"瓷窑税务"等单纯征税的窑务机构，也说明了越窑的管理内容更多且地位更高。厉祖浩保守估算了当时"省瓷窑务"的官吏，总数可达40-50人，其中配置了完整的官属胥吏征税系统，包括向窑民征窑业税，向贩运商人征商税和设立作坊制瓷都是监窑的主要方式。"省瓷窑务"是宋代"越州瓷窑务"的前身,为窑务管理探索了经验,北宋太平兴国二年(977)上林乡设有"官坊",说明吴越纳土归宋时"省瓷窑务"还在运作,存续长达七八十年[425]。

宋代窑业迅速在全国范围内普及,各地商业性窑口如雨后春笋,海运外销也是产业飞升的主要动力。两宋贸易港口及海运线路附近出现了大量窑场,福建路的泉州、同安、南安、安溪、莆田等地制作的瓷器,多通过泉州港出口;两浙路武义、东阳以及周边州县的瓷器,则通过杭州、明州港出口。全国约17省130余县皆有瓷窑址分布,连当时生产落后的两广路也建有瓷窑,以仿制全国各大窑口产品为主,这类地方性小窑产量很大,精粗不同,并不追求高质量及创新品种,明显是为商业目标而存在。宋代制瓷业的高度发展也表现在瓷窑址规模的整体扩大,全国瓷器产量的巨大,大量的窑区催生相应的窑务管理机构。

不计辽国的幽京,史载宋设有"官窑""窑务""瓷窑务",监管的地区有以下十处:东京开封府;河东路汾州(山西汾阳市)介休县;河北西路定州曲阳县;京西路邓州(河南邓州市);两浙路杭州;越州;江南东路宣州(安徽宣城市);润州(江西镇江市);江南西路虔州;饶州景德镇[426]。当时瓷业管理中,有针对烧制、运输、销售、杂项等各方面的不同税种。

宋窑业相关税收的记录可以参照《元典章》的记载,"五月命官司和买诸物,亦依例收税,五年七月定磁窑以二八抽分著为例"[427],说明宋瓷窑是实行十分之二的税制。但宋代在窑税外新增的品种繁多,数量要远大于窑税本身。南宋时景德镇"窑之长短,率有甒数,官籍丈尺,以第收税"。即据窑室抛除"火堂、火栈、火尾、火眼"不装匣钵的地方,按各窑炉装烧量于"兴烧之际,按籍纳金"。出炉后再据瓷器品质,采用高低不同税率向各环节征税,"釉有三色,冒之者罚。凡利于官者,一涉欺瞒，则牙、商、担夫一例坐罪，其周防可谓密矣"。《陶记》记录南宋景德镇瓷场，除窑区烧造外还有多种税收项目："宪之头子，泉之率分，统制之供给，经总之遗用，州之月桩、支使、醋息，镇之吏俸、孤遗、作匠，总费月钱几3 000缗。而春秋军旅圣节、郊祀赏赉、试闱、结茸犹不与此，月需150缗。"[428]宋代瓷器不仅在生产环节上税，在流通运输、销售等各个环节也要多次交税，如"衢州至临安水陆之所经由，应税者凡七处"[429]，这样的情况下，瓷土加上运输中的税收，售价必然大增，再加上"一物而征之至十数次者，谓之回税"[430]，那么以周边采购再运输瓷土来恢复越窑生产就不可能实现。

除了"过税""住税"外，还有"抽税"，凡所征之物"有官须者十取其一，谓之抽税"[431]，还有许多临时性税赋。如"科配"就是按户口、田亩或区域责令摊派的临时税，由地方转运使完成。转运使在唐朝始设，宋朝沿袭，主要掌管各路财政，包含税赋、上供、州县之费、储积、帐籍等事，属于州县长官。唐代裴耀卿（681—743）就曾任江南淮南转运使，"耀卿躬自条理，科配得所"[432]。南宋初年祭祀用瓷"烧毁不存"后，绍兴四年（1134）"太常寺画图样制，下两浙转运司"，"所有陶器，乞下绍兴府余姚县烧变"[433]。宋代的常设管理机构"越州瓷窑务"，是由中央委任负责监管窑业，职责中本就含有窑业正常税收。而这次的"令绍兴府余姚县"制造祭器，注明由州县地方长官负责，那么在民窑烧制的这些贡瓷，性质应该也为科配[434]。临时性的税目应该远不止这次，在"下至果菜皆加税"[435]的两宋，政府在窑业发展中应该也颇有收获。

窑务管理机构不仅监管窑场设置、税收，对各作坊制瓷品质的管理应该也是其职责，这使宋瓷能保持相对较高的品质，甚至成为稳定物价的"硬通货"。

两宋时期的物价处于不断上涨之中，以宋初物价为基数，仁宗年间

（1023－1063）物价指数增至11.5倍，神宗朝因改革有所下降，徽宗朝又由低增高，麦和米的指数分别增至12倍和15倍[436]。王安石的变法救经济于水火，也开拓了众多财政创收模式，如神宗熙宁五年（1072）"在京置市易务官，……凡诸司配率，并仰给焉"[437]；次年"禁中卖买，并下杂卖场、杂买务"[438]等。全国各地相继有市易之设，熙宁八年越州置市易司（掌乘时贸易，平衡物价），对物价的调控手段虽不断加强，但效果有限。到南宋时土地兼并不断加剧，地租、政府赋税、地价亦随之达到顶峰，物价无法控制与铜币、纸质信用工具等的发行状态直接相关。

宋代地区间的商业繁荣让大量铜钱携带不方便，于是川峡诸路在北宋时出现"交子"，这是世界上最早的纸币，不久"以交子出多，而钱不足给，至价贱亏官故也"[439]。随着税收策略的改革，茶引、盐引、香药引、矾引等众多纸质信用工具丰富，每当财政困难时政府便加大信用票据发行，这样虽能迅速渡过危机，但也让票据信用度大为下降。地方政府在征税时为获得更多利益，以实物与货币不同的方式征收并赚取差价，这样的头会箕敛碾压让货币贬值的势头也日见汹涌[440]。宋代铜币的含铜量也不甚稳定，当含铜价值高于铜币面值时，便有人会熔币铸器牟利，钱荒时有出现；减少含铜量又会造成私铸的劣质货币大增，于是南宋政府采用了以楮币为主、铁钱为辅的货币政策。要使楮币享有高威信就须有等价值的铜或金银为准备金，这就是"子母相权"。政府为解决财政需求印行楮币过多，于是"钱荒楮涌，子母不足以相权。不能行楮者，由钱不能权之也"[441]。"楮不行而钱币竭，物踊贵而兵民贫"[442]，终于使物价脱缰。

南宋理宗朝（1225－1264）为应对通货膨胀和"钱荒"，发行钱牌，目前多出土于杭州附近，说明流通区域主要在以都城为中心的两浙地区[443]。在钱荒频出后，社会上出现"通货易以金银、缗钱、铅、锡、杂色帛、瓷器"[444]等物。高端手工业品可以与贵金属一起担当官府博买的"硬通货",说明丝帛、高端瓷在通货膨胀中不仅能保持价值稳定,且信用优良。从中可见窑务管理的强化,使宋代瓷器质量能长期稳定。

窑务管理虽保障瓷器品质,但强悍的窑业税也制约着越窑发展。北宋中后期的越窑虽大量外销,但产品质量的下降,不仅无法支撑产品开发,就连精细选择瓷土的成本也是压力。正是这样在秋水连天中离浮华渐远,不能与时尚接轨的器物风格,让其逐渐搁浅在世间风情之外,只能是民间日用的补充,终于连外销的出路也失去。南宋初年越窑由政府需求而复兴,但政权安定后对越窑的投资不再持续,加上重税的压力,终于在全国窑业大范围繁荣中,哀叹着无奈与不甘,如涓涓细流消逝于历史的广漠。"低岭头类型"尚未定型的"类玉"风格,在龙泉、杭州官窑得以延续,龙泉瓷丰富的资源使之成为继越窑后中国新的青瓷中心。

虽然南宋越窑的乳浊厚釉与秘色透明釉的外观完全不同,但知识层仍以"秘色"定义高品级青瓷,这时的"秘色"定义蕴含的文化意义已远超物质层面,成为士大夫对青瓷品性的精神认可。从此华夏端稳亲和的文化特色,隐显在乳浊厚釉绘制的如玉质感中,在盛唐雅宋之间绽放着东方古典的精致,秘色成为此后最高品质的青瓷代称,更是士子心中盛世"瓷德"的文化象征。

经过上林湖以上三个窑区的调查发掘,唐宋越窑的发展脉络已基本显现,但秘色瓷核心烧造区的真实面貌仍缥缈于晨雾。由于在历次调查中,湖边西岸发现的瓷质匣钵堆积最为丰富,这对找到秘色瓷核心烧造地起到了关键作用。在这里发现了后司岙窑址群,在这里,五代吴越政权以奋进之笔为"寻找秘色瓷"完美收官。

陆 发现秘色瓷：后司岙窑址

制瓷技术的飞跃性提升需要经济支撑和长期的技术研发，这约是越窑腾飞未发生在开元、天宝间的帝国辉煌处，而是安史之乱后才渐入佳境的原因。同样道理，秘色瓷也不是在越窑进入土贡名单后，就马上研发而出。从土贡开始到"咸通"一百二十年间，相对无忧的销量也助长了创新的惰性，直到晚唐运河成为不同势力争夺的重心，越瓷的北销受滞，才成为试烧新产品的动力。地方势力崛起，对本地资源的强化利用是小政权生存的必然选择，而越窑经过长期实力与技术的积累，也为工艺革新做好了积淀，这约是秘色瓷成熟于政治分裂期的一个原因。

　　高品质秘色瓷的集中烧造是在吴越统治的百余年间，基本用于政权间的交流和王族享受，也是重大文化活动中的礼制用器。目前未见其参与商品销售的痕迹，说明政治需求是其开发的主因。秘色瓷参与外交是以珍贵稀有而获得政治利益，其生产的精神文化意义要远高于经济价值，这就是吴越政权不惜收取重税，以倾国之力大量生产的原因。秘色瓷的出现也将越窑推向鼎盛，在青瓷繁荣的背影里，江淮小政权集中了华夏的宗教、文化势力，为两宋以后国家重心的南移夯实了基础，后司岙窑址正留存在这一时代记忆中。

图 6-1-1　上林湖后司岙窑址远景

晚唐五代的后司岙窑址

图 6-1-2　"殡于当保贡窑之北山"铭墓志罐

后司岙窑址群位于慈溪市桥头镇，上林湖中部的西岸，处于越窑遗址的最核心区域（图6-1-1）。从附近墓葬出土的墓志罐文字，也可证这一带曾经有贡窑。1971年在此窑址北边的吴家溪一带，出土一件光启三年（887）墓志罐，其上有"殡于当保贡窑之北山"之句，"当保贡窑"是指当地的贡窑（图6-1-2），语气中隐现居民对本地出贡窑的自豪感。由此墓志罐出土地点推测，后司岙窑场就是晚唐越州"贡窑"所在，且为民间共识。

窑场概况

后司岙窑区始烧于唐代晚期，止于北宋，基本与秘色瓷延续年代相始终，是秘色瓷烧造的核心窑场之一，这里完整展现了秘色瓷最繁荣时代的生产工艺和窑场格局。窑址发掘面积近1 100平方米，清理出龙窑炉、房址、贮泥池、釉料缸等丰富的作坊遗迹（图6-1-3），窑场以窑炉为中心布局。两条窑炉垂直相交，一条不到20米的新窑炉，除窑头部分淹没入上林湖水库中外，其余部分保存较好，保留了窑尾排烟室、多个窑门，窑炉两侧有多道挡墙等，有较完整结构。唐代窑炉多为40米以上，这条短窑可证当时窑区土地的稀缺，说明这时上林湖窑区的繁荣程度，这应该也是在上虞窑寺前等附近区域开发新窑区的原因。

窑炉使用砖坯砌筑，西边是丰厚的废品堆积，废品与窑炉之间使用多道挡墙隔离，挡墙用废弃匣钵叠砌。这与普通窑场以窑炉为中心、两侧均堆积废品的布局有明显区别。窑炉之东主要是作坊遗址，包括两座房址、多个釉料缸、贮泥池等。

高质量的瓷质匣钵是秘色瓷纯净青釉色的保障，胎土极其细腻坚致，与瓷器胎土一致。秘色瓷器烧制时放置瓷匣钵内，匣钵间的接口处刷釉收封（图6-1-4、图6-1-5），当窑温升高时匣钵内空气膨胀，由封口向外排出气体，温度下降时封釉回缩凝固，有效防止了外部空气进入，这样匣钵内部在冷却过程中会形成近真空的强还原气氛。如果匣钵密封性能不够好，冷却过程中的氧化环境会导致瓷器釉色发黄，因此陶质匣钵不适用于秘色瓷。烧成后要打破匣钵方能取出瓷器，一次性匣钵对瓷土的消耗量极大。高质量瓷匣钵碎片在后司岙窑区附近有大量堆积，说明秘色瓷集中出

图 6-1-3　后司岙窑场

图 6-1-4　后司岙窑址出土秘色瓷净瓶与瓷质匣钵

图 6-1-5　后司岙窑址使用瓷质匣钵装烧的秘色瓷盘

现的可能性非常高（图 6-1-6）。

在废品堆积中发现一瓷质匣钵碎片，其上刻有"罗湖师秘色椀"字样，这是首次在窑址中发现"秘色"字样（图 6-1-7）。在法门寺地宫衣物帐碑上也有"秘色椀"的写法，说明这是晚唐时通用的称谓。"罗湖师"可能是工匠的名与"职称"的结合。这一窑场有瓷质和陶质两种匣钵同时存在，两者的功用区别明显：粗陶匣钵装烧普通瓷器（图 6-1-8），瓷匣钵专烧秘色器。此六字刻在瓷质匣钵上，证实了瓷质匣钵是专烧"秘色"的窑具。

图 6-1-6　晚唐时期的地层

图 6-1-7　后司岙窑址出土"罗湖师秘色椀"匣钵

陆　发现秘色瓷：后司岙窑址　　175

图 6-1-8　唐代中晚期匣钵内单件装烧

图 6-1-9　"李"字款瓷质匣钵

图 6-1-10　"官"字款瓷质匣钵

同时也说明晚唐时"秘色"的称谓，不仅存在于文士贵族的书面用语中，普通窑工也清楚这一概念。

精瓷匣钵上常见有刻划文字符号，以姓氏为主（图 6-1-9），亦有纪年、器物自命名、吉祥语、"官"（图 6-1-10）等字样。对刻有纪年的瓷质匣钵按所在地层的数量分析，有"大中"纪年（847-860）的地层，瓷质匣钵开始出现，但普通的粗胎匣钵仍在大量使用。此后瓷质匣钵比例不断提高，到了有"咸通"纪年（860-874）的地层，瓷质匣钵已占相当比例。而在"中和"纪年（881-885）地层，瓷匣钵已完全取代粗质匣钵成为主流。这个面貌一直持续到五代中期，五代晚期瓷质匣钵的颗粒开始变粗，密封性有所下降（参见图 4-1-4）。据此可以确定大约在"咸通"前后秘色瓷产品基本成熟，并开始大量生产，"中和"年前后达到鼎盛，持续至五代中期之后质量有所下降。

废品区有厚达 5 米多的堆积（图 6-1-11），出土大量晚唐至五代时期越窑最高等级的青瓷碎片,其中秘色瓷比例高、质量精、种类丰富(图6-1-12、图6-1-13),可以确定此区域为秘色瓷的核心烧造地。在对其周边进行调查后,发现很难再找到如此密集的秘色瓷产区,说明这里曾是秘色精品的核心产区。绝大多数器物为满釉单件仰烧(图6-1-14),装烧时器物与匣钵之间使用多个泥点间隔(图6-1-15)。少量器物为覆烧,覆烧器使用环型匣钵。以M型与直筒型匣钵直接叠烧最为常见。而净瓶需使用特殊的喇叭型匣钵,此类匣钵目前仅在这一窑场有发现。

图6-1-11 后司岙窑址地层堆积

图6-1-12 后司岙窑址地层中瓷质匣钵与秘色瓷

陆　发现秘色瓷：后司岙窑址　　177

图 6-1-13　后司岙窑址出土各种秘色瓷器

图 6-1-14　满釉秘色瓷底部泥点

图 6-1-15　瓷质匣钵与秘色瓷之间泥点

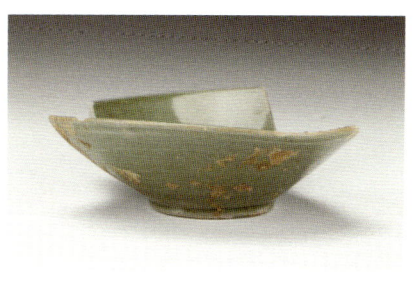

图 6-1-16　后司岙窑址出土秘色瓷碗

图 6-1-17　后司岙窑址出土秘色瓷盘

图 6-1-18　后司岙窑址出土秘色瓷盆

图 6-1-19　后司岙窑址出土秘色瓷盏

图 6-1-20　后司岙窑址出土秘色瓷盏托

秘色瓷的产品种类相当丰富，以碗（图 6-1-16）、盘（图 6-1-17）、盆（图 6-1-18）、钵、瓶、盏（图 6-1-19）、盏托（图 6-1-20）、盒等为主，亦有执壶、罐、渣斗、碟、炉、盆、盂、枕（图 6-1-21）、八棱净瓶（图 6-1-22）、扁壶（图 6-1-23）、套盒等，每一种器物有多种造型，

陆　发现秘色瓷：后司岙窑址　　179

图6-1-21 后司岙窑址出土秘色瓷枕

如碗有花口高圈足碗、玉璧底碗、玉环底碗、盏（图6-1-24）等，瓶有八棱净瓶、圆腹净瓶等，盘有花口平底盘、花口高圈足盘等。胎呈青灰色，质地细腻纯净，完全不见普通瓷胎上的铁锈点等杂质（图6-1-25），胎体表面打磨光洁，不见明显的拉坯痕迹（图6-1-26）。

图6-1-22 后司岙窑址出土秘色瓷八棱净瓶 　　图6-1-23 后司岙窑址出土秘色瓷扁壶

图6-1-24 秘色瓷不同器型盏

图6-1-25 普通青瓷与秘色瓷胎
（下方两件为秘色瓷）

图6-1-26 秘色瓷制作工艺

釉呈透明的青色，不再淡黄青绿共存，施釉均匀，釉面莹润肥厚，达到了透明类冰、薄如蝉翼（图6-1-27）的效果。秘色瓷较唐代越窑普通器物胎体更薄，器型整体趋于轻盈，均为素面，器型上多出现模仿金银器特征，如盘的花口、壶的瓜棱腹、高外

图6-1-27 秘色瓷釉

撇圈足等，但纹饰花样较金银器简洁很多，应该是对清淡洁净文化追求的表达，整器以线条流畅与釉色透明取胜[445]。

与秘色瓷实物遗存对照

后司岙窑址出土的秘色瓷碎片，与唐代法门寺地宫中所出，以及五代吴越国钱氏家族墓中的秘色瓷，不仅在器型、胎釉特征上十分接近，

陆　发现秘色瓷：后司岙窑址　　181

而且装烧方法亦几乎完全相同，其中八棱净瓶的烧制目前仅见于后司岙窑址中。

在钱镠母亲水邱氏墓中三件组合的大型器物：薰炉（参见图2-1-6）、长明灯（参见图2-1-7）、盘口壶（参见图2-1-8），器型巨大，装饰有褐色卷云纹的彩绘，迥异于一般器物，为至今越窑产品中所罕见。与之相类的是钱镠儿子、吴越国第二代王钱元瓘墓，出土器物有少量的细划花、浅浮雕及凤首状装饰（图6-1-28），为仅见。这类物品很大可能是为他们专门定制的，胎质、施釉等制作工艺均是秘色瓷制法，只是釉色有所差别，这要从越窑的装烧工艺中寻找原因。

慈溪附近瓷土的铝含量不高，高温下胎体较软，瓷质匣钵过大时就会强度不够，这也是越窑很少出现大型器物的原因。同样是本地的瓷土，在原始瓷和早期越窑青瓷中却多有大型器物，是因为瓷土的细腻程度增加，胎体颗粒含量越少，高温时就会越缺乏支撑力，上林湖越窑一般稍大的器物底部，会加一层颗粒较粗的底面，就是为增加加热过程中的强度。水邱氏墓大薰炉的顶部应该是置于瓷匣钵内烧成，釉色达到了秘色的青绿，可能是由于炉身过于庞大，没法密封入瓷匣钵，只能用粗质耐火的陶质匣钵装烧，在密封程度上会较瓷质匣钵有欠缺，釉面因此有氧化变黄现象。

秘色瓷出现是越窑进入鼎盛的标志，不仅代表了传统青釉的最高水平，也是制瓷技术上的巨大

图6-1-28 钱元瓘墓出土秘色瓷罐

突破，"秘色"创造了透明青釉无法超越的顶峰。后司岙窑址代表了这一时期最高制瓷水平，以天青色为特征的秘色不仅是制瓷史上的一大飞跃，同时也成为此后高等级青瓷的代名词，影响到后代包括汝窑、南宋官窑、龙泉窑、高丽青瓷等青瓷名窑的定色标准。秘色瓷主要出现在与宫廷密切相关的遗址、墓葬中，如唐代皇家寺庙法门寺地宫、大明宫遗址、五代吴越国钱氏家族墓葬等。另外在五代的地方割据势力的政治中心也有少量发现。

秘色瓷在盛唐审美的基础上，开始着重彰显南方的清丽精练，与"古文运动"拒绝繁缛的文风相呼应，贴合着晚唐趋向简约的文化需求。唐末五代对统一稳定的渴望逐渐转化为怀旧的主题，以雅淡之趣为尚，不论人性还是艺术都走向平淡。以练达的透明薄釉表现胎体的纯净和线条的流畅圆润，整器造型较晚唐更为轻盈，青翠釉色薄笼如烟，润泽出平和怀旧的主题。人工的作用仿佛只为显现隐藏于泥土的本来细节，从中找寻天然的理意筋骨并加以定型，清谧古雅与大气豪迈相得益彰，臻于成熟的南地艺术希求豁然而出。在日用品中结合陈设器的幽远，与之静处，如远观渐行渐远的盛唐激越，一时间拥有越窑秘色器成为士人追慕的风潮。

上林湖无以胜数的瓷片从阳光中斓煽的光影中，映射出吴越国的百年惊涛。秘色瓷创烧成功时适值战乱，此后的江南在吴越政权统治下相对安定，经济、文化都达到了前所未有的高度。秘色瓷的一器难求让越窑也随之为世人瞩目，越窑是技术输出型窑场，对国内、国外的制瓷业都具有绝对基础性的影响力。不仅浙江省内的德清窑、瓯窑、婺州窑、龙泉窑等窑场对其仿效，省外的洪州窑、耀州窑、汝窑等，甚至国外的高丽青瓷等亦深受其影响。吴越国时的制瓷业与经济文化繁荣互为因果，共同维持了秘色瓷的百年繁盛。

吴越国与秘色瓷

安史之乱后地方政府开始自行委任官员，甚至调动本地资源不必再获得中央许可。晚唐威胁中央政府的军事势力主要来自河北藩镇，中央财政几乎完全依赖南方供给，因惧怕加强驻军会引发南方军阀的割据，所以南部驻兵较少，只派遣官员与地方势力共同参与统治，这一状态持续了百余年。

到黄巢之乱（878-884）时，由分居长江两岸的高骈（821-887）和周宝（814-887）掌控江南。周宝为镇海节度使兼南面招讨使，中和二年（882）进同中书门下平章事，兼天下租庸副使，封汝南郡王[446]。越窑青瓷在唐代中期就成为土贡中的重要门类，周宝身兼晚唐的租庸副使，向朝廷运送越州土贡为其本职。从后司岙窑址堆积来看，有"咸通"（860-874）纪年的瓷质匣钵已占相当比例，说明秘色瓷这时已在增加产量，上贡朝廷的青瓷中应该不乏其身影。法门寺最后一次开启在咸通十五年（874），从《衣物帐碑》与秘色器实物的对比中发现八棱瓷瓶是秘色器但未出现在碑文中，可能不是同一次供佛之物，由此说明秘色瓷在这之前就已得到皇家喜爱。周宝之后的越窑一直处于吴越割据势力范围，到北宋初年纳土归宋（978），这是秘色瓷集中产出时间，越窑技术的飞跃性进步出现在这时并非偶然。

每当国家处于集权统一时，中央政府关注的是辉煌的文治武功，粲然可观的典章制度，规模巨大的建设工程。统一王朝的政治、文化以至经济中心多在首都及少数重镇，关注点往往集中在对全国影响较大的地区和事务上，对偏远的地方性的经济、文化发展不太会提上朝纲日程，这就是隋到盛唐南方腹地远离中原主干交通线，发展速度相对缓慢的原因。但到了政府分裂期间，地方性小政权须自立自存，不得不勉力开发一些道路河渠等工程，以促进当地经济发展[447]。吴越地方势力为了充分利用资源，必然只能从加大本土工商业的开发入手，不仅要使经济网络密布于本就不大的辖区，还要将技术资源开发到极致。中唐以后越窑瓷器可经运河输至中原，晚唐全国性运输网破碎必然影响北地的销路，这时除去开发产品销售渠道外，研发新产品还能以珍贵稀有参与到周边政权的交往之中。越窑开始加大向海外市场出售，经济收入增长能支持新产品的研发，秘色瓷正是在这样的政治需求中成熟，以钱氏家族主政期间产量最为集中。

吴越立国

唐代中后期中央针对南方的税收门类较之前更为发达，可见江南产业质量的提升，同时驻军稀少也让逃避税收的各类民间组织逐渐壮大。安史之乱后为筹军费不得不允许地方自征商税，建中（780）后虽已罢免此项措施，但地方商税仍屡征不止[448]。贞元四年（788）后淮西节度使奏加民间盐赋，江淮豪贾亦向民间加倍收费，民怨遂生。致使晚唐"亭户冒法私鬻不绝，巡捕之卒遍于州县"[449]。唐代的茶、盐、酒、商各税中，茶、盐由中央财政三司总领，酒、商之税由地方经营。茶、盐早期由度支、盐铁监院直接掌握，但随着中央对专卖权控制力的削弱，晚唐茶、盐经营权多归于地方。这无形中给了地方政府更多的经济自主空间，处于分裂割据态势下的地区政府需充分开发经济力量，才能保障不被周边政治势力吞没。茶、盐、酒、瓷、丝等皆是吴越小政权扶植壮大的重点，其中盐利最丰，民间私盐屡禁不绝。

黄淮人口稠密，政府压榨颇深，晚唐当地自然灾害频发，这些都加速了民众的流离，一些强壮的流民常出没于荒野之间，以成为盗匪、私运官府控制商品等为生。这一带正是重要产盐区，商人抬高盐价，巡吏多而伤财，盐政遂坏[450]。"伏以私盐厚利，煎窃者多，巡院弓矢力微，州县人烟辽复，若非本界县令同立堤防，煎贩之徒，无由止绝"[451]。私盐运到偏远之地获利颇丰，"江岭去盐远者，有常平盐。每商人不至，则减价以粜民，官收厚利，而人不知贵"[452]。贩盐团体为对付政府镇压或途中遭遇劫匪，会携带兵器以自卫，逐渐形成强大的武装组织，甚至称霸一方。朝廷对南方财富的掠夺性收缴，使地方政府没有财力组织常规军，于是盐霸、乱匪、山贼横行于野。后来的吴越国主钱镠（852-932）便在这种环境中成长，"及壮，无赖，不喜事生业，以贩盐为盗"[453]，后为地方势力招募参军，并逐渐壮大。

晚唐两浙民间武装力量应运而生，据罗隐（833-909）记："黄巢之将叛也，天下骚动，杭之豪杰，举挺以卫乡里者八人，故立八都之号。"[454]当时"杭州山贼朱直为乱，遂募八县乡兵以讨之，因为八都，临安董昌首之"[455]，乾符二年（875）浙西镇遏使王郢拥兵作乱，攻掠数州，地方豪强董昌招募乡勇平叛，因功，升任石镜镇将。中和年间（881-885）董昌入据杭州，自称都押司。时任镇海节度使的周宝已无力控制局面，只好表请董昌为杭州刺史。光启二年（886）董昌率军击败进攻杭州的义胜军节度使刘汉宏后，兵力渐强，不久董昌赴越州就任义胜军节度使、检校尚书右仆射。他为政廉直公正，百姓安居，在坐拥江东之时，正逢秘色瓷技术成熟，后司岙窑区位于越州辖区，董昌大量向中央纳献贡赋，秘色瓷应该也是其中珍赏。晚唐"天下贡输不入，独昌赋外献常参倍，旬一遣，以五百人为率，人给一刀，后期即诛。朝廷赖其入，故累拜检校太尉、同中书门下平章事，爵陇西郡王"[456]。大量贡品换来中央政府对其不断提升，也使他的权力欲膨胀。乾宁二年（895）"昌遂自称皇帝，国号大越罗平，改元顺天"[457]，同年朝廷封钱镠为浙东招讨使，令其讨伐董昌。

钱镠于乾符二年（875）应董昌招募而投军，跟随其平定王郢之乱，他的加入使董昌实力大增，迅速发展为八都中实力最强的一支。乾符五年宣州（今安徽宣城）、歙州（今安徽黄山）一带群盗蜂起，"镠率兵讨平之，以功授石镜镇衙内知兵马使，迁镇海军右职"[458]。光启二年（886）董昌占据浙东，自称"知浙东军府事"，将杭州让于钱镠[459]。盛唐以后的江南以扬州为盛，曾是全国性的经济都会，苏州、越州次之，唐末扬州、苏州均遭割据战火，越州僻处东南反成为第一等经济都市。其时越州为节度使州，杭州只是普通支郡，这应该是董昌愿意离开杭州，选择越州作为根据地的重要原因。

董昌离开后，钱镠将八都兵统于麾下，成为其立国的基本军事力量。景福二年（893）升任苏杭观察使，唐昭宗拜钱镠为镇海军节度使、润州刺史，承认了他对浙江西道的统治权，乾宁元年（894）钱镠获赐同中书门下平章事的宰相荣衔，成为使相[460]。次年董昌叛唐称帝后，钱镠受诏讨伐，896年灭董昌后被封为镇海、镇东节度使，乾宁四年称越州为东府，902年封越王，"仪卫名称多如天子之制，谓所居曰宫殿，府署曰朝廷，教令下统内曰制敕，将吏皆称表疏……置百官，有丞相、侍郎、郎中员外郎、客省等"[461]，到后梁的龙德二年（922）封为吴越国王。

钱镠在位四十一年，保境安民、经济繁荣，渔盐桑蚕之利甲于江南；文士人才荟萃，学术、艺术也同时著称于世。成就了"桑麻蔽野""青巷摘桑喧姹女"的繁盛，从此江南成为"丝绸之府"。他兴修水利，鼓励垦田，吴越"境内无弃田"，岁熟丰稔，由是"钱塘富庶盛于东南"，自此两浙地区逐渐开始与中原核心区经济文化地位接近。长兴三年（932）钱镠去世，子钱元瓘继位，他着力于发展与日本、朝鲜半岛等各周边国家的友好交流。天福六年（941）元瓘死，第六子钱弘佐14岁继位，多次下令减免赋税"以宽吾民",弘佐开运四年(947)卒,元瓘第七子钱弘倧嗣位,弘倧与兵部尚书胡进思不和,导致继位半年就遭权臣胡进思废王,乾祐元年(948)元瓘第九子钱弘俶(929-988)嗣位。

自董昌离开杭州钱镠实际掌权(886),至太平兴国三年(978)纳土入宋止,吴越之地由钱氏家族统治了90余年,历三代五王。地域极盛时辖杭、越、湖、苏、秀、婺、睦、衢、台、温、处、明、福十三州,另设有镇海、镇东、中吴、宣德、武胜、彰武等节镇。在钱氏家族实际统治期间,太湖流域圩田兴起,越窑发展至鼎盛,浙江作为全国经济重心的地位开始形成,"杭州在唐,虽不及会稽、姑苏二郡,因钱氏建国始盛"[462]。五代时这里政治稳定、经济发达,无论是南北各道还是州府的人口比重,南方都已占有优势。这个变化大体自安史之乱开始,至五代完成,中国古代人口的分布格局,至此便成为一个不可逆转的态势[463]。当宋代再次统一时,江南已经成为全国经济、文化最发达的地区。

钱氏"以一隅捍四方"[464],所辖州县必然要修其职员,交纳贡赋,有记载"自镠世,常重敛其民,以事奢僭,下至鸡鱼卵鷇,必家至而日取"[465],但"王居处务期节俭,衣衾杂用细布,常膳惟瓷漆器",说明其重税多用于发展经济与小政权的立足。钱镠遗言"子孙善事中国,勿以易姓废事大之礼"[466],表达出钱氏政权生存的根本,在于对中原政权的礼敬和邻邦的牵制。此后的吴越国一直深谙小国生存之道,忍辱负重,皆"尊中国,效臣顺;及其亡也,顿首请命,不烦干戈"[467]。这一国策使两浙地区免于兵革,成为全国最为安定平稳的政区。在与周边众多小政权的沟通中,越窑瓷是交流物品的重要门类。

吴越国与各政权间的交流

在五代重新形成的政治平衡中,中原地区以前后继替的五代王朝为核心，它们分别为后梁、后唐、后晋、后汉、后周；其次实力自保有余的，是居于南方的吴－南唐政府；较之再弱的是南唐周边的小国：吴越、楚、闽，这些小政府为免遭近邻南唐的侵吞，都向居于中原正朔的五代王朝称臣；此外中国范围内还有南平、南汉、前蜀－后蜀、契丹等多个边缘势力，因各自地域的交互因缘，各政权在战争、结盟的转换中保持着脆弱的动态稳定。其中以中原王朝、南唐和吴越、闽、楚构成一个相对稳定的三角平衡[468]。吴越地区早期最大的威胁便是来源位于西北的杨吴－南唐政府。

晚唐时僖宗以高骈和周宝为江南要员，高骈以扬州一带为重心在淮南"传檄征天下兵"[469]，一时间声威大震，僖宗接连进拜他为检校太尉、东面都统、京西京北神策军诸道兵马等使，封渤海郡王。光启三年（887）其手下的毕师铎联合诸将攻扬州，高骈为毕师铎所杀，时任庐州刺史的杨行密赴扬州救主，未抵时城已陷，于是击败师铎后再招降宣州，朝廷只好下诏以杨行密为宁国军节度使，自此成为专擅一方的藩镇，这就是杨吴政府。晚唐新兴藩镇"皆自擅兵赋，迭相吞噬，朝廷不能制"[470]，至唐乾宁四年（897）朱温（852-912）分兵两路大举南侵攻吴，皆败，此后"行密由是遂保据江淮之间"[471]。天祐二年（905）杨行密去世，长子杨渥（886-908）继位，两年后吴国大臣徐温发动政变大权旁落，天祐十二年徐温受封齐国公，兼任两浙招讨使，开始镇领润州（今江苏镇江）。又两年徐温迁治金陵，其子徐知训被朱瑾杀死，养子徐知诰从润州先入广陵，得专政事。吴越国与两淮攻伐多年，在919年的无锡之战后，应吴国齐王徐温要求，两国修和。顺义七年（927）徐温去世，养子徐知诰继位，并恢复原姓改名李昪，建立南唐政权。

之后的南唐一直是吴越国发展中最主要的强敌，为生存钱镠制定尊崇中原、连横诸藩、对抗淮南的基本国策。吴越国西、北二面被南唐包围，

陆　发现秘色瓷：后司岙窑址　　189

南面的闽实力相对较弱是联合对象，东面滨海为直接的外交通道。吴越政权通过海路与契丹往来，这时的越窑瓷器在契丹墓中常见，如"内蒙古辽会同五年（942）墓，出土青瓷葵口碗、平口碗、四系罐各一"[472]。"北京辽应历八年（958）墓，出越窑莲瓣纹青瓷碗等"[473]，"赤峰辽历九年墓，出越窑青瓷碗、盏、碟等"[474]。此外辽太祖立国第九年（915）到太宗会同六年（943），吴越至少10次遣使入贡。如神册元年（916）"六月庚寅，吴越王遣滕彦休来贡"[475]；神册五年"吴越王复遣滕彦休贡犀角、珊瑚，授官以遣"；天赞二年（923）"梁遣使来聘，吴越王遣使来贡"[476]；会同六年（943）"三月己卯朔，吴越王遣使来贡"[477]。契丹势力一直制约着中原政权灭吴并蜀、统一南方，到辽太宗耶律德光（902-947）后期内乱不止，对中原的威胁才开始削弱。朱梁之世（907-923）吴越国与契丹往来最为密切，其次为石敬瑭的后晋时期（936-947），这些时段正逢中原王朝与契丹交好时期，可见吴越始终尊奉中原为正朔，对契丹的好恶完全跟随中原的外交态度。

吴越与中原王朝的联系多通过东面的海路，"镠虽季年荒恣，然自唐朝，于梁室，庄宗中兴以来，每来扬帆越海，贡奉无阙，故中朝亦以此善之"[478]。秘色瓷只在高等级阶层间流通，出现之地应该就是政府交流的印记，天祐四年（907）朱温通过禅让，夺取了唐昭宣帝位，建国号梁，这是五代的第一个王朝，唐朝自此正式宣告灭亡，后梁（907-923）只存在15年，且疆界始终不稳。虽与后梁秘色瓷相关的记录很少，但梁给蜀的赠品中发现有秘色瓷的记录，如乾化二年（912）二月"帝闻歧、蜀相攻，辛酉，遣光禄卿卢玼等使于蜀，遗蜀主书"[479]，并赠宝物，蜀王王建（847-918）的回信中，提到"金棱含宝椀之光，秘色抱青瓷之响"[480]之句。此时正是吴越国秘色瓷生产之高峰期，其应该是吴越与朱梁交往时的重要器物，而朱梁亦作珍宝赏赐四方。此外还在广州市区五代南汉国王宫的遗址中，发现有众多的五代瓷，其中也有少量秘色瓷碎片（图6-2-1）。南汉是五代割据岭南的独立王朝，前后经历55年（917-971），其疆域最大时包括今广东、广西、海南三省及湖南、贵州、云南的一部分，这里是岭南地区继南越国后，第二个相对强大的地方政府。

图6-2-1 广州南汉国王宫出土秘色瓷

文献记载中吴越国向中原贡奉秘色瓷的记录颇多，"当朝廷多事之际，天锡充给，实有赖焉"[481]，"每陈贡输，常逾万亿"[482]，欧阳修称"当五代时常贡奉中国不绝"[483]。"宝大元年（924）……秋九月，王遣使钱询贡唐方物，银器、越绫……秘色瓷器"[484]；后唐"清泰二年（935）……杭州钱元瓘进银绫绢各五千两匹、锦绮五百连、金花食器二千两、金秘色瓷器二百事"；后晋天福六年（941）"十月己丑，吴越王钱元瓘……辛卯，又进象牙、诸色香药、军器、金装茶床、金银棱瓷器、细茶、法酒事件万余"；次年十一月，"两浙钱弘佐遣使进铤银五千两……及秘色瓷器"；后周广顺二年（952）十一月甲寅，"两浙钱弘俶遣判官贡奉御衣、犀带……秘色瓷器"；次年十一月乙亥，"两浙钱弘俶贡谢恩绫、绢二万八千匹……瓷器"[485]。

吴越历代国王先后尊奉中原五代和北宋政权为正朔，接受其册封并遣使进贡以求庇护，不仅贡奉不断，也采用中原王朝的年号纪年。如钱镠天祐四年（907）四月用后梁年号；923年用后唐年号；948年用后汉年号；951年用后周年号；直到960年用宋年号。最后一位吴越王钱弘俶，因避宋太祖父亲赵弘殷名讳，入宋时便称钱俶，这正是吴越国尊崇中原正朔的明证。宋王朝已形成统一趋势后，钱氏政府更是"竭十三州物力以供大国"[486]。钱俶倾国以事贡献，上贡瓷器数量此期激增："开宝二年（969）秋八月，宋遣使至……是时，王贡秘色窑器于宋"[487]；开宝六年二月十二日"进长春节浑金涂银狮子一对……金棱秘色瓷百五十事"；开宝九年六月四日"瓷器万一千事，内千事银棱"[488]；太平兴国三年（978）三月，俶贡"越器五万事……金釦越器百五十事"[489]等等。在与中原各国的交往中能看到，后周以后贡瓷数量大增，这与后周世宗攻占南唐，得江北、淮南十四州，将运河线路重新打通后的水道恢复效能应该大有关联，这以后越窑瓷大量北运才成为可能。

瓷器在长途运送也易被"擅留"为私物，这一现象唐代就有，如"唐天下诸郡每年常贡"多有"以官物充市"[490]，德宗时就出现"户部钱物，所在州府及巡院皆得擅留"[491]。五代北宋此类记录更丰富，"五代疆境逼蹙，藩镇益强，率令部曲主场、院，其属三司者，补大吏以临之，输额之外亦私有焉"[492]。"开宝五年（972）率汴、蔡两河公私船，运江淮米数十万石，以给兵食。是时京师岁费有限，漕事尚简，至太平兴国初，两浙既献地，岁运米四百万石，所在雇民挽舟，吏并缘为奸，运舟或附载钱帛杂物输京师，又回纲转输外州，主藏吏给纳邀滞，于是擅贸易官物者有之"[493]。中央管理力量的缺失，让秘色瓷部分流入官僚手中乃至民间。

在钱王善事中国、保境安民的基本国策指导下，吴越国十分重视制瓷业的发展。入宋以后运河沟通着汴京与江淮两个核心，货畅其流。越窑在吴越国的政治、经济、外交等方面发挥着无法磨灭的作用，支撑起江南经济的半壁江山。正是因吴越国的外交需求，在上虞早期越窑的旧窑区另辟了新窑场，上虞的窑寺前窑址在唐末五代时重燃窑火，并且普遍质量极高。北宋早期有一部分秘色瓷产品，质量较后司岙核心窑区稍差，应该是为分担上林湖窑区繁重生产任务而重启生产的。

精品秘色瓷不仅是唐末、五代吴越国向中原王朝的上贡品，也是北宋早期宫廷用瓷的主要来源。越窑便是在如此世风下迎来了发展顶峰，秘色瓷以素心清浅入眸，静谧在山水迷蒙的流年转换中，见证南方小国夹缝间百年辗转腾挪的悲喜。同时它也参与到吴越的文化建设之中，在国家祭祀、宗教仪式等重大礼仪活动中，具有礼仪的象征意义。

秘色瓷的礼仪性

吴越经济繁荣必然带动文化发展，钱镠不仅能征善战也以擅长草隶而蜚声中原，其诗文亦多显英雄气概，其后代诸王亦文采不让。王族超高的文化素养使国人竞相争学，一时间吴越国成为各类宗教门派、学术思想的融合汇聚地。吴越国激励人才汇聚，并以学术力量扩大政治影响力。

文化内容的丰富让大型仪式性活动增加，在仪礼活动与佛、道供养中，秘色瓷应该是其中的高端用器。正因其具有礼仪的象征性，才会成为吴越政权倾国力生产，并贡奉中原政权的重要方物。

宗教、文化在江南的融合

吴越国西北方的南唐（937-976）以文学、艺术见长，大批赴歙州避难的中原世族带来了中原的文化、技术，唐文化在这里得到保护和发展，再由宋继承并发扬。南唐以酷好浮屠为后世所讥，虽注重文学、艺术却对政治、学术多有忽略，以至李后主于围城中仍听经不辍，废政事、靡国帑而不知悔悟。在南方的政治、学术舞台上，吴越政府成长得更为茁壮。宽松的学术氛围是汇聚文化思潮的基础。钱镠治国有略、修身齐家谨严，《钱氏家训》是他留给子孙立身处世、治国持家的教诲和规范，在家训中充满儒学思想的精髓，可见儒学是吴越统治的思想基础。钱氏家族对各类宗教、学派都采取宽容态度，以儒学为根基并兼容佛、道，是吴越国思想领域控制的总策略。

中原在经历过唐武宗灭佛运动后,密宗逐渐失去了主流地位,思想的空白处因禅宗的扩大很快得到填补,禅风盛行使"禅"字之下有了不同的派别,这些派别认祖归宗,为突显法脉,构造出各自的传法谱系[494]。禅宗势力甚盛,逐渐分化为"一花五叶"宗派林立,后世所称的"五家七宗"就是其中主要派别。五代以后南禅主要在福建、两浙和岭南盛行,逐渐取代前期的湖南、江西,成为禅宗新兴的传播中心。学术、宗教力量的汇聚地必然与经济实力成正比,从佛教各派的兴衰中就能显现这一趋势。

六祖惠能法嗣众多,有南岳怀让、青原行思、永嘉玄觉、南阳慧中、菏泽神会等,皆各有特色,特别是神会所在的荷泽宗晚唐曾是南禅的代表,而五代兴盛的南禅宗派,却是本无很高地位的南岳怀让与青原行思两派的后代,这与宗派所处的地理位置有关。北方经济残破不堪,黄河中下游本为北宗兴盛的区域,战乱后没有经济支撑的北宗衰落,神会的荷泽宗也在洛阳一带,晚唐以后也就衰落。而南方经济力量愈来愈强,生存之外尚有余力,才能支持学术发展。湘赣地区民间文化程度尚低,迷信风气极盛,南宗"顿悟"的境界与传播方式多有神秘感,又简而易从,最适合文化落后、民风淳朴又具迷信的人民去信仰,所以怀让、行思两派南禅就在这样一个背景下兴盛起来[495]。五代以后南禅逐渐向经济发展较好的浙、闽移动,正说明了宗教繁荣之地一般会随着经济盛衰而移动。

吴越国正处于当时经济发展最快的区域,学术、宗教势力在此汇聚实属必然。钱氏家族与高僧间的交流从不曾间断,文献记载王族与禅宗的沩仰宗、雪峰宗、法眼宗的接触最多:钱镠年轻时与沩仰宗的洪諲禅师多有交往,光启三年(887)钱镠请洪諲的师侄文喜主持龙泉院;钱元瓘对文喜的师侄全付禅师也很欣赏，"命升阶，赐之衣衾钵器"；其后忠献王钱弘佐也曾遣使赐全付紫袈裟[496]。福建是雪峰宗的发祥地，到五代时杭州与福州成为此传播的两个中心，法眼宗便自雪峰宗分裂而出。法眼宗二祖德韶禅师在天台时正值钱俶任台州刺史，"吴越忠懿王，以国子刺台州，雅闻韶名，遣使迎之，申弟子之礼"。德韶预测"他日为霸主，无忘佛恩"，果然在乾祐元年（948）大将军胡进思拥立钱俶为王，于是不久德韶被"事之以为国师焉"[497]。在政府的支持下佛教各宗在两浙迅速发展壮大，据《咸淳临安志》统计，不到百年杭州境内新建150多所寺院与数十座塔幢，临安的功臣塔，余杭大涤山的天柱观，杭州的灵隐寺、六和塔、雷峰塔、保俶塔等都为吴越国时期修建。灵隐寺的弥陀石佛、摩崖石刻和石塔、凤凰山的梵天经幢等一直保持至今，杭州从此成为"江南佛国"。

道教虽在晚唐以后逐渐进入民间，但在吴越皇族中亦有信仰者，如钱元瓘之妻吴汉月，"颇尚黄老学，居常被道士服"[498]，末代王钱俶也优礼道士。"投龙简"是一种道教斋醮仪式，求愿者给神灵写信简，并以小金龙送信乞求神灵保佑，称为"投龙简"，用金、银、玉、石制成小方板[499]。帝王为酬谢天、地、水三官，把写有祈请者消罪愿望的文简和玉璧、金龙、金钮用青丝捆扎，分山简、土简、水简投于灵山、埋入福地或抛进水府。吴越国多有道教相关的祈福活动，"道家有金龙玉简，学士院撰文，具一岁中斋醮数，投于名山洞府"，"金龙以铜制，玉简以阶石制"[500]。在1955年的西湖浚湖工程中，分别发现钱镠六十三岁、六十五岁，以及钱俶四十五岁的"投龙简"多枚出土[501]，可以想见皇族对道家祈福仪式的推崇。

这类宗教、祈福等活动都是统治的辅助手段，文化活动推进了江淮科学技术的全面提升，如印刷术的进步，吴越国保存下来的印刷品多为佛经。如在1917年湖州天宁寺改建过程中，于石幢象鼻内发现了数卷藏存的"一切如来心秘密全身舍利宝箧印陀罗尼经"，卷首扉画前有"天下都元帅吴越国王钱弘俶印《宝箧印经》八万四千卷，在塔内供养。显德三年丙辰（956）岁记"。在杭州雷峰塔有孔的塔砖内也发现《宝箧印经》，经卷有题记"天下兵马大元帅吴越国王造此经八万四千卷，舍入西关砖塔，永充供养。乙亥八月日记"，这是宋开宝八年（975）。如此大规模的印刷活动应该还有很多，这些推动了北宋初期钱塘人毕昇（约970-1051）发明了活字印刷术。北宋有四个印书中心，其中有三个在南方，叶梦得《石林燕语》云："今天下印书，以杭州为上，蜀本次之，福建最下。京师比岁印板，殆不减杭州，但纸不佳。"[502]

在吴越统治中儒学一直是基础，王族时常会参与为国祈福的活动，其中加入众多与吉祥相关的信仰仪式，秘色瓷必然会是不可或缺的仪式用器。正是皇族对儒、佛、道各家学说的宽容尊奉，使两浙成为人才与学术的交流中心，而经济文化的繁荣使宋帝国再次统一时南北格局已完全不同。

江南人才汇聚改变中国南北格局

在晚唐的月宫碎影中，"霓裳羽衣"被渔阳鼙鼓和胡儿喧哗惊破，飞扬的唐诗也渐向沉思和深刻转型，这些令人身心惧紧的混乱危机，无奈焦灼的家事国事，让晚唐五代的士人多了思想反省和知识沉淀，终于催生出"忍把浮名，换了浅斟低唱"的婉约词风。文学昭示着社会起伏，也呈现着思想兴衰，五代的江南正是文学艺术与学术思想融合的舞台，在这里贯通了唐宋之间墨影阁歌的丰泽流转。吴越国不仅使南方经济开始赶超北地，更为全国各种学术思想提供了汇聚交流的理想平台，儒、释、道各宗派在唐代"古文运动"后，于吴越国内开始了直面的融通。

吴越国着力于让经济实力转化为政治影响力，其策略是汇聚学术文化力量，这也是其虽没有强大的军事实力，却能在历次政治洗牌中屹立的一个原因。吴越境内不同学说的辩论争斗一直不可避免，宗派争论经过百年发酵，在五代末年已开始出现佛、道、儒的融合，延寿禅师（906-975）为此时最具代表性人物。钱镠送他出家，钱俶请他主持修复灵隐寺、创建六和塔，他最重要的著作是《宗镜录》，通过"以心宗之衡准平之"[503]，提出禅教合一、禅净合一等思想，统一了佛学各宗的思想根基，并将佛教仪式简单化，与士大夫和普通民众的心理需求更为接近，佛教因是而通行于世俗。钱氏统治期间的学士集团也引领着以调和三教为主流的文化思潮，这让江南人才辈出。

晚唐时的江南已在教育、文化方面都较早期有了长足进展，但科举登第的南方士人在数量上还远无法和北方相比。至五代中原丧乱民生凋敝时，江南在文化上的先进开始为世瞩目，"南唐累世好儒，而儒者之盛见于载籍，灿然可观"[504]，吴越国逐渐成为经济最繁荣的南方政府，对多方文化的包容吸收，造就了人才聚流的局面，加快了南方知识群体的发展速度。《古文鉴赏大辞典》中收录的五代之前文化名人共86人，吴越地区有7人，约占8%；五代及其后的文化名人共114人，吴越地区33人，已占到了30%[505]。这从一个侧面说明江淮文化地位的提升。士人群体人数增长让总体文化修养大幅度提升，政治、经济的良好基础促进了吴越国的文化大融合，经济、人才的储备成为宋学的序曲。

经由钱氏家族近百年的经营，北宋之时"吴越地方千里，带甲十万，铸山煮海，象犀珠玉之富，甲于天下"[506]。欧阳修在嘉祐二年（1057）的《有美堂记》记："钱塘自五代时……不烦干戈，今其人民幸福富庶安乐，又其俗习工巧，邑屋华丽，盖十余万家，环以湖山，左右映带，而闽海商贾，风帆浪泊，出入于江涛浩渺烟云杳霭之间，可谓盛矣！"[507]学术汇聚使人才聚集于周边城市，人口增长拉动高端瓷的消费，越窑始终是吴越国经济发展的重要内容，秘色瓷在这个中国重心向南拓展的黄金时期，镌刻着中国主流学术的思想印记，青绿温润中充满了江南士子对富强昌盛的期许。入宋后虽胎土品质有所下降，但其高端产品仍可称为广义的秘色瓷。

吴越国政治经济稳定、文化繁荣，在佛教进入中国千年后，五代至两宋时期其精华终于被吸收进儒学体系之中，外来文化对中国的最大挑战终于平息，不仅再次确立了儒学的定位，在社会意识形态上，外来艺术特色也已完成了民俗化的改造。学术、宗教活动的核心区自中唐一路向南，"五台承唐之旧，峨眉则宋时始盛。而余杭则自五代钱氏时蔚为大镇，南渡之后，建都于斯，而佛事更兴"[508]。这个宗教中心的移动过程较国家经济重心南向稍有滞后，可见经济实力是学术文化的支撑。宗教兴盛离不开信众的供奉，而知识力量的参与又是习俗普及的要件，所以文化中心与经济中心总会逐渐趋一，正是吴越政权的百年经营让江南成为经济文化中心，终于使中国南北格局发生转折。

从后司岙窑址的发掘中，可以发现秘色瓷是完全不惜成本的产品，一件秘色瓷所需瓷土要数倍于器物本身，也只有政治需求才有可能支撑起这样的财力耗损。秘色瓷是文化的物质载体，政治交往的"礼器"需求才能让殚财竭力的烧造具有现实意义。同时吴越为加强民间管理力度，必然增加行政人才和管理费用，而当时的北运线路不畅，向海外销售越瓷不失为一个好的创收方式。中国瓷器外输自六朝即有个别发现，至唐代以后明显增长。不同窑口在外销瓷中的占比一直有差别，五代时越窑瓷外销占比明显增加，应该是由吴越政权的经济需求造成，秘色瓷正是在这个经济基础上走向繁盛。

柒 海上瓷路的文化传播

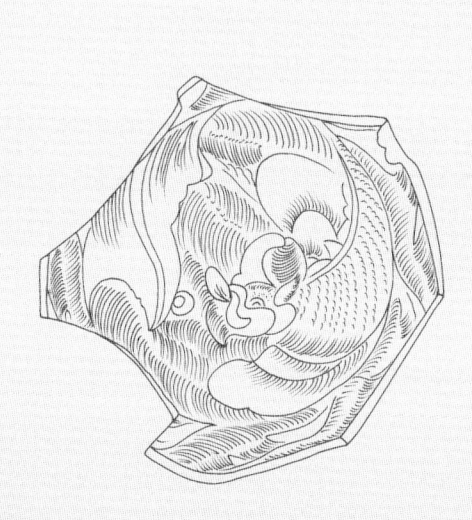

虽然汉代海路就连接起朝鲜半岛、日本、东南亚等地，但瓷器大批量的外输是在中唐海上航线开通以后，此前的中外商贸主要通过陆路与西域沟通。欧亚草原自古存在多条东西交流道路，将地中海世界与中亚、南亚相联，路上流通着各种植物、动物、矿产、工艺品、奢侈品乃至人口，在相当长的时间里，以游牧为主的民族如匈奴、月氏和斯基泰等，扮演着东西交往的主角。这些以中国为集结点的交通线，总称为"丝绸之路"[509]，它们在欧、亚、非编织了一个庞大的交流网络，维系着东西方两千多年间不绝如缕。

早期中西交往以陆上丝路为主，张骞（约前164-前114）的西行成为中国放眼世界的突破，从此改变了华夏以极端方式对付蛮夷的政治思路，对外族从防范渐变为试图了解的求知探索。汉代丝路的进口品从皇家对香料、金银器等稀有奢侈物的需求，发展到民间文化内容的沟通，如佛教、西域音乐歌舞等逐渐进入，东汉末年丝路已成为中西沟通要道，并得到国民广泛接受。两晋南北朝时西来人口逐渐定居，外来民俗也随着政治分合进入中原，更新丰盈着华夏的文化血液，也拓宽了隋唐帝国的政治思路。

隋代再次连贯了中西陆上交通，炀帝（569-618）亲自率众西巡历半年到达张掖，"经大斗拔谷，山路隘险，鱼贯而出。风霰晦冥，与从官相失,士卒冻死者太半"[510],与西域二十七国君主、使臣会面,建立起华夏的外交声望。至"大业年中,相率而来朝者三十余国,帝因置西域校尉,以应接之"[511],盛会昼夜不歇,终月而罢。隋后半期的朝野目光转向高句丽,开始对河西政策粗疏敷衍,于是鄂尔多斯的匈奴费也头从灵州向陇西、河西走廊、祁连山麓进取。李渊的太穆皇后族就属于费也头的纥豆陵氏[512],正因隋唐王室出身于西北边缘,才使帝国具有更为博大的文化包容性,融合南北文化并广纳外族特色,成就了世界性帝国的繁盛。唐初时"高祖命突厥颉利可汗起舞,又遣南越酋长冯智戴咏诗。既而笑曰:'胡、越一家,自古未之有也!'"[513]柔远怀迩的政治胸怀,让盛唐氤氲在"九天阊阖开宫殿,万国衣冠拜冕旒"的世界性都市氛围中。

在15世纪西欧航海家开辟新航路前,沿海尚无严重的军事威胁,由海路进入中国的主要是文化交流与特色商品。西来商品与文化的大量进入,让金银、玻璃等新的材质和装饰主题,激发了中国艺术的创新方向,开始在各种媒介上创作实验,在建筑、绘画等不同领域也遍布,几乎涵盖唐代生活的方方面面,并深入民间整合为中国特色。各类纹样携带着不同的精神背景,在我国被全面吸收入手工业产品中,以唐代中国文化的新面貌,从长安再传到新罗、日本,带动了亚太文化圈的整体审美趋向。文化交流是双向的,随着晚唐外销商品的大增,整合改造后的外来纹样成为华夏新特色,反向影响粟特银器的发展[514]。

晚唐以后航海技术大为发展,海上丝绸之路开始超过陆地丝绸之路,出现了广州、泉州、扬州等大港口,丝路重心由陆地转移到海上。宋以后的探索海上交通线的活动愈见频繁,亚太地区北到朝鲜,南至东南亚,都通过贸易与朝贡制度相结合往来,小国竞相争骋文华,遂成风俗。甚至各小区域发生战争或内乱时,往往中国派出使者即可解决争端。它们不仅模仿华夏民俗习惯,在政治、经济制度上也多效仿华风,如宋时我国铜钱信用颇佳，被大量走私到东南亚、西亚，当时朝鲜、日本等国家，更是停用自己的货币改用宋钱。唐宋时期随着海路输出的是帝国全方位的影响力，可以说由海路在亚太地区构建了一个"中国和平秩序"[515]圈，而"中国瓷"是海运输出的最大品类，从此成为华夏的代称。中外海运交流从汉代就有记载。

瓷器的海外输出

汉代时南海商舶来的商品以玻璃、珠玉、玳瑁、龙涎香等为主，多供应皇室贵族的需求，海运还没有出现成规模的商贸。广西是汉代玻璃集中发现地且来源复杂，大部分是在外来技术影响下的自制品，部分经由海上丝绸之路从罗马、印度和东南亚等地传入，少量则由中原或楚地传入[516]。其中一些与中原仿玉玻璃有明显差别的玻璃器，安家瑶将它们归类到罗马玻璃范畴[517]，在同一地区玻璃器类型的复杂性，正是东西文明交汇融合的结果。东汉中叶从地中海越印度洋到南海的海路沟通，中国和罗马有了直接联系，"延熹九年（166），大秦王安敦遣使自日南徼外献象牙、犀角、玳瑁，始乃一通焉"[518]。汉代有从徐闻、合浦通往南海诸国的航线，广西合浦位于北部湾的东北岸，在汉代是我国海上航路的始发港之一，罗马玻璃在港口的集中出现，说明海运已有一定数量。

两汉至盛唐，中国外销赢利最多的商品是丝帛，唐代以前产地主要集中于黄河流域。到开元时"凡绢布出有方土，类有精粗，绢为分八等，布分为九等"[519]，以宋亳为第一，二、三、四、五等皆产于黄河南北，而不及淮水流域，六、七、八等产于四川境内外，江南只有泉州、建州及闽州等，并位居最末[520]。中唐以后长江流域才成为丝帛产地，"初越人不工机杼，薛兼训为江东节制（约代宗763-779时），乃募军中未有室者，厚给货币，密令北地娶织妇以归。岁得数百人，由是越俗大化，竞添花样绫纱，妙称江左矣"[521]，晚唐丝绸产量在江南繁荣。丝帛是早期中国最重要的外输商品，此类物品不宜沾水，多通过陆路外销，所以虽在汉代就已开通了广东广西等地的海运航道，但多由宦官直接参与，为皇家、贵族的奢侈需求服务，并没有形成大量的民间贸易。

海路更适合瓷器的运输，至迟在六朝时已有外输瓷器，孙吴、南朝时的早期越窑与德清窑产品，在韩国百济等地少量发现，应该是用于高层间的文化交流，瓷器外销还不是主要目的[522]。当时瓷器的产量并不大，并集中在浙江及相邻的江苏、安徽、江西、福建等地区，中原只有政治中心的洛阳、南阳、西安等地稍多。早期越窑瓷具有礼仪功能，在中国也只出在政治核心地，那么少量运抵海外只能是为政治交往。隋唐以后制瓷业在国内开始多点爆发，外销才成为可能，大量瓷器的运输以水路为佳，这应该也是唐代后期着力开发海运线路的动因。

至唐代中叶以前仍少见中东、印度商舶直接来华，直运商品前往中东的商贩不多，可以说汉代到中唐的东西交通航路，主要由一连串区间贸易组成。从安史之乱到宋末这五百年间，南海航路飞速发展，国人开始参与海上远途贸易，并陆续有人口移居海外，沿海国家对华夏的认识也多从商贸中获得。

唐代瓷器的外输

唐初重新开通了传统的陆上丝路，中西文化传播进入鼎盛时期，盛唐的中国经济建立在公私仓廪丰实、手工业、商业城市和集镇健全之上，同时以对外贸易作为补充。唐代商业税收的"过税"相当于关税，针对行商者征收；"住税"相当于市税，针对坐贾而收，行商税率低于坐商[523]，可见政府对外贸商品流通的鼓励。"开元盛时，税西域商胡以供四镇，出北道者纳赋轮台。地广则费倍，此盛王之鉴也"[524]。优惠的税收政策不仅针对陆路货物，也推动了海运贸易繁荣。安史之乱后的国家经济重心向南偏移，北方陆上丝路阻塞，海路成为对外交流的主要通道。中晚唐重新厘定了海上丝路的鸿范，航船具有载运量大、折损率低的优势，使沉重易碎不适合大规模陆运的陶瓷品出路大为拓展。水运与陆运费用比约为一比三到一比四，甚至更低，如南宋时："依《图经》，每一百里一百斤，陆路一百文；水路溯流三十文，顺流一十文。"[525] 瓷器水运更占优势，海路出口货物以瓷器为绝对主流，甚至可称之为"陶瓷之路"，从此沙漠丝路的重要性明显衰减。

西亚商船来中国的记载盛唐就有，如"神龙以后，黑衣大食强盛，渐并诸国，至于西海，分兵镇守焉"。注："族子环，随镇西节度使高仙芝西征，天宝十载（751）至西海，宝应（762-763）初，因贾商船舶自广州而回，著《经行记》。"[526] 从兵败到回广州用了十余年，可见商路并不繁荣，可能还需经多次中转。20世纪80年代在陕西泾阳县附近发现的《唐故杨府君神道之碑》，记录了唐代宦官率团航海出使：贞元元年（785）四月，宦官杨良瑶受命出使黑衣大食"备判官、内傔、受国信、诏书"，使团从广州出发，通过海路"星霜再周，经过万国，播皇风于异俗，被声教于无垠"，这是见于记载的我国第一位航海到阿拉伯地区的外交使节[527]。此时正值安史之乱后20余年，北方陆上丝路不再受政权控制，这次出使与国家对海运线路的开发应该有关。成书于9世纪的《中国印度见闻录》由阿拉伯人所著，记录中国船的排水量特别大，"应该承认中国人在开导阿拉伯人远东航行中的贡献，波斯湾的商人乘坐中国人的大船，才完成他们头几次越过中国南海的航行"[528]。

外销"瓷路"让不同特色的窑区在全国拓展开来，湘江岸边的长沙窑就是通过水运与扬州、广州、南安港口相连接，再经由海路外销。早期越窑在东晋以后的衰落至中唐的发展的四百余年间，各地方小窑口各具特色，开始占领着不同层面的市场份额。如中晚唐的长沙窑具有很强的平民意识，器物上常书写民间流行的谚语、俗语、俚语、诗文等，迎合着百姓喜好，到9世纪前后成为了外销瓷的大宗。迄今为止，朝鲜半岛、日本、印度尼西亚、斯里兰卡、沙特阿拉伯、坦桑尼亚等国家及地区均出土有长沙窑瓷器[529]。长沙窑质量不佳，在国内基本集中在产地附近，其他区域并不多见，似以外销为主[530]。从唐代瓷器出口量来看，长沙窑产品最多，以高温釉下多彩瓷为特色，这一风格与欧亚草原、阿拉伯等浓烈彩色玻璃器、金银器样式更为接近。7世纪时伊斯兰教在中东兴起，在阿拉伯世界热爱金银器的传统，和伊斯兰教义限制金银使用的互搏中，长沙窑以"瓷化了的金银器"逐渐热销西亚[531]。长沙窑与中国同期流行瓷的差别显著，或是外来定制或主营外销产品。晚唐以后民间与西亚的交流开始减少，而长沙窑产品质量本就不高，装饰效果更与主流文化需求相去甚远，一直无法进入国内的高层消费圈。五代以后扬州等地战乱，海运港口基本集中于江南割据政权，出口的运输通道不畅约是长沙窑衰落的原因。也正是这时出口瓷器中越窑产品有了大量增加。

晚唐以后海运范围有了明显扩大，不同品类的瓷器在国内大发展，福建、广东、广西等地复制江淮的经济成长模式，沿水运线路开发出众多窑区。制瓷业促进了地方经济的增长，也推动了国际航运业的繁荣，海运沿线港口附近多出货沉船。1998年德国在印尼勿里洞岛海域的黑色大礁岩附近，发现了一艘唐代沉船，定名为"黑石号"[532]，从船只的结构来看应该为阿拉伯商船。装载着经由东南亚运往西亚、北非的中国货物，沉船中运载的物品数量庞大，种类繁多。长沙窑瓷碗上带有唐代宝历二年（826）铭文，结合其他器物考证，沉船的年代被确认为9世纪上半叶。仅瓷器就达到67 000多件，出水品中包括长沙窑、越窑、邢窑、巩县窑瓷器，以长沙窑瓷器为主，约有56 500件（图7-1-1），越窑瓷仅200余件（图7-1-2），尚不到瓷器总数的1%，说明晚唐越窑瓷输出量并不大。

在"黑石号"出水文物中还发现有伊斯兰蓝绿釉陶壶，与中国1965年在扬州征集到的一件双耳绿釉大陶壶相近。此后扬州唐城又陆续发现和采集到了二三百片相同的陶片标本，经研究这批陶器在胎色、胎质以及化学成分

图7-1-1 "黑石号"出水长沙窑瓷器

等都与中国绿釉陶器有明显区别，属于波斯的产品（图7-1-3）。这些波斯陶片的发现地集中在扬州市东南近郊，当时是城外的墓葬区，陶片

图7-1-2 "黑石号"出水越窑瓷器

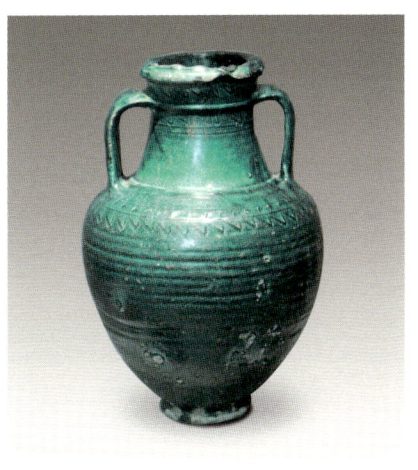

图7-1-3 扬州唐城出土绿釉陶壶

柒 海上瓷路的文化传播

多出土于晚唐、五代地层内，基本可以断定是8世纪晚期至9世纪的产品[533]。在扬州波斯邸胡店还出土大量伊斯兰钠钙玻璃残片[534]，可能是从伊斯兰世界运来，准备在扬州进一步加工的半成品[535]。说明在瓷器等大量外销的同时，外国商品也大量流入唐朝，各国商旅的往来汇聚让港口附近逐渐形成繁华的城镇，这些器物的使用者可能是国人，也可能是来本地生活的外国商人。在《太平广记》的《守船者》《玉清三宝》《紫秾褋》等故事中，都谈到唐代这里经营珠宝生意的"胡人"，他们长期定居，"商贩于此，已逾二十年"[536]，说明中晚唐南方海运港口城市已相当发达。

考古揭示了当时的陶瓷贸易中，更多的是阿拉伯以及东南亚等地商人，证实了"唐代中国的海外贸易主要由蕃商蕃舶来华进行"[537]，中国本土商人参与更多的是对朝鲜、日本等地的商贸活动[538]。从不同区域发现的器物组合，也能看出其与中国文化交流的深度的不同。在日本出土的中国陶瓷，8世纪后期的组合主要是越窑青瓷、邢窑白瓷、巩县窑白瓷及釉陶，越窑瓷器仅有少量发现，大量出现是在9世纪以后[539]。9世纪末至10世纪初，日本、朝鲜半岛发现的越窑青瓷产品及北方的白瓷产品，明显多于长沙窑[540]。这时正值中国晚唐，青、白瓷都是国内主流文化圈的时尚用品，朝鲜、日本流行的瓷器与我国南方最为接近，应该是对中国文化的接受程度较大的地区。自汉代与这两地民间交流频繁，两地在文化习俗上接受中国影响，青瓷、白瓷的清简审美习俗与儒学结合紧密，因此在这一区域也受到更多的重视和喜爱。哪怕是南宋越窑衰退时的产品，在日本仍有发现，说明民间商贸交流一直持续。

晚唐到五代通过海路与西亚、南亚、东非、北非，以及日本、朝鲜半岛等地都有贸易往来。特别是五代吴越国时期，越窑的输出有了明显增长。

五代吴越国的海路交通

在东南亚出土的晚唐五代瓷器中，除最常见的长沙窑、越窑及北方白瓷外，还有广东的潮州窑、梅县窑、新会窑、广州西村窑的产品。这类组合在菲律宾群岛不少地区皆有出土，地点明确的有吕宋岛南部的八打雁和棉兰老岛西北部的武端地区[541]；在印度尼西亚苏门答腊、爪哇、苏拉威西、加里曼丹及其他岛屿，以及泰国湾西北岸各地的遗址中，都广泛发现有9-10世纪的中国陶瓷产品[542]。在日本九州太宰府、鸿胪馆或兵库县福田等遗迹出土的伊斯兰陶器，应当是从扬州输入的[543]。目前发现五代时期越窑瓷片出现的最远地区，在埃及的福斯塔特（开罗南）遗址内。

晚唐以后舶商向杭州、明州地区转移，明州港成为晚唐、五代、北宋越窑的输出之地[544]。明州港与越窑水路交通方便，最晚从10世纪中期开始，明州港已直接参与到远洋贸易中来，最直接的动因便是扬州的战乱，以及吴越国对海运线路的迫切需要。唐末五代时朝鲜半岛逐渐掌握了青瓷烧造工艺，早期产品以仿越窑的青瓷为主，逐渐发展出浓厚本土特色的高丽瓷。其制瓷工艺上出于越窑脉源，应该是窑工输出才会形成的状况，说明当时不仅是商品贸易，工匠也应该向海外流动。吴越国"不能拥有广大的内陆，却占有了便于舟楫之利的沿海，于是他们不得不重视航运贸易"[545]，"是时，江淮不通，吴越钱镠使者常泛海以至中国，而滨海诸州皆置博易务，与民贸易"[546]。对海运贸易的强化管理，不仅让地方势力拥有更多的财政收入，也将青瓷推向世界。

吴越政权以华夏政权的代表身份，参与到东南亚小国间的交流中，和朝鲜半岛上的诸政府、日本等地多有交往记录。朝鲜半岛长期陷于内乱，

892年甄萱起兵占领武珍，900年定都完山，称后百济王。894年弓裔自称将军，904年定都铁圆，建国摩震，与新罗共同形成三国局面。918年摩震部将王建（877-943）政变建国高丽，后于936年吞并新罗，第二年灭百济，统一了三韩。有记载：开平三年（909）王建"以舟师次于光州盐海县，获萱遣入吴越船而还"[547]。"吴越国在与百济、高丽交往时以宗主国自居，直接对其国王称名：王建"，五代时期"不仅高丽、百济，还有新罗、渤海，东北亚四国同时向吴越称臣，受吴越册封"[548]。与日本交流也多见于史籍，据《日本纪略》记，朱雀承平六年（936）七月"吴越王钱元瓘使节蒋承勋抵日并致书。日本左大臣藤原忠平有书赠吴越王"；朱雀天庆三年（940）七月"左大臣滕原中平有书致吴越王元瓘"；天德元年（957）七月二十四日"吴越国王钱弘俶遣持礼使盛德言抵日，献上书信"[549]。可以看出在大唐崩裂以后由吴越国为代表，在东南亚各政权中持续维护着和平交往，吴越尊中原主为正朔，强大的国力后盾让华夏长期执东方之牛耳。

吴越国期间的海运瓷器遗存明显丰富起来。2010年福建沿海水下考古调查队在福州平潭海域调查，发掘出了一处沉船遗址，未发现船体遗存，但集中采集了一批越窑瓷器，包括花口碗、碟、盏托、执壶等，经过与出土纪年遗物的比对研究，其年代被定为五代，这也是中国近海发现时代最早的沉船遗址[550]。目前此区域还发现多处宋、元时代的水下沉船，瓷器品类丰富，说明至迟在五代时，福州沿海港口的外销瓷已开始繁荣。

1997年在印尼西亚爪哇海域发现了"印坦沉船"，可确定此船应是从广州驶向三佛齐的途中，于印坦海域沉没。这艘沉船及其丰富的出水文物，正是五代十国时期南汉与三佛齐（苏门答腊一带）存在海上交通贸易的重要物证[551]。印坦沉船大部分物品的年代在920至960年间或稍晚，据残存船板的钉合方式分析，当是东南亚及部分南亚的特有技术。沉船出水超过五千两的中国银锭，145枚南汉国（917-971）铸造的"乾亨通宝"铅币，爪哇金器（金饰、金币），中国唐代铜镜等[552]，其中陶瓷器7 039件。瓷器中高质量的白瓷数量较黑石号沉船明显减少，共有1 000多件越窑瓷器，约占全部瓷器的14.3%，可见越窑输出占比较晚唐有了相当大的增长。

唐代中期越窑向朝廷土贡时产量还不甚大，国内市场应该是当时主要销售渠道，唐末五代沿海沉船中越瓷开始多见，这与运河阻塞，失去中原销路有一定关系。上林湖产量在10世纪后半叶达到高峰，与环印度洋的许多古代遗址中都发现越瓷出现的时间基本吻合。这时越窑正处于鼎盛，吴越国为巩固政治地位，常以数量巨大的青瓷进奉中原政权，但不论是海外遗迹还是沉船之中，都没有发现秘色瓷作为商品的证据，可见秘色瓷不计代价的产出，是作为文化象征参与政治交流。而普通越窑瓷的出口量大增，应该是为获得经济收益，可以弥补秘色瓷生产的巨大耗费。越窑外销的加速度在宋代仍持续。

北宋以后越窑出口量大增

宋代商船所到之处多会引起哄传，如宣和四年（1122）宋遣路允迪、傅墨卿出使高丽，据《宣和奉使高丽图经》载："是宜丽人迎诏之日，倾国耸观，而欢呼嘉叹也。"[553]这时在浙江、福建、广东等东南沿海地区，大批出现专门生产外销瓷的窑口，输出范围也在不断扩展，从东亚、东南亚一直到南亚、西亚、中亚、东北非各地[554]。

从沉船出水的瓷器数量来看，北宋时越窑已成为出口瓷器的绝对主流。2003年在距印尼爪哇岛中部约100海里的井里汶岛海域发现一艘沉船，这是11世纪初的一条商船，有可能是通过此处中转时沉没。在出口

49万件遗物中有中国瓷36.7万余件，约占出口物资的75%，越窑青瓷更是在30万件以上[555]，占瓷器的80%以上。由此看来宋代运往海外最主要的商品是越窑瓷，这时的白瓷数量很少且基本为定窑产品。船内瓷器"大量是茶具，证明唐代始，大量瓷器、茶叶等货物被销往阿拉伯等地区"[556]，可见茶文化外输与中国瓷普及互为因果。从井里汶沉船出水有几件刻划龙纹的越窑大牙盘，与五代吴越国的马王后康陵出土的数件楼角方形牙盘，和北宋咸平三年（1000）元德李皇后陵出土的龙纹盘相类。说明质量上乘的越窑瓷不仅用于皇家贡品，亦对外销售，这和秘色瓷只用于国内高端需求，不参与商业交流的情况完全不同，从中更可见秘色瓷的珍稀性。

通过晚唐的黑石号、五代的印坦、北宋的井里汶等沉船装载陶瓷产品的比较，可以清楚看到从9世纪到11世纪初，白瓷及长沙窑在外销陶瓷的组合中日渐稀少，10世纪中叶是一个重要的分水岭，之后越窑青瓷产品所占比重大增。越窑青瓷取代了之前长沙窑绝对主角的地位，越窑成为外销瓷最主要品种[557]。越窑在熙宁变法（1069-1085）后失去了宫廷采购，在国内的高端销量明显减少，由目前发现的海外器物来看，输出的最兴盛时期为北宋中期左右，说明向外销拓展成为越窑新的出路。从窑区遗存来看越窑正是这时产量扩大，产品质量较之前大为下降，但窑址区域及数量都明显增大，在宁波东钱湖形成越窑的次级中心。这时浙江的大部分地区都兴起青瓷窑址，金衢盆地、台温沿海以及丽水、龙泉一带，均出现了相当数量专门生产越窑系刻划花类产品的窑区。醒目的刻划、堆塑、镂空等装饰虽与文士的清雅古风日渐疏离，却正符合海外的审美偏好。产量上升势头持续到北宋晚期被打断。

宋代的沉船资料目前主要发现于福建沿海、南海及东南亚海域，其中福建沿海水下文物点最多，而南海海域沉船出水遗物最丰富，年代以南宋至元代为主[558]。发现于苏门答腊东南的鳄鱼岛沉船，约为北宋中晚期到南宋初年，其中的陶瓷器皿以广东一带窑区产品为主，建窑、龙泉窑产品也普遍被发现[559]。福建沿海水下调查时，在平潭大练岛西南屿发现较为集中的青瓷碗、盘堆积。出水陶瓷器釉为青绿色，装饰刻划花，器型主要有撇口斜弧腹碗、敞口六瓣花口碗和平底折腹盘，时代为北宋晚期至南宋早期，与龙泉东区窑址产品一致[560]。薄釉刻划花青瓷从北宋越窑大量输出后，一直是海外市场的畅销品种，其产品大量出现于日本、东南亚一带。在广州沿海打捞出的"南海一号"沉船，是南宋时从福建港口向海外输送时沉没，其上有相当数量的龙泉产薄釉刻划花青瓷，同船还有大量福建当地产瓷器。龙泉窑从延庆可经松溪入瓯江，到福州、泉州后再转运海外，逐渐成为之后的重要航路[561]，这条运输途径带动了沿线窑口的大范围开发，闽江两岸至沿海多有仿制越窑、龙泉窑的薄釉刻划花青瓷的窑址，使得海外市场中广东、福建等地方性小窑口器物比重明显增加。这时的遗存说明，与五代、北宋此水域多出越窑瓷的情况[562]不同，两宋之际的越窑已退出主流，其外销地位由龙泉青瓷取代，这与北宋晚期上林湖窑址数量迅速减少可互证。

越窑的高端青瓷有晚唐的秘色瓷和南宋的乳浊厚釉器，两次飞跃性的进步都代表着时代最高技术成就，在海运沉船和国外遗迹中，均未发现这两类产品的外销情况。由此可见最高等级青瓷的使用人群仍有限制，其研发目的在于政治礼仪和权贵享用，经济效益并不在定位范围。加大瓷器外销除了国家财政需求，同时也是支撑窑业技术研发的经济来源，特别是唐末五代的秘色瓷生产中，越瓷外销收入对吴越小政权来说更是不可或缺。

唐宋海运线路的开发使外贸出现前所未有的繁荣，中国瓷在国外的分布与中国文化发达地区基本叠合，可见华夏的文化影响力也随瓷器同时输出，世界对中国的认识因瓷路贸易而扩散。商品贸易不仅成为国内的收入组成，也带动国外沿海周边小国的经济繁荣和文化同化，于是围绕中国逐渐构建起一个和平秩序圈。这时不论是外销收益还是政治影响力都成为政策的关注点，市舶管理策略应运而生。

市舶管理的加强

海路外销在中唐以后明显增加，据"阿拉伯人所传，海外来货，唐政府征其十三为关税"[563]，说明唐代海外贸易已是政府收入的组成，相应的管理机构也必然加强，唐、宋以后我国市舶制度走向完善。

文献记载中"扬州、交州之域，东南际海，海外杂国，时候风潮，贾舶交至，唐有市舶使总其征"[564]，可见"市舶使"是管理海运贸易的机构。其职能约为"设市区，令蛮夷来贡者为市，稍收利入官"[565]。唐代"市舶制度进入了一个新的发展阶段，这是中央加强对地方财政控制的重要措施之一，同时也是宦官势力和监军制度发展的必然结果"[566]。市舶使一般设置在运输量大的港口城市。

唐代出现市舶使

唐代的主要港口在安南、广州、泉州、扬州，以广州、安南最为重要，开元二年（714）十二月"右威卫中郎将周庆立为安南市舶使，与波斯僧广造奇巧将以进内"[567]，这约是文献中最早有关市舶使的记录。岭南市舶太监专管海外贸易，"既有垄断市舶之利的考虑，又有为封建帝王及皇室搜求'南海宝货'的需要。……市舶太监之产生，又与西汉以来中央差遣宦官市物南海之传统有关"[568]。市舶使在前期为临时派遣，后期转变为相对常驻的官员，并有了机构——市舶使院。市舶使偶有朝官担任，开元十年（722）之后多由宦官担任，开成之后则由派驻广州之监军兼领，如开成元年（836）卢钧任广州刺史、御史大夫、岭南节度使，他"性仁恕，为政廉洁，请监军领市舶使，已一不干预"[569]，在地方节度使掌管后市舶权力亦有所增强。

文献中设市舶使的港口由安南转至广州，从开元到大中年间（713-860）一直持续，是因为广州为岭南政治经济中心，其地位较安南更为重要[570]。张九龄在《开大庾岭路记》称：开元元年"海外诸国，日以通商，齿革羽毛之殷，鱼盐蜃蛤之利，上足以备府库之用，下足以赡江淮之求"[571]。于是开元四年玄宗令张九龄主持开大庾岭路，用以从陆路加强岭南与内地的交通。足见海运贸易对唐政府的重要性，也由此得知，盛唐时江淮之地仍需国家部分财政的补助。僖宗乾符五年（878）黄巢军围攻广州，左仆射于琮惊呼"南海有市舶之利，岁贡珠玑。如令妖贼所有，国藏渐当废竭"[572]，说明广州的市舶收入一直在财政中有相当重要的地位。

除了广州，在泉州、扬州等地也有海运港口，但唐代并没有设市舶使的记录。张循之（？-684）《送泉州李使君之任》记"云山百越路，市井十洲人，执玉来朝远，还珠入贡频"[573]，晋江县有泉州之名始于睿宗景云二年（711），之前泉州之名在闽江口之闽县，即后来之福州[574]，说明福建在684年以前已有海外物资的交流港口。唐代各港口的贸易繁荣状况并不一致，据记载东海沿岸与广州一带港口繁荣情况远为不同，如天宝二载（743）"当时海贼大动繁多，台州、温州、明州海边并被其害，海路（埋）塞，公私断行"，到了广州则"江中有婆罗门、波斯、昆仑等舶，不知其数。并载香药、珍宝，积载如山。其舶深六、七丈"[575]。说明盛唐时东海贼寇较多，商贸没有广州、福建一带发达，这也许是东海港口市舶使缺乏的原因之一。

扬州是瓷器外输的重要港口，优越的地理环境在隋朝就引起注意。开皇七年（587）隋文帝为出兵灭陈，在夫差首开的邗沟故道上开山阳渎，南起江都（扬州），北至止阳（淮安），沟通了长江与淮河水系。炀帝大业元年（605）又调集百万人开通济渠，连洛、黄、汴、泗诸水通淮河。三年后再征发百万人开挖永济渠，南通黄河，北到涿郡（北京郊外），大业六年还疏通了东吴时期的运河江南河，连接了京口到余杭[576]。至此，运河水系全长约四千里，连接中国南北。唐代扬州港相对发达，是国内的漕运要站，同时又是面向海洋的出海港口。刘展（？-761）叛军入扬州大肆抢掠，将军田神功平息叛乱时"杀商胡波斯数千人"[577]，约略可知盛唐胡商的聚市人数。唐文宗（827-840）《太和八年疾愈德音》中提到扬州海运，"其岭南福建及扬州蕃客，宜委节度观察使常加存问，除舶脚收市进奉外，任其来往通流，自为交易，不得重加率税"[578]。但没有专设市舶使的记载[579]。

离上林湖最近的是明州（宁波）港，唐代也未见市舶使的相关记载，但海外发现有大量的唐代越窑瓷，"同时9-10世纪的贸易陶瓷，大量被发现于东南的贸易港口扬州、宁波、广州等地"[580]，以明州为最，说明中晚唐明州港对外贸易已发达。1973年在宁波市区的和义路发掘时，清理出800多件唐代瓷器，其中大多是越窑青瓷（图7-2-1）[581]，可见这里是出窑后就直接送达的整理、集散码头。明州外销瓷繁荣让其港口地位提升。

唐末扬州战乱，让东南港口发生重大变迁，最活跃的港口变为被吴越、南汉政府掌控的明州港、广州港，瓷器是最主要的外销品。两宋政治经济中心的南移，让海运很快取代了北方的陆路的繁荣，东南沿海成为进出口商品的集散地，管理外销的市舶司制度也更为完善。

图 7-2-1　宁波和义路码头遗址出土越窑青瓷器

北宋市舶司设置的政治因素

海外贸易是宋代国家财政的重要来源,"中国的出口物品多半是制成品,如丝绸、瓷器、书画等。进口多半是原材料,如香料、矿石和马匹"[582],这类进口品多不是民生必需,这使政府专卖取得高额利润成为可能。对市舶司严控的目的在于掌控税收,同时与周边政府的关系处理中,限制开通经贸也是重要手段。宋太祖在开宝四年(971)"置市舶司于广州,后又于杭、明州置司"[583],北宋市舶司有:广南东路的广州;福建路的福州、泉州;两浙路的杭州、明州和京东路的密州板桥镇。尤以泉州、广州、两浙路的"三路舶司"最负盛名。主要的职责是"掌蕃货海舶征榷贸易之事,以来远人、通远物"[584]。

柒　海上瓷路的文化传播　217

国家对海运港口的政策中，含有众多与周边的政治外交手段。在太平兴国二年（977）进口商品由国家专卖，全面海禁由是始。以市舶司负责出海贸易的办理，以及外舶进入品的抽解，同时也控制约束民间舶商的贸易对象和输出物品，来实施相应的对外政策。

宋太宗在太平兴国二年对辽互市"辇香药、犀象及茶"[585]，随后又增加了缯帛、漆器和粳糯等物。近几十年的考古发现辽墓中出土了不少瓷器，其中很多系宋代著名的越、定、汝、钧和景德镇诸窑所烧造的产品，瓷器显然也是向辽出口的重要商品。香药、犀、象等系海路舶来品，宋转卖给契丹以换取燕南的粮食，而辽则以其西京道的丰州大盐泺，上京道广济湖所产食盐，向宋输出。南海的香料在欧洲与中东有庞大市场，香料进口数量远大于宋廷需求。北方为辽、金占据时，香料到港后再经亚洲腹地，转运入西北方市场销售成为中央财政的收入组成[586]。宋政府为实施对辽的经济管控，需阻断辽与高丽的互商，密州板桥镇（今山东胶州）距辽、高丽都较近。这可能是宋初海禁时没有开通这里的港口，直到神宗海禁逐渐放开，在元祐三年（1088）才在板桥设置市舶司的一个原因。

中央多次强调广州司、明州司、杭州司各有签证范围不能逾越，也是为加强对辽贸易的控制权。所有前往东南亚及其以西地区（南蕃）的商船均由广州市舶司放行，一切到日本、高丽经商的船只皆由明州市舶司放行。如端拱二年（989）五月诏："自今商旅出海外蕃国贩易者，须于两浙市舶司陈牒，请官给券以行，违者没入其宝货。"[587] 仁宗庆历（1041-1048）编敕"客旅于海路商贩者，不得往高丽、新罗及登莱州界"，元丰三年（1080）编敕"诸非广州市舶司辄发过南蕃纲舶船、非明州司而发过日本、高丽者，以违制论，不以赦降去官原减"[588]，同年有诏许海商与高丽通商，并许高丽入贡与商贩[589]。神宗（1068-1085）时海禁有所放松，制定了我国最早的市舶法——《元丰市舶条法》，肯定了市舶贸易的合法地位。元丰八年诏曰："惟禁往大辽及登州，其余皆不禁。又许诸蕃愿附船入贡或商贩者听。"[590]

离越窑最近的明州港入宋以后地位大增，除日本、朝鲜半岛外，还辟有通往天竺（印度）、占城（越南）、暹罗（泰国）、真里富（今柬埔寨）、勃泥（加里曼丹北部）、三佛齐（苏门答腊东南部）、阇婆（爪哇一带）等国家和地区的航线[591]。太宗淳化三年（992）十二月，阇婆国王穆罗茶遣使入贡，"朝贡使泛舶船六十日至明州定海县"[592]，于是在"咸平二年（999），杭、明二州各置务"[593]。由于早期进入的舶货总量有限，有了广州、两浙市舶机构后，泉州就没必要再设市舶司。之后新的交通航路出现，从泉州东出台湾、南下菲律宾更省时间，贸易的大发展和新航线的开拓并行，让泉州到元祐二年（1087）终于也设立市舶司。随着国家海运外销管理的增强，市舶收入明显增加，在宋代已明确成为国家财政的组成部分。

南宋市舶收入增长

南宋政府在"市舶之利，颇助国用"的指导思想下，对海运贸易管理一再加强。高宗认为"市舶之利最厚，若措置合宜，所得动以万计，岂不胜取之于民？朕所以留意于此，庶几可以少宽民力耳"[594]。海运贸易成为南宋政府严格控制的产业，除为财政收入，不同时段的政治需求也是市舶管理的重要职责。如南宋初年因与金交战，建炎四年（1130）七月己未"禁闽、广、淮、浙海舶商贩山东，虑为金人乡导"[595]，绍兴七年（1137）"比来郡邑所输，悉入诸军，而军中非积钱之地……多自淮南转入伪境，以资敌国之用"[596]，同时"商人多市江浙米帛，转海而东"[597]，这类控制主要由市舶司（务）管辖。

宋朝在两浙路先后设置过杭州、明州、温州、青龙镇、江阴军、上海镇、澉浦镇等地市舶司（务），初设时市舶司收入并不多，北宋熙宁（1068-1077）时广州占90%，明州、杭州只占10%[598]。南宋以后两浙外销收入才明显增长，在广南、福建和两浙共设立三个市舶司，两浙在一定时间内还管辖过五个市舶务。两浙路是市舶的重要港口，明州、杭州距契丹较远不是自由商贸禁区。北宋政府的对外贸易多委托其办理，南宋时与都城临安府近在咫尺，很自然成为要港。浙江是出产丝绸与瓷器的重点区域，从杭州、明州出海往高丽、日本较便利，在东北季候风顺风的时节，四五天即可到达[599]，此两港经运河可向内陆直接运输，致使宋代经济、政治、文化之优势日渐集中于此。

政府参与瓷器外销和香料进口，促进了海运贸易量大增，北宋海外贸易收入在国家财政的占比约在百分之二到五之间。在宋高宗南渡之初市舶收入所占的比重最大，"绍兴年间约占百分之四、五"，"南宋中叶仍可达百分之三左右"。可以说市舶不仅是宋王朝的一项收入来源，在其陷入财政危机时还成为重要支柱之一[600]。南宋较北宋的国家财政收入有了很大增长，北宋太宗至道（995-997）中期，国家货币收入总额为2 224余万贯，南宋高宗（1127-1162）末年，财政总收入为5 940余万贯，孝宗（1163-1189）时为6 530余万贯[601]。可见两宋市舶收入在财政收入总额的占比虽变化不大，但金额却增长约三倍。

海运管理有一个逐渐细化的过程，汉代是由宦官掌控，唐代仍有宦官参与，到宋代设置市舶司后才由行政官员掌管。管理人员的变化让收入的用途也不再相同。两汉时由皇权直接控制海运，利润归于皇家；唐代虽也为皇帝"纳舶脚，禁珍异"[602]，"由宦官掌管海外贸易，大概更能保证利益落到天子的南库"[603]，但已有将海运收益"以赡江淮之求"[604]的记载，说明官员已参与其中，起码有部分成为国用；"而宋则已经把海外贸易权收归中央政府，以资国用"[605]。这一发展趋势显现出皇权宗族与国家组织结构的逐渐分离，海运重心由皇家享乐向社会需求逐渐移动，从中可见政治理性化程度的加深。

国家政策的鼓励，也使中国商人直接参与海运贸易，其逐渐取代了波斯和阿拉伯商人的地位，成为中外贸易中的主导力量。海外贸易的获利一般在十倍左右，政府大力发展丝绸、瓷器产业，换取更多的进口物资，高额利润是源动力，也造就了整个宋代出海商船"货多陶器，大小相套，无少隙地"[606]的盛观。海外输出以民间商贸力量为主，远洋海船也主要由民间匠人制造[607]，政府对民间工商业以税收以及各种茶引、盐引、香药引等工具强化管理。工商业者与外销市场的直接接触，让外来文化内容很快被吸收进沿海地区的民俗之中，中国文化观念也与瓷器一起走出国门。东南亚出土的9-10世纪中国陶瓷的遗址，多位于当时重要的港口城市，一些也是佛教、印度教等宗教中心，说明商业贸易的同时伴随着文化交流。沿着海路交通网络，中国文化便这样由核心区向周边扩散，在东南亚逐渐构成一个文化认同圈。

唐宋以后经济发达地区逐渐知识下行，这让民间对策略、规范的认识更为深入，南方社会意识形态与国家主流学术逐渐趋同。唐代中期正值西来金银品为时风，这样的氛围中兴起的越窑为迎合市场需求，与时俱进地吸收各类流行因素，在江南流行的金银器对外来特色的吸收改造后，成为越窑瓷纹样创新的开端，而越窑的核心地位让全国瓷器的风格基本一致。再经由瓷器贸易华夏化的纹样深入到了欧、亚、非，甚至反向影响传入地的审美取向，瓷器的海外交流不仅对国家财政多有补益，也一起输出华夏的文化影响力。这也让越瓷中加入了更多外来文化因素，秘色瓷出于越窑，在器型、外观上也含有华夏化改造后的外来印记。

越窑瓷中的外来因素

  儒学的亲和力和包容性铸就了中国开放、宽容的政治思路,不仅让秦汉时代南北各方特色得以在主流意识形态中扬弃共存,对于隋唐来自中亚及更遥远的西方文明,也呈现出兼容并包的态度,随着西来人口的增加,隋唐帝国已成为世界不同文化的汇流地。通过欧亚草原的商业通道,西方铜器、金银器、玻璃器等手工业品全面进入,丰富的外来文化内容在中国广泛流行。经由工匠的仿制变造,这些外来特色逐渐被吸收进华夏民俗,再创造的华夏化器物纹样从汉六朝的瓷器中已有显现。

  进入中国最多的是亚洲腹地活跃的粟特人,在我国文献中被称为"昭武九姓",这一民族没有形成自己强大的政府,长期依附于其他民族的政治势力,曾先后被波斯帝国阿契美尼德王朝、亚历山大大帝、塞种人大夏(巴克特里亚)和大月氏人入侵并统治。公元1-3世纪时归属于贵霜王国,后为新兴起的嚈哒所征服;6世纪后期服属于突厥,突厥大批南迁总会有一定数量的粟特人跟随。整体来看这个民族一直自西向东地游动,不论归属于哪一政府,粟特民族的商人始终是丝路贸易的重要分子[608]。进入中国的粟特人多在中原定居,他们以加工出售手工业品为生。

  粟特民族擅长商贸和手工业品加工,他们长期东移并随遇而安,一路吸收变造着不同文化因素,终于将萨珊艺术、印度特色等沿途文化内容带入中国。从北朝到唐代的墓葬、石窟等遗存中,频繁出现不同时代的外来留存,特别是金银器成为中国西北地区最为喜好的物品。中国西北的游牧民族农产品单一,须有商业贸易才能换取生存物资,而金银器价值高、体积小，既能日常使用又便于交换，一直是游牧民族美好生活的象征。中晚唐外来器物新颖的造型（图7-3-1）、纹样同样启发着民间工匠的思路，"吸取了它们新的形式、大胆的浮雕设计、丰富主题的叙述，具有古典意味的成双成对的碗和广口瓶以及植物样式，融造出新的风格"[609]。脱胎于舶来品的传统技法，在仿制创新中不断加入本地喜好，不久就让中西结合的纹饰、样式成为流行的主流。其中金银器加工最为普及，北方以西安、洛阳为中心，南方以江浙为中心有两大金银器产地，流行风格中对外来特色各有取舍。

图7-3-1 银胡瓶（固原博物馆藏）

南方商贸相对发达，精巧多样自由创作的金银器多受喜爱，并很快将这类流行元素用于瓷器、玻璃器、玉器加工，再经由宋代民俗特色的浸润改造，终于完全成为中国化的纹样特色。

唐代越窑中的外来因素

帝国在政治、经济、文化上的强大自信，让士庶对异族文化习俗产生了足够的包容，波斯纹样、仿金银器制品，影响了中国整体审美风格的转变，由草原民族带入的西方金银器，成为盛唐时不可或缺的奢侈用品。中唐以后官营手工业作坊中番户、杂户、番匠而外，雇佣工匠逐渐增多，雇匠的流动使流行工艺技术在全国范围内迅速普及，西方纹饰因此大量流入民间作坊。安史之乱后国人从心理上排外，武宗灭佛是盛唐文化自信心全面崩溃的标志，此后全国范围对外族畏惧摈斥之声高涨，具有强烈西方特

柒 海上瓷路的文化传播 223

色的金银器从此韶华退减。同时北方丝路的阻断,也使西域民俗在中原风光中消索。

约8世纪中叶至8世纪末,唐代金银器制造基本摆脱了外来文化影响,开始沿着自身的特色发展,总体风貌向世俗化、多样化发展,动物纹由神异变为写实,蜂蝶、飞鸟等大都直接源于现实生活,一般不再具有信仰意义。欧亚草原流行的忍冬纹、葡萄纹、三角纹、绳索纹、卷云纹、云曲纹基本消失,宝相花纹仍可以见到,折枝纹(图7-3-2)、团花纹、凤鸟(图7-3-3、图7-3-4)等中国喜好的纹饰兴起[610]。匠人多流于民间,行业间的学习模仿成为必然,金银器纹样开始普及到中国喜好的材质中,如西安何家村窖藏中的仿金银器的玉器,有各种八曲玉长杯、六曲玉碗等,还有许多滑石或其他石料制作的杯、碗、盘、盒等,都具有流行金银器的外型[611]。

图7-3-2 银碟上的折枝纹(法门寺地宫出土)

图 7-3-3　银盘上的孔雀纹（法门寺地宫出土）

图 7-3-4　金盒上的凤鸟纹等（法门寺地宫出土）

当中原大面积战乱频仍、民风动荡时，江南成为现实与心灵的避难所，南方地区晚唐以后金银加工业繁荣，纹样更为写实，分单元布局并留出较多的空白，显得疏朗大方。金银器中莲花、摩羯纹（图7-3-5）远不如北方盛行，南方主要流行折枝纹，自由奔放、不拘一格，同时鸳鸯、凤鸟（图7-3-6）、鹦鹉多见，各类鱼纹也较为流行。南方金银器较中原更为减省用料，即便是专门制造进奉之物，也显示出较为轻薄的特征，民间自行制作的更是精粗不一[612]，整体器型更追求轻巧、简洁。金银加工业繁荣时正逢越窑蓬勃而起，为增加商业

图 7-3-5　银盘上的摩羯纹（镇江丁卯桥出土）

图 7-3-6　银盘上的凤鸟纹（镇江丁卯桥出土）

柒　海上瓷路的文化传播

需求，越窑器型、纹饰等都较秦汉六朝有了相当的演进，多种艺术源流开始交融。流行的中国化金银器成为越窑发挥的母题，莲瓣纹、鸟衔绶带花枝纹、折枝纹、摩羯纹都是盛唐金银器的纹样重点，在越窑瓷中也多出现相对简化的这类纹饰。于是在晚唐文化的背影里，越窑瓷轻漾开西域瓜叶的清甜。中晚唐时越窑品种繁多，样式优美，造型典雅，釉色葱翠，滋莹如璧，同时越窑居于制瓷业的领衔地位，全国各大窑口早期多以仿越瓷为主打产品，这就使类金银器造型成为显著的时代特征[613]。

越窑简化金银器的繁缛，在纹样中加入了众多华夏喜好。如莲花因日开夜合的生理特色，很早就拥有了宗教意义，它是佛教密宗观想的圣物，代表着祥瑞、吉祥，具有神秘色彩。唐代莲纹装饰存在于大量的佛教建筑、造像、壁画中，但国人并不注重其思想观念，在中国莲纹早就发生变异，成为多种视角普遍认可的新样式，经过魏晋南北朝时期的流行，到唐代也已成为一般性的装饰题材，与宗教关系并不密切（图7-3-7）。瓷器中有一些这样的刻划纹饰，有些装饰在盒盖等器物上，有些在器物底部刻划四瓣荷叶组成一个圆形，内腹部相对的位置有一张侧视的荷叶，莲花纹没有较大形式上的改变，基本保持前朝的风格（图7-3-8；参见图3-1-9）。

图7-3-7　大明宫遗址出土莲瓣纹方砖　　图7-3-8　越窑青瓷上的莲荷装饰

"唐代以后，像带把杯、有脚杯和来通（兽角杯）好像随吹裂玻璃技术一起被中国艺术所拒弃，取而代之的是对瓷器艺术的追求"[614]，青瓷盏更是结合东西纹饰的典型器，在底部安置喇叭形高圈足是西来特色；莲叶纹的刻画柔和流畅，是中国的艺术品味（图7-3-9）。中国艺术家把萨珊艺术流行的八叶杯简化为四叶，"并微妙精巧地把口沿处理为花瓣，浮雕被转化为线刻或以上了釉的颜色的对比来突出圈案"[615]。多瓣花形器物逐渐盛行，当时金银器、铜器和瓷器中都常见，可称为莲花瓣或葵花瓣，瓷器在碗、盏（图7-3-10）、盏托（图7-3-11、图7-3-12）、大型盆、盘（图7-3-13）、海棠杯等大口类器物多呈花口形，口沿以莲花、葵口等花样造型多见。西来的高足杯、带把杯及五曲以上的多曲长杯极少见到，新出现了各式壶，流行葵花形的盘、盒，器体多作四、五曲花形。高足花口杯和海棠盏在晚唐以后一直流行，

图 7-3-9 越窑盏内莲荷纹

图 7-3-10 越窑青瓷花口盏

图 7-3-11 越窑青瓷花口盏托

柒 海上瓷路的文化传播

图 7-3-12　越窑青瓷花口盏托　　　　图 7-3-13　越窑青瓷花口盘

也许是受多曲长杯和葵花盘等器型的影响综合发展出的新器型。

　　豪放大气的唐朝人喜欢国色天香的牡丹，简化了的牡丹与莲花多成为盒盖、盒内底纹饰，在执壶、盘、罐上常见，图案较金银器更为简化，只以寥寥几笔勾勒出意象的轮廓。这些也是秘色瓷主流器物的造型纹样。

　　西域对瓜果类器型的喜爱也被中原一同吸收，壶（图 7-3-14）、瓶等小口深腹类器物的腹部做成瓜棱形，这成了越窑青瓷壶、瓶类器物的最主要装饰。北方流行着带柄长颈、鸭嘴式口、椭圆形腹的胡瓶，据史料记载为中亚粟特银器中流行的品类，在唐代壁画中多为皇家宴饮的酒器（参见图 7-3-1）。这种器型在越窑青瓷中变造为仅几厘米高的凤首壶，约可用作书案上的小砚滴（图 7-3-15）。不论与胡瓶之间是否为同一谱系，都可以说明对外来文化的融会，一定程度地引起艺术喜好上的转化，并最终影响到民风习俗。

五代、两宋纹饰的全面中国化

　　9 世纪中期以后由丝路而来的佛教义学偃旗息鼓，士人越来越倾向于相信真正的佛教信仰由习禅持律所得，以戒律严格护持自己的身心不受污

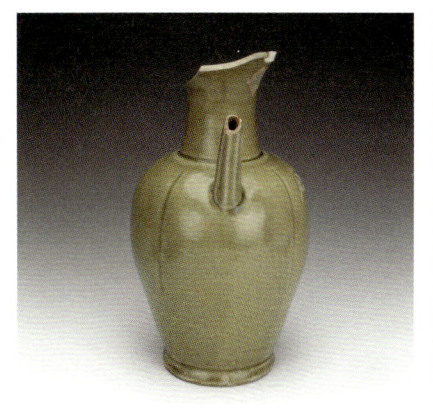

图 7-3-14　越窑瓜棱腹执壶　　　　　　　图 7-3-15　越窑凤首壶

染，通过禅定达到心灵的本原，再坚持于日常生活中时时注重用戒律，小心呵护这种境界不至失坠。灭佛行动虽然使各类宗教造像破坏严重，但并没有迁怒到与宗教一同进入的生活、享受物品之上，器物流行纹饰中的佛教因素并无明显减少，不仅是民众审美惯性的沿袭，也从一个角度说明外来艺术特色已是国学新体系的组成。

　　吴越国不仅打开了国家经济、文化南移的大门，更是影响着中华文化走向的思想熔炼场。这时的西方文化逐渐吸收本土因素，瓷器纹饰的背景与南方特色结合更为紧密，秘色瓷器以江南的简约内敛为特色，型表多无纹饰，器型上仍延续晚唐流行样式，如瓜棱壶、瓶、多曲盘、盏、葵口、花口碗、海棠杯等，都是西来特色中国化以后的造型。陶瓷器物从来就关乎族群的日常习惯，其艺术特性中对传统文化具有极大的包容性，外型、纹饰在继承传统的同时并不拘泥于古旧，经典产品中更是映射着民俗的流动。这时"多曲盘子、大口罐和酒杯被加工成造型雅致优美的釉瓷器皿，装饰的模式有所节制和简化，但可以看出，这些陶瓷器几乎都包含着外来的模式"[616]。外来文化经被改造并逐渐扎根，瓷器纹

柒　海上瓷路的文化传播

饰已不具备宗教内涵。

宋代纹饰的文化意义再次升华，产生出与中国更为贴切的精神内涵，向着士大夫禅定清淡的心理靠拢。这时的越窑产品正因瓷土质量的下滑，透明釉色下胎体较五代秘色瓷已有明显差距，在表面刻划细花装饰成为掩饰瑕疵的好方式，流行纹饰成为直接的参照。青瓷莲纹包罗的意义因此发生了潜移默化的转变，不同思潮各取莲纹相应的内涵：佛教借莲阐释生死欲戒；儒学以莲赞誉品性高洁；百姓以莲比喻兴旺繁盛。此时花式已从宗教意义升华为吉祥寓意的单纯装饰，在画面构图上也由对称体现的庄严，转向民俗喜好的自如、飘逸和闲散，以如意吉祥的姿态为民间艺术普遍采用。越窑瓷外型多以更简洁的莲叶、莲花式样，配合胎体的轻薄质感，呈现出宋瓷盈润淡愁的通透（图 7-3-16 至图 7-3-19）。

由丝路进入中国的植物纹、鸟纹等，业已有了与早期不同的内涵。越瓷的细刻划纹饰在五代青瓷中运用并不多见，到北宋初浅淡刻划纹饰开始与早期中原流行金银器同步，各类鸳鸯、凤鸟、鹦鹉、鱼纹丰富多彩，鸟衔花纹、摩羯纹多见，牡丹纹、缠枝纹更是盛行。刻划线条细畅，纹饰简洁，外罩青釉，低调花样在轻胎薄釉下若隐若现。碗、盘、盒等的内饰中

图 7-3-16　越窑莲瓣纹器盖　　　　图 7-3-17　越窑荷形盘

图 7-3-18　越窑鸳鸯戏荷纹盘　　　　图 7-3-19　越窑鸳鸯戏荷纹盘

的莲花、牡丹温雅清谧、富有层次变化，整体内敛沉静、收放自如，与外型的花样映衬，相得益彰。

唐代鸾鸟颈系飘带，喙衔花环或绶带纹样常见，夏鼐先生曾说，鸾鸟绶带是萨珊式纹样，在克孜尔石窟壁画和萨珊银器上都有出现[617]，同类的织锦形象在中亚壁画中也屡见不鲜。到了中国南北朝时期，石窟装饰中此纹样有了进化，"莲花化生"图开始形成：展翅而立的凤凰或飞龙口中含着莲花，两爪之上拖曳着长尾，由尾部向飞过的空中散布各样的莲花和化生。这些浮生于天空的天莲花，在鬼神之手和凤凰、飞龙之口等处自然形成，随即又游离于天空，向变化生演变，天神便这样从莲花中蜕化而成。衔花龙鸟便是"莲花化生"图的一部分内容，在唐代成为流行纹饰，金银器上多见。同时图像与汉语的结合，"绶"与"寿"的谐音，让它还有长寿的吉祥含义。到了宋代，越窑青瓷上也多有简化了的"鸟衔花"纹样，有鸾凤衔枝（图 7-3-20）、鹦鹉衔花（图 7-3-21）等纹样。

摩羯是印度神话中的河水之神、生命之本，佛经记载它"眼如日月，鼻如大山，口如赤谷"[618]，是鱼中王，它"能避一切恶毒"，成为佛教护

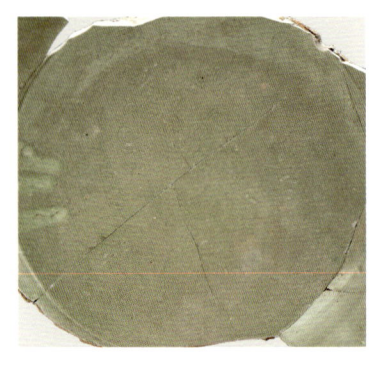

图 7-3-20　鸾凤衔枝纹　　　　　图 7-3-21　鹦鹉衔花纹

法之一，以顾恺之（348-409）《洛神赋图》中的形象最为著名，摩羯在中国流行于唐代以后的器物上[619]。而中国本土的鱼符，在唐代是朝廷授予大臣和各国使者的信物，五品以上官员都会携带，"随身鱼符者，以明贵贱、应召命"[620]。外国使臣到达都城时，必须携正式国书和唐政府颁发的鱼符。在越窑青瓷纹饰中，双鱼纹多见，从凶悍巨牙的张口鱼到细腻婉柔的游曳鱼，再到简略写意的大眼鱼纹，都有着摩羯和朝廷信物相结合的影子（图 7-3-22）。纹饰这时已经逐渐脱离了宗教、政治等背景因素，向单纯的构图审美和吉祥的寓意延伸。

几乎占据整个器体的特大型"卷草"纹、"忍冬"纹，源自波斯、希腊，后流行于欧亚各国，由粟特银器首次传入我国，忍冬纹从南北朝一直流行到唐初，以北朝最盛[621]。萨珊器物上与信奉拜火教有关的阿娜希塔半裸女神、圣树和水中鱼怪等题材

图 7-3-22　摩羯纹

232　发现秘色瓷

（图 7-3-23；参见图 7-3-1），一开始就遭到唐代工匠的摒弃。同来的植物纹样伴随佛教艺术东传，早期主要分布于南北朝的佛教石窟及墓葬画像砖上（图 7-3-24）。唐人喜见的繁缛细密的植物纹样，还带有一些西方韵味，直接继承的却是北朝的风格。植物纹逐渐与汉代以来的我国传统的云气纹、龙纹相结合，并被隋唐文化吸收继承，从较单纯的多曲改为花朵式的多瓣，从几何美走向写实美[622]。由"龙纹"与"卷草"纹结合而成的缠枝纹，在宋代越窑中以印花、刻划花等各类娴熟技法见于碗类容器上，纹饰形象真实，线条流畅利落，纹样动静结合，在润玉碧釉下呈现出错落的色调层次，含蓄着古典的刚柔雅致（图 7-3-25）。

早期进入中国的外来特色，基本由西北方的路上丝路传入，对南方文化的直接影响较小。随着瓷路外销的扩张，五代以后港口城市的外来文化内容丰富，让

图 7-3-23　北朝银器（大同博物馆藏）

图 7-3-24　响堂山北朝石窟卷草纹

图 7-3-25　越窑凤鸟衔枝与卷草纹大盘

柒　海上瓷路的文化传播　233

两浙成为中国与世界文化的衔接通道，两宋以后手工业品紧跟世界潮流，便是建立在这样的经济文化互通地位之上。如果说关陇集团出身的统治者，在隋朝改变中国社会的上层，那么唐朝的胡汉融合则已深入到中原的中下层，到宋代外来特色内容已在江南改造并定型。

南宋以后，高端瓷以陈设、仿古器为主流。对外观、纹饰的喜好朝着清淡朴拙推进，泥胎的轻巧与厚釉的端雅结合出怡情艳色。自远古玉器而来的雷纹、勾云纹、云气纹等，隐约在淡绿的乳浊翠釉之下，以釉层的厚薄勾勒出青绿的水墨，用浓淡皴染出简约的风云流动。青瓷厚釉薄胎的拙古终于定格出"类玉"的文化追求，从此，"宋瓷"成为文藻盛世的称词。以瓷的玉质契合连的恬然，从此浅淡的审美心理有了可触的寄托，抽象出的神圣美好隐约在俭约朴素之中，造就了贵铜瓷不重金玉的时代。散漫其中的外来纹样，已整合为中国文化的内涵组成，在嫩荷涵露的多愁中混漾出澄碧的词心诗境。这时"秘色"已成为青瓷的文化象征，与类玉的乳浊厚釉产品一起代表着越窑的最高成就。

越窑的兴衰是国家政权南向的见证，从器型到纹饰在不同时代的定格，回望华夏学术思想传承衔接，其中珍品的秘色瓷，独醉在声影俱无的空明中，用流年诠释南北文化的聚散起落。在越窑名品的带动下，江西、福建，以及珠江三角洲人口剧增，复制着环太湖区域成长的发展模式，制瓷业以仿越窑青瓷开始，逐渐成为外销瓷的主力。秘色瓷穿越自然的音韵和颜色，在千丝万缕的过往中融入江南烟雨，而今，上林湖窑区多已沉入湖底，在烟涛渺茫中与盛世邂逅。

结　语

上林湖越窑不仅是唐代唯一的高等级青瓷窑址，也是我国现存青瓷遗址中规模最大、保存最完整、持续时间最长的窑区，代表了公元9-11世纪中国制瓷业的最高水平。秘色瓷是晚唐到北宋早期越窑最具特色的产品，这个技术飞升性进步的出现，与时代学术需求、政治南向都密切相关。

隋唐帝国的向南推进，将东南中国的地方小政体切割、分裂、瓦解，再逐步纳入到国家网络之中。国家网络由道路交通线相连接，江南道路体系的成长相当缓慢，两点间由核心地区辐射先成为"线"，随着经济深入再细化成为"树"，然后支线之间有了新的连线，终于演化为密布的"网"[623]。在国家网络南向过程中，学术、政治、文化、习俗都沿着交通线互相渗透、影响，并最终同化，青瓷本是南方最具特色的文化载体，随着政治南向一起进入主流群体。在秦汉帝国时期中国的政治、经济中心集中于中原，江淮对国家尚未形成更大的影响力，到隋唐帝国经济中心与军事政治中心分处南北，运河的开通成为沟通两个中心的标志，特别是盛唐以后江淮的经济逐渐发达，运河地位日渐重要。可以说上林湖越窑的起落与运河的承载力紧密相关，如越窑在唐代复兴时正值开元朝对运河的疏通；到五代时运河不畅，越瓷以开发海外销路支撑秘色瓷技术飞跃；北宋时变法对漕运的改革让"杂运"北上大受影响，越窑从此失去贡瓷地位。越窑的起落是南北格局变换的风向标，正好再现了江淮经济文化地位的确立。

　　唐代行政费用增长使玄宗朝对江淮经济的依赖加强，改善漕运成为获得南方物产的必然策略，于是运河支撑起盛唐时关中的物质供给，正是在帝国柔远镇迩的政治氛围中，越窑进入土贡名单。安史之乱后各方力量沿着交通线深入南方，地方势力逐渐打破了国家对工商业的严控，中原的失地破产农民逐渐分化，或深居山区潜藏于陵泽垦荒，或"佣力客作"[624]，或流向江淮寻求生机。南方发达的手工业成为人口新的安置通道，让流民暴增的政权又多维持了百余年，新劳动力推动着工商业的精细化，江南品牌商品也从区域特色走向华夏"正声"。越窑正是工艺进步与文化契合时代的高端产品。盛唐因对事功的向往让诗中满是雄浑辽阔、博大崇高的气势，晚唐的退缩和萧瑟使平静安适成为时代主题，军事的无力踏碎了往昔的繁华，岁月斑痕在洞水潺鸣中不断修剪，思潮中显现出心境如禅的社会吁求。在由诗向词的文化过渡中，视野从海纳百川转向身旁的涓涓细流，于日常情感中找寻心灵归宿，文化上倾向自守让中华本土艺术复苏。温润平和始终贯穿着江南的文化追求，越窑青瓷以秀丽工致与儒雅优美并峙，从江淮特色浓缩为华夏的文化载体，引领起国人倒戢干戈的心理希求。

　　唐末五代地方割据势力强盛，军阀对江淮物资的争夺造成国家网络破碎。地方势力为立足需扶持本地特色"品牌"，品质绝对高于同类方能获得更高额利润，在这样的挤压中越窑发展至鼎盛，秘色瓷技术也在此时成熟。但至今未见秘色瓷用于销售的证据，而其生产又耗费巨大，可见研发要求中政治追求要远高于经济收益。江南地质丰衍润泽，青天碧落的蒙络摇缀浸润开平和的风度，宽容温婉与西北的大气磅礴经年交融，结合出青瓷由般若清栏造就的禅悟。秘色瓷从疏离中透露出的纯净清淡，与我见犹怜的江南情结融合，在朦胧的浅绛气质中穿透吴越的夜色，缓解着政治斗争的剑拔弩张。在外交中以珍稀性而获得政治利益、文化影响力才是秘色瓷的追求。吴越国以增加税收、加大外销等手段维持起秘色瓷生产，让"秘色"成为士子精神与情怀的组成，在斑驳诗意中牵挂着流离的光阴，成为唯皇家贵族所独享的高端瓷。纳土归宋后"秘色"的政治实用性减退，由越窑提升起来的江淮经济文化实力成为帝国新的关注点。

北宋军事政治中心与经济文化中心南北分立，两个中心的联通关乎家国存亡，漕运通畅甚至是国都选址的首要条件。北宋中期以后越窑的秘色瓷产品逐渐消失，江淮丰富的物产又不断增加着运河的负荷，于是失去贡瓷地位的越窑只能加大外销。南宋初年的江南不仅社会安定，也浓缩着国家发达的经济文化，越窑此时恢复高端瓷的宫廷定制，便是政权落定杭州时因地制宜的选择。也正是由两宋之际始，"秘色"已不再区分透明釉与乳浊釉，成为所有高等级青瓷的统称。在文士汲古修绠的思路下，陶瓷成为三代拟古怀思的入口，由"秘色"诠释的盛世风貌逐渐取代了物质本体。特别是南宋复古礼器造型和类玉色泽的结合，成就了"瓷德"文化的成形，越窑从此成为士子心中"古秘色"的着落处，对其追索的过程也是宋学在新的人文语境中，对古典回溯与再造的一个环节。

宋学将古典的"主敬"与宗教的"主静"相结合，修身养性、入道入学的修持观念造就了士大夫对个体品德心性的完美追求，天人合一的理论建设，让美学在禅意朦胧的寥寥长风中，展现远春落花、人淡如菊的品格。寻觅质朴浅淡的情趣和退避厌世的态度，反对矫揉造作和装饰雕琢，并将之提到透彻了悟的哲学高度，这是理学"内圣外王"的终极目标完成的人间秩序重建。失落的大国豪迈在学术"正统"的重建中复苏，成就了贵瓷不贵金的心理敷设，文士将参与陶瓷设计也当作心灵修行的组成。经过对华夏学术传承的再梳厘，三代成为盛世范本，由古典而来的"玉德"文化观，在南宋"低岭头类型"展开全面的探索，到龙泉窑、官窑乳浊厚釉类产品才最终定型。从此，璞玉的洁净质感与礼器的端稳造型统摄于一，"宋瓷"成为学术思想与高端弄器最典范的结合，不仅是中国瓷的巅峰之作，更成为人品修养臻于完美的代称。

知识力量从古典中创建与统治相结合的学术理论，同时殚精竭虑地以文化艺术形式推动主流思想向下层社会普及。学术进步影响着执政方略的变更，早期国家的政治策略要通过文化工程方能传播，主要渠道有礼仪表演、语言文字、物质载体等，对礼器的掌控也是时政需求。宋代将古礼内涵的道德内容深入民间，神权逐渐被政治、学术力量取代，政体从宗法社会向法治社会过渡，策略的传达途径更为广泛和深入，对祭祀仪式及礼器样式等关乎世袭特权的表演类展示，也就不再具有政治掌控的实际意义。学术"大传统"与民间"小传统"逐渐一致，高端瓷也逐渐走出厅堂，陈设器、礼器以优雅精致诠释人文素养，地方性小窑口多是对高端器物的模仿，形成全国流行瓷器相对统一的时代风貌。国家经济发达、物质丰富使瓷器普及至民间，器物艺术风格中逐渐参与一些民俗喜好，这时突现的类型、多样化的纹样，说明流行器中加入了众多民间需求，这正是主流思想与意识形态接轨的表现。

宋瓷定格着文化修养的澄练儒雅，而这时的越窑却因方便开采的胎土不足，逐渐退出主流视野，其技术由新兴的龙泉窑、景德镇窑等取代。上林湖越窑的技术进步以秘色瓷为最，薄釉通透的青翠成为时代瓷器的最高音，为此后类玉礼器瓷的出现打下了坚实的工艺技术基础。吴越国通过拓展越窑瓷的海外销售，倾国力以维持秘色瓷生产，也使其吸收了众多外来文化因素。秘色瓷在轻风拂面的自如中，将世间波涛融入华夏文化暗绽的辉煌与凄凉，终于落定为士子心中盛世的文化符号。

在隋唐宽广的政治视角中,以众多外来文化为参照才更易看清文化间的差异与共性。越窑再现了帝国主流学术的扩容,三代"允执厥中"[625]的设定不仅用于治理国家内部,也是对外政策的指导思想。汉唐之间由丝绸之路牵引民族间的交流,也将帝国力量引入国际政治舞台,"只有野蛮人才能使一个在垂死的文明中挣扎的世界年轻起来"[626]。新鲜文化血液扩容着学术视野,在"协和万邦"[627]的政治求索中融通南北、协调中西,展示出华夏特有的民族传承。唐宋时期国学在自身壮大的同时,与社会意识形态逐渐结合,精英引导的艺术在学术思想与社会现实间建立起轴线,艺术品以材料、技巧、匠意的差别,刻意传达出社会价值倾向,青瓷是形象载体的模板,在时代激流中锤炼并投射出国家的政治需求。唐宋之间对外来因素的融合取舍,浓缩在上林湖越窑的起落中,由秘色瓷抛引出细弱的思绪,在湖水的灵光中和着人间轻喟细吟时代变迁,期待着峥嵘岁月中再现盛世文化融合的音韵。

本书踏着考古学者寻找秘色瓷的足迹,顺着越窑的盛衰鸟瞰中国学术、政治南向的步伐,制瓷业由唐代的南青北白到两宋的百卉葳蕤,印证着东西文明的飞扬与崩坍。对古典传统的认可是华夏民族凝聚力的根本,西北草原特色渐次弥散在淡久生香的时光中,浓缩进"宋瓷"如玉的文化设定。从此,追索回思"秘色"的古典精致,成为学者寄托"为往圣继绝学,为万世开太平"[628]的精神坐标。正是儒学不舍涓滴的政治胸怀,使华夏文明能超越血统、宗教的局限,以越窑为代表的"中国瓷"是盛世的文明符号,推动着德泽之芳流布。

注　释

序言

[1]　（元）陶宗仪：《南村辍耕录》卷二九《窑器》，中华书局，2004 年。
[2]　葛兆光：《中国思想史》导论，复旦大学出版社，2001 年。
[3]　张庆捷：《解读虞弘墓——北朝定居中国的粟特人》，三晋出版社，2019 年。
[4]　陈寅恪：《金明馆丛稿二编》，生活·读书·新知三联书店，2002 年。
[5]　[日]石见清裕著，胡鸿译：《唐代北方问题与国际秩序》，复旦大学出版社，2019 年。

壹　瓷窑址考古的帷幕

[6]　（宋）司马光：《资治通鉴》卷一七六《陈纪十》，中华书局，1982 年。
[7]　（后晋）刘昫等：《旧唐书》卷七五《韦云起》，中华书局，1975 年。
[8]　（宋）赵令畤撰，孔凡礼点校：《侯鲭录》卷六《秘色瓷器》，中华书局，2002 年。
[9]　（宋）欧阳修：《新五代史》卷六七《吴越世家七·钱俶》，中华书局，1974 年。
[10]　（宋）施宿等：《嘉泰会稽志》卷八《宫观寺院二·上虞·广教院》，《宋元方志丛刊》第七册，中华书局，1990 年。
[11]　王结华、罗鹏：《青瓷千年映钱湖》，宁波出版社，2021 年。

贰　秘色瓷初现：法门寺秘色瓷标准器

[12]　禚振西等：《法门寺出土唐代秘色瓷初探》，《越窑·秘色瓷》，上海古籍出版社，1996 年。
[13]　（清）吴任臣撰，徐敏霞、周莹点校：《十国春秋》卷七八《吴越二·武肃王世家下》，中华书局，1983 年。

[14] （唐）魏徵等：《隋书》卷三五《志第三十·经籍四》，中华书局，1973年。
[15] （唐）魏徵等：《隋书》卷三五《志第三十·经籍四》，中华书局，1973年。
[16] （宋）司马光：《资治通鉴》卷二〇四《唐纪二十》，中华书局，1956年。
[17] 费泳：《汉唐佛教造像艺术史》，湖北美术出版社，2017年。
[18] 李崇峰：《佛教考古：从印度到中国》，上海古籍出版社，2020年。
[19] 吕建福：《中国密教史》，中国社会科学出版社，1995年。
[20] 汤用彤：《隋唐佛教史稿》，江苏教育出版社，2007年。
[21] （清）乾隆钦定：《钦定礼记义疏》卷六六《中庸第三十一》，吉林出版社，2005年。
[22] （清）惠栋撰，郑万耕点校：《周易述》卷二二《易微言》，中华书局，2007年。
[23] （清）郭庆藩撰，王孝鱼点校：《庄子集释》外篇《知北游》，中华书局，2013年。
[24] 葛兆光：《中国宗教与文学论集》，清华大学出版社，1998年。
[25] 梁启超：《论中国学术思想变迁之大势》，上海古籍出版社，2006年。
[26] 朱溢：《唐代孔庙释奠礼仪新探——以其功能和类别归属的讨论为中心》，《史学月刊》2011年第1期；高明士：《隋唐教育法制与礼律的关系》，《唐研究》第4卷，北京大学出版社，1998年。
[27] （宋）王溥：《唐会要》卷三五《释奠》，中华书局，1955年。
[28] 陈寅恪：《寒柳堂集》，生活·读书·新知三联书店，2002年。
[29] （后晋）刘昫等：《旧唐书》卷六七《列传第十七·李靖》，中华书局，1975年。
[30] （后晋）刘昫等：《旧唐书》卷五《本纪第五·高宗下》，中华书局，1975年。
[31] （后晋）刘昫等：《旧唐书》卷二《本纪第二·太宗上》，中华书局，1975年。
[32] 王重民：《敦煌变文研究》，《中华文史论丛》1981年第2期。
[33] 程旭：《唐韵胡风——唐墓壁画中的外来文化因素及其反映的民族关系》，文物出版社，2016年。
[34] 李泽厚：《美的历程》，天津社会科学院出版社，2009年。
[35] 陈寅恪：《金明馆丛稿二编》，生活·读书·新知三联书店，2001年。
[36] （宋）欧阳修：《文忠集》卷一三九《集古录跋尾卷六》，吉林出版集团有限责任公司，2005年。
[37] 中国社会科学院考古研究所、河北省文物研究所邺城考古队：《河北省临漳县邺城遗址东魏北齐佛寺塔基的发现与发掘》，《考古》2003年第10期。

[38]（唐）释道宣：《续高僧传》卷二二《释洪遵传》，中华书局，2014年。

[39] 杨泓：《法门寺塔基发掘与中国古代舍利瘗埋制度》，《文物》1988年第10期。

[40] 河北省文化局文物工作队：《河北定县出土北魏石函》，《考古》1966年第5期。

[41] 中国社会科学院考古研究所、河北省文物研究所邺城考古队：《河北临漳县邺城遗址东魏北齐佛寺塔基的发现与发掘》，《考古》2003年第10期。

[42]（隋）王劭：《广弘明集》卷一七《舍利感应记》，僧佑、道宣：《弘明集·广弘明集》，上海古籍出版社，1992年。

[43]（唐）释道世著，周叔迦、苏晋仁校注：《法苑珠林》卷三八《故塔部第六》，中华书局，2003年。

[44] 杨泓：《法门寺塔基发掘与中国古代舍利瘗埋制度》，《文物》1988年第10期。

[45] 孙机：《中国古代物质文化》，中华书局，2015年。

[46]（明）顾炎武著，郑若萍注译：《日知录》卷七，崇文书局，2020年。

[47]（宋）陈耆卿：《嘉定赤城志》卷一九《山水门·山》，中国文史出版社，2008年。

[48]（唐）房玄龄等：《晋书》卷九五《列传第六十五·单道开》，中华书局，1974年。

[49]（梁）萧子显：《南齐书》卷三，中华书局，1972年。

[50]（唐）陆羽等：《茶经》卷下，浙江人民美术出版社，2016年。

[51] 项楚：《敦煌变文选注》，中华书局，2006年。

[52]（唐）陆羽：《茶经》卷上，浙江人民美术出版社，2016年。

[53]《佛说大方广善巧方便经》，释传印主编《中国佛教护国文献集成》第二册，国家图书馆出版社，2011年。

[54] 孙机：《中国古代物质文化》，中华书局，2015年。

[55]（明）董斯张：《广博物志》卷四一，上海古籍出版社，1992年。

[56]（唐）欧阳询：《艺文类聚》卷八二，北京图书馆出版社，2004年。

[57]（宋）袁文著，李伟国校：《瓮牖闲评》卷六，见《瓮牖闲评 考古质疑》，中华书局，2007年。

[58] 孙机：《中国古代物质文化》，中华书局，2014年。

[59] 孙机：《唐宋时代的茶具与酒具》，《中国历史博物馆馆刊》1982年总第4期。

[60] 高义夫：《北方唐墓出土瓷器的考古学研究》，吉林大学博士学位论文，2019年。

[61]（唐）李匡乂：《资暇集》卷下《注子偏提》，见《古今注、中华古今注、封氏闻见记、

[62] 《萧翼赚兰亭图》为唐代大画家阎立本根据何延之《兰亭记》的记载所作;《调琴啜茗图》为唐代著名画家周昉所绘,描绘了唐代仕女闲散恬静的享乐情景。

[63] (唐)封演撰,赵贞信校注:《封氏闻见记校注》卷六《饮茶》,中华书局,2005年。

[64] 孙机:《中国古代物质文化》,中华书局,2015年。

[65] (宋)欧阳修:《新唐书》卷一九六《列传第一二一·陆羽》,中华书局,1986年。

[66] 乐素娜:《唐画中的煮茶场景及茶具文物考》,《农业考古》2017年第5期。

[67] 齐东方:《花舞大唐春——解读何家村遗宝》,上海古籍出版社,2018年。

[68] (后晋)刘昫等:《旧唐书》卷一九〇下《列传第一百四十下·王维传》,中华书局,1975年。

叁 越窑的繁荣:荷花芯窑址

[69] (宋)孔延之撰,邹志方点校:《会稽掇英总集》卷一三《观上林垾器》,人民出版社,2006年。

[70] 阎步克:《波峰与波谷——秦汉魏晋南北朝的政治文明》,北京大学出版社,2009年。

[71] (明)王祜撰:《人事记续编》卷四八,《文渊阁四库全书》电子版,上海人民出版社、迪志文化出版有限公司,1999年。

[72] 钱穆讲述,叶龙记录整理:《中国经济史》,北京联合出版公司,2016年。

[73] 全汉昇:《唐宋帝国与运河》,重庆出版社,2020年。

[74] (元)马端临撰,上海师范大学古籍研究所、华东师范大学古籍研究所点校:《文献通考》卷二五《国用考三·漕运》,中华书局,2011年。

[75] (唐)吴兢:《贞观政要》卷一〇《论慎终》,中华书局,2016年。

[76] [日]丸桥充拓著,张桦译:《唐代军事财政与礼制》,西北大学出版社,2018年。

[77] (后晋)刘昫等:《旧唐书》卷六一《列传第十一·窦威附兄子轨传》,中华书局,1975年。

[78] (后晋)刘昫:《旧唐书》卷八四《列传第三十四·刘仁轨传》,中华书局,1975年。

[79] (唐)李林甫等撰,陈仲夫点校:《唐六典》卷七《尚书工部》,中华书局,1992年。

[80] (元)马端临撰,上海师范大学古籍研究所、华东师范大学古籍研究所点校:《文献通考》卷二五《国用考三·漕运》,中华书局,2011年。

[81] 严耕望认为(《治史三书》,上海世纪出版股份有限公司,2011年)唐代节度使制度粗看起来是唐代所创的、所独有的制度,其实它的结构形式及其他作用与魏晋南北朝的督府制度完全一样,只是名称不同而已。

[82] [日]丸桥充拓著,张桦译:《唐代军事财政与礼制》,西北大学出版社,2018年。

[83] (宋)欧阳修:《新唐书》卷五〇《志第四十·兵》,中华书局,1975年。

[84] 朱绍侯等:《中国古代史》,福建人民出版社,2004年。

[85] (宋)宋敏求编,洪丕谟等点校:《唐大诏令集》卷六九《典礼·南郊三·贞元元年南郊大赦天下制》,学林出版社,1992年。

[86] 刘玉峰:《唐代经济结构及其变化研究:以所有权结构为中心》,山东大学出版社,2014年。

[87] (后晋)刘昫等:《旧唐书》卷一二三《列传七十三·刘晏传》,中华书局,1975年。

[88] 汪篯:《汪篯汉唐史论稿》,北京大学出版社,2016年。

[89] 钱穆讲述,叶龙记录整理:《中国经济史》,北京联合出版公司,2016年。

[90] (宋)欧阳修:《新唐书》卷五二《志第四十二·食货二》,中华书局,1975年。

[91] (后晋)刘昫等:《旧唐书》卷四八《志第二十八·食货上》,中华书局,1975年。

[92] 漆侠:《漆侠全集》第一卷,河北大学出版社,2009年。

[93] (唐)吴兢:《贞观政要》卷二《直谏》,中华书局,2016年。

[94] 钱穆讲述,叶龙记录整理:《中国经济史》,北京联合出版公司,2016年。

[95] (唐)长孙无忌等撰,岳纯之点校:《唐律疏议》卷一二《户婚律》,上海古籍出版社,2013年。

[96] 天一阁博物馆等:《天一阁藏明钞本天圣令校证》,中华书局,2006年。

[97] 杨际平:《北朝隋唐均田制新探》,岳麓书社,2003年。

[98] (清)董诰等:《全唐文》卷三三《元宗十四·禁官夺百姓口分永业田诏》,中华书局,1983年。

[99] (宋)欧阳修:《新唐书》卷五二《志第四十二·食货二》,中华书局,1975年。

[100] (宋)王溥:《唐会要》卷八三《嫁娶》,中华书局,2017年。

[101] 刘玉峰:《唐代经济结构及其变化研究:以所有权结构为中心》,山东大学出版社,2014年。

[102] (唐)杜佑:《通典》卷二《食货二·田制下》,中华书局,1988年。

［103］（宋）王钦若等编纂，周勋初等校订：《册府元龟》卷四九七《邦计部·河渠》，凤凰出版社，2006年。

［104］（唐）杜佑：《通典》卷一七四《州郡四·安西府》，中华书局，1988年。

［105］陈寅恪：《陈寅恪集·隋唐制度渊源略论稿　唐代政治史述论稿》，生活·读书·新知三联书店，2001年。

［106］（宋）司马光：《资治通鉴》卷二二二《唐纪三十八》，中华书局，1956年。

［107］（宋）王溥：《唐会要》卷八三《租税上》，中华书局，2017年。

［108］（宋）欧阳修：《新唐书》卷一四五《列传第七十·杨炎传》，中华书局，1975年。

［109］（明）王祎：《大事记续编》卷五九，《文渊阁四库全书》电子版，上海人民出版社、迪志文化出版有限公司，1999年。

［110］（后晋）刘昫等：《旧唐书》卷一四《本纪第十四·顺宗》，中华书局，1975年。

［111］（后晋）刘昫等：《旧唐书》卷五九《列传第九·袭誉传》，中华书局，1975年。

［112］（宋）李昉等：《文苑英华》卷八一二《水门·通爱敬陂水门记》，中华书局，1990年。

［113］（宋）李昉等：《文苑英华》卷九五〇《职官十二·常州刺史杨公墓志铭》，中华书局，1990年。

［114］（宋）李昉等：《文苑英华》卷八一三《河渠·绛岩湖记》，中华书局，1990年。

［115］（后晋）刘昫等：《旧唐书》卷一五六《列传第一百六·于頔传》，中华书局，1975年。

［116］（后晋）刘昫等：《旧唐书》卷一六三《列传第一百一十三·孟简传》，中华书局，1975年。

［117］（宋）王钦若等编纂，周勋初等校订：《册府元龟》卷四七四《台省部·奏议第五》，凤凰出版社，2006年。

［118］（清）董诰等：《全唐文》卷四八六《权德舆四·论江淮水灾上疏》，上海古籍出版社，1990年。

［119］（清）董诰等：《全唐文》卷七四八《杜牧一·李讷除浙东观察使兼御史大夫制》，上海古籍出版社，1990年。

［120］钱穆讲述，叶龙记录整理：《中国经济史》，北京联合出版公司，2016年。

［121］王美涵：《税收大辞典》，辽宁人民出版社，1991年。

[122]（元）马端临撰，上海师范大学古籍研究所、华东师范大学古籍研究所点校：《文献通考》卷一五《征榷考二》，中华书局，2011年。

[123]（后晋）刘昫等：《旧唐书》卷一二三《列传第七十三·第五琦》，中华书局，1975年。

[124]（宋）杨侃撰，马怡点校：《两汉博闻》卷三，中州古籍出版社，1991年。

[125]（宋）欧阳修：《新唐书》卷五四《志第四十四·食货四》，中华书局，1975年。

[126]［英］杜希德著，丁俊译：《唐代财政》，中西书局，2016年。

[127] 李锦绣：《唐代财政史稿》，社会科学文献出版社，2007年。

[128]（清）董诰等：《全唐文》卷六三《宪宗八·上尊号赦文》，上海古籍出版社，1990年。

[129] 何汝泉：《唐财政三司使研究》，中华书局，2013年。

[130] 冻国栋：《唐代人口问题研究》，武汉大学出版社，1993年。

[131]［加］蒲立本著，丁俊译：《安禄山叛乱的背景》，中西书局，2018年。

[132] 周振鹤：《中国地方行政制度史》，上海人民出版社，2014年。

[133]［日］青山定雄：《对隋唐宋三代户数的地域考察》，《历史学研究》1936年第4期。

[134]（宋）李昉等：《文苑英华》卷八〇四《厅壁记八·吴县令厅壁记》，中华书局，1990年。

[135]（宋）乐史撰，王文楚等点校：《太平寰宇记》，中华书局，2007年。

[136]（宋）司马光：《资治通鉴》卷二九一《后周纪二》，中华书局，1956年。

[137] 以上数字参考冻国栋：《中国人口史——隋唐五代时期》，复旦大学出版社，2002年。

[138] 瞿同祖：《中国思想与制度论集》，联经出版事业公司，1976年。

[139] 阎步克：《士大夫政治演生史稿》，北京大学出版社，2015年。

[140]（唐）魏徵等：《隋书》卷二《帝纪第二·高祖下》，中华书局，1973年。

[141]（唐）魏徵等：《隋书》卷三《帝纪第三·炀帝上》，中华书局，1973年。

[142]（唐）魏徵等：《隋书》卷三二《志第二十七·经籍一》，中华书局，1973年。

[143]（唐）李延寿：《南史》卷三六《列传第二十六·江斅传》，中华书局，1975年。记南齐时寒人纪僧真求于齐武帝，"唯就陛下乞作士大夫"，不料却为士族所挫辱，复言"士大夫故非天子所命"。

[144]［英］彼得·柏克：《知识社会史——从古腾堡到狄德罗》，浙江大学出版社，2016年。

［145］ 梁启超：《论中国学术思想变迁之大势》，上海古籍出版社，2006年。

［146］ 田余庆：《秦汉魏晋史探微》，中华书局，2011年。

［147］ ［美］姜士彬著，范兆飞、秦伊译：《中古中国的寡头政治》，中西书局，2016年。

［148］ （唐）杜佑：《通典》卷一五《选举三》，中华书局，1988年。

［149］ 杨向奎：《大一统与儒家思想》上，北京出版社，2016年。

［150］ 陈寅恪：《陈寅恪集——隋唐制度渊源略论稿 唐代政治史述论稿》，生活·读书·新知三联书店，2001年。

［151］ （后晋）刘昫等：《旧唐书》卷六五《列传第十五·高士廉》，中华书局，1975年。

［152］ ［美］姜士彬著，范兆飞、秦伊译：《中古中国的寡头政治》，中西书局，2016年。

［153］ 全汉昇：《唐宋帝国与运河》，重庆出版社，2020年。

［154］ ［美］谭凯：《中古中国门阀大族的消亡》，社会科学文献出版社，2017年。

［155］ （汉）班固：《汉书》卷七五《夏侯胜传》，中华书局，1964年。

［156］ 余英时著，沈志佳编：《余英时文集·第二卷·中国思想传统及其现代变迁》，广西师范大学出版社，2014年。

［157］ 陈寅恪：《陈寅恪集·隋唐制度渊源略论稿 唐代政治史述论稿》，生活·读书·新知三联书店，2001年。

［158］ 陈寅恪：《讲义及杂稿》，生活·读书·新知三联书店，2002年。

［159］ （宋）欧阳修：《新唐书》卷一一《志第一·礼乐志一》，中华书局，1975年。

［160］ （宋）欧阳修：《新唐书》卷一七六《列传第一百一·韩愈传》，中华书局，1975年。

［161］ 冻国栋：《中国人口史——隋唐、五代时期》，复旦大学出版社，2002年。

［162］ （后晋）刘昫等：《旧唐书》卷一八《本纪第十八上·武宗》，中华书局，1975年。

［163］ 钱穆讲述，叶龙记录整理：《中国经济史》，北京联合出版公司，2016年。

［164］ （五代）何光远撰，邓星亮、邬宗玲、杨梅校注：《鉴诫录》卷一，巴蜀书社，2011年。

［165］ （唐）慧能：《六祖坛经》，广陵书社，2003年。

［166］ （宋）李昉等：《文苑英华》卷七五九《杂论中·词科论》，中华书局，1990年。

［167］ 吴玉贵：《中国风俗通史·隋唐五代卷》，上海文艺出版社，2006年。

［168］ （唐）杜佑：《通典》卷一七《选举五》，中华书局，1988年。

［169］ 汪篯：《汪篯汉唐史论稿》，北京大学出版社，2016年。

[170]［日］那波利贞:《唐代社会文化史研究》,日本创文社,1977年,转引自葛兆光著:《且借纸遁:读书日记选》,广西师范大学出版社,2014年。

[171]（后晋）刘昫等:《旧唐书》卷四四《志第二十四·职官三》,中华书局,1975年。

[172]（宋）欧阳修:《新唐书》卷五二《志第四十二·食货二》,中华书局,1986年。

[173]（宋）吕祖谦:《历代制度详说》卷四《漕运·详说》,江苏广陵古籍刻印社,1990年。

[174]（唐）李吉甫:《元和郡县图志》卷二《关内道》,国家图书馆出版社,2011年。

[175]（宋）司马光:《资治通鉴》卷二〇九《唐纪二十五》,中华书局,1956年。

[176]（明）陈耀文:《天中记》卷一三《都邑》,上海古籍出版社,1991年。

[177]（宋）宋敏求:《唐大诏令集》卷七九《典礼》,商务印书馆,1959年。

[178]（唐）杜佑:《通典》卷一〇《食货·漕运》,中华书局,1988年。

[179]（宋）欧阳修:《新唐书》卷五二《志第四十二·食货二》,中华书局,1975年。

[180] 王永兴:《唐代上贡资料系年——唐代土贡研究之一》,《北京大学学报》1982年第4期。

[181]（宋）欧阳修:《新唐书》卷四一《志第三十一·地理五》,中华书局,1975年。

[182]（后晋）刘昫等:《旧唐书》卷四八《志第二十八·食货上》,中华书局,1975年。

[183]（后晋）刘昫等:《旧唐书》卷一二三《列传第七十三·刘晏》,中华书局,1975年。

[184]（宋）欧阳修:《新唐书》卷五一《志第四十一·食货一》,中华书局,1986年。

[185] 全汉昇:《唐宋帝国与运河》,重庆出版社,2020年。

[186]（宋）司马光:《资治通鉴》卷二二七《唐纪四十三》,中华书局,1956年。

[187]（宋）范祖禹:《唐鉴》卷一四《德宗三》,北京图书馆出版社,2004年。

[188]（元）马端临撰,上海师范大学古籍研究所、华东师范大学古籍研究所点校:《文献通考》漕运,中华书局,2011年。

[189]（后晋）刘昫等:《旧唐书》卷一四六《列传第九十六·杜亚》,中华书局,1975年。

[190]（宋）欧阳修:《新唐书》卷一六七《列传九十二·王播传》,中华书局,1986年。

[191]（宋）洪迈:《容斋随笔》卷九《唐扬州之盛》,中华书局,2005年。

[192]（清）董诰等:《全唐文》卷四六二《陆贽三·杜亚淮南节度使制》,上海古籍出版社,1990年。

[193]［美］谭凯:《中古中国门阀大族的消亡》,社会科学文献出版社,2017年。

[194] （清）董诰等：《全唐文》卷七五三《杜牧六·上宰相求杭州启》，上海古籍出版社，1990年。

[195] 宁欣：《唐史识见录》，商务印书馆，2009年。

[196] 王永兴：《唐代上贡资料系年——唐代土贡研究之一》，《北京大学学报》1982年第4期。

[197] （宋）欧阳修：《新唐书》卷五一《志第四十一·食货一》，中华书局，1975年。

[198] （宋）欧阳修：《新唐书》卷五二《志第四十二·食货二》，中华书局，1975年。

[199] （宋）欧阳修：《新唐书》卷五一《志第四十一·食货一》，中华书局，1975年。

[200] （唐）李林甫等撰，陈仲夫点校：《唐六典》卷三《尚书户部》，中华书局，1992年。

[201] （宋）朱胜非：《绀珠集》卷五，《文渊阁四库全书》电子版，上海人民出版社、迪志文化出版有限公司，1999年。

[202] 郑建华：《越窑贡瓷与相关问题》，浙江省文物考古研究所编《纪念浙江省文物考古研究所建所二十周年论文集》，西泠印社，1999年。

[203] （明）赵廷瑞修，马理、吕柟纂，董健桥总校点：《陕西通志》卷二六《贡赋三》，三秦出版社，2006年。

[204] （宋）欧阳修：《新唐书》卷三九《志第二十九·地理三》，中华书局，1975年。

[205] （唐）陆羽等：《茶经》之四《茶之器》，浙江人民美术出版社，2016年。

[206] 杨泓：《束禾集：考古视角的艺术史》，中国社会科学出版社，2018年。

[207] 李君：《唐代金银器对瓷器的影响浅析》，《收藏界》2012年第3期。

[208] 齐东方：《交流的价值——外来器物与中国文化》，杨海洋编《昆仑名师讲坛演讲录》，商务印书馆，2013年。

[209] 乐素娜：《唐画中的煮茶场景及茶具文物考》，《农业考古》2017年第5期。

[210] （唐）段安节撰，亓娟莉校注：《乐府杂录校注》，上海古籍出版社，2015年。

肆　越窑由盛转衰：寺龙口窑址

[211] （宋）周密撰，邓子勉点校：《云烟过眼录》卷四《廉端甫藏》，见《志雅堂杂钞　云烟过眼录　澄怀录》，中华书局，2018年。

[212] 郑建华：《越窑贡瓷与相关问题》，浙江省文物考古研究所编《纪念浙江省文物考古研究所建所二十周年论文集》，西泠印社，1999年。

[213] 浙江省文物考古研究所、北京大学考古文博学院、慈溪市文物管理委员会：《寺龙口越窑址》，文物出版社，2002年。

[214] （宋）礼部太常寺纂修，（清）徐松辑：《中兴礼书》卷五九《明堂祭器》，国家图书馆藏《永乐大典》辑本。

[215] 周振鹤：《中国地方行政制度史》，上海人民出版社，2014年。

[216] 钱锺书：《宋诗选注》，人民文学出版社，1982年。

[217] 葛兆光：《宅兹中国——重建有关"中国"的历史论述》，中华书局，2012年。

[218] 葛兆光：《中国禅思想史：从六世纪到十世纪》（增订本），上海古籍出版社，2008年。

[219] 吴宗国：《中古社会变迁与隋唐史研究》，中华书局，2019年。

[220] 汤用彤：《汤用彤学术论文集》，中华书局，1983年。

[221] 《金刚经》第七品《无得无说分》，赖永海主编、陈秋平注《金刚经·心经》，中华书局，2010年。

[222] 荣新江：《丝绸之路与东西文化交流》，北京大学出版社，2015年。

[223] 汤用彤：《隋唐佛教史稿》，江苏教育出版社，2007年。

[224] （宋）赞宁：《宋高僧传》卷一七《护法篇第五·唐京兆福寿寺文畅传》，中华书局，1987年。

[225] （宋）赞宁：《宋高僧传》卷一〇《习禅篇第三之三·唐新吴百丈山怀海传》，中华书局，1987年。

[226] 余英时著，沈志佳编：《余英时文集·第三卷·儒家伦理与商人精神》，广西师范大学出版社，2014年。

[227] （宋）李心传撰，徐规校：《建炎以来朝野杂记》乙集卷三《上德三·原道辨易名三教论》，中华书局，2006年。

[228] （清）郭庆藩撰，王孝鱼点校：《庄子集释》外篇《知北游》，中华书局，2013年。

[229] 葛兆光：《中国宗教与文学论集》，清华大学出版社，1998年。

[230] （明）黄淮、杨士奇著：《历代名臣奏议》卷九六，上海古籍出版社，2012年。

[231] （明）黄淮、杨士奇著：《历代名臣奏议》卷三二五，上海古籍出版社，2012年。

[232] （清）王夫之《宋论·太祖》，清道光二十七年刻本，"太祖勒石，锁置殿中，使嗣君即位，入而跪读。其戒有三：一、保全柴氏子孙；二、不杀士大夫；三、不加农田

之赋。呜呼！若此三者，不谓之盛德也不能"。

[233] 许倬云：《中国古代文化的特质》，北京大学出版社，2013年。

[234] 陈寅恪：《陈寅恪集·隋唐制度渊源略论稿 唐代政治史述论稿》，生活·读书·新知三联书店，2001年。

[235] （宋）司马光：《资治通鉴》卷二六四《唐纪八十》，中华书局，1982年。

[236] 全汉昇：《唐宋帝国与运河》，重庆出版社，2020年。

[237] [美] 谭凯：《中古中国门阀大族的消亡》，社会科学文献出版社，2017年。

[238] （宋）王明清著，田松青校点：《挥麈录》前录卷二《本朝族望之盛》，上海古籍出版社，2012年。

[239] （明）黄淮、杨士奇：《历代名臣奏议》卷二六七《理财》，上海古籍出版社，2012年。

[240] 葛兆光：《古代中国文化讲义》，复旦大学出版社，2006年。

[241] （宋）张九成：《孟子传》卷一二《滕文公章句下》，吉林出版集团有限责任公司，2005年。

[242] 阎步克：《士大夫政治演生史稿》（第三版），北京大学出版社，2015年。

[243] （宋）邵博撰，李剑雄校注：《邵氏闻见后录》卷二三，中华书局，1983年。

[244] （元）马端临撰，上海师范大学古籍研究所、华东师范大学古籍研究所点校：《文献通考》卷一二《职役考一·历代乡党版籍职役》，中华书局，2011年。

[245] 余英时著，沈志佳编：《余英时文集·第四卷·中国知识人之史的考察》，广西师范大学出版社，2014年。

[246] （明）黄淮、杨士奇：《历代名臣奏议》卷八《圣学》，上海古籍出版社，2012年。

[247] （宋）彭百川：《太平治迹统类》卷一三《神宗任用安石》，江苏广陵古籍刻印社，1981年。

[248] （宋）吕祖谦：《历代制度详说》卷十一《兵制·详说》，江苏广陵古籍刻印社，1983年。

[249] 漆侠：《漆侠全集》第一卷，河北大学出版社，2009年。

[250] （宋）程颢、程颐：《二程遗书》卷二二上《伊川语录》，上海古籍出版社，2020年。

[251] 余英时：《士与中国文化》，上海人民出版社，1987年。

[252] （元）脱脱等：《宋史》卷一七九《志第一百三十二·食货下一》，中华书局，1985年。

[253]（元）脱脱等：《宋史》卷三五五《列传第一百一十四·李南公》，中华书局，1985年。

[254]（清）徐松：《宋会要辑稿·食货四·历代土贡》，上海古籍出版社，2014年。

[255]（宋）赵与峕：《宾退录》卷一〇，北京图书馆出版社，2003年。

[256]（元）脱脱等：《宋史》卷一六七《志第一百二十·职官七》，中华书局，1985年。

[257] 郑建华：《越窑贡瓷与相关问题》，浙江省文物考古研究所编《纪念浙江省文物考古研究所建所二十周年论文集》，西泠印社，1999年。

[258] 陕西省文物考古研究所：《五代黄堡窑址》，文物出版社，1997年。

[259] 肖发标：《北宋景德镇窑的贡瓷问题》，《中国古陶瓷研究》第七辑，紫禁城出版社，2001年。

[260]（宋）王存撰，王文楚、魏嵩山点校：《元丰九域志》卷三《永兴军路》，中华书局，2004年。

[261]（元）马端临撰，上海师范大学古籍研究所、华东师范大学古籍研究所点校：《文献通考》卷三二二《舆地考八·耀州》，中华书局，2011年。

[262]（清）李鸿章修，（清）黄彭年纂，崔广社等点校：《畿辅通志》卷五七《土产·瓷器》，河北大学出版社，2019年。

[263] 全汉昇：《唐宋帝国与运河》，重庆出版社，2020年。

[264]（元）脱脱等：《宋史》卷一七五《志第一百二十八·食货上三》，中华书局，1985年。

[265] 全汉昇：《唐宋帝国与运河》，重庆出版社，2020年。

[266]（元）马端临撰，上海师范大学古籍研究所、华东师范大学古籍研究所点校：《文献通考》卷二〇《市籴考一·均输市易》，中华书局，2011年。

[267] 全汉昇：《唐宋帝国与运河》，重庆出版社，2020年。

[268] 郑建明：《五代至北宋时期耀州窑青瓷分期研究》，待刊。

[269]（宋）陆游撰，高克勤校点：《老学庵笔记》卷二，上海古籍出版社，2012年。

[270]（清）黄以周等辑注，顾吉辰点校：《续资治通鉴长编拾补》卷二〇，中华书局，2004年。

[271] 邓广铭：《岳飞传》，生活·读书·新知三联书店，2007年。

[272]（明）黄淮、杨士奇：《历代名臣奏议》卷一四六《用人》，上海古籍出版社，2012年。

[273] 汪圣铎点校：《宋史全文》卷六《宋真宗二》，中华书局，2016年。

[274]（明）陶宗仪：《说郛》卷一二《袖中锦·天下第一》，中国书店，1986年。

[275] 杨果：《中国翰林制度研究》，武汉大学出版社，1996年。

[276] （宋）徐兢：《宣和奉使高丽图经》卷三二《器皿三·陶炉》，国家图书馆出版社，2009年。

[277] （宋）庄绰撰，李保民校点：《鸡肋编》卷上，上海古籍出版社，2012年。

[278] （清）厉鹗：《辽史拾遗》卷二二《二国外纪第四十五·高丽》，中华书局，1985年。

[279] 白焜：《宋蒋祈〈陶记〉校注》，《景德镇陶瓷》1981年第1期。

伍 越窑的尾声：低岭头窑址

[280] 河南省文物考古研究所：《宝丰清凉寺汝窑》，大象出版社，2008年。

[281] 魏天安：《宋代官营经济史》，人民出版社，2011年。

[282] （清）陈元龙：《格致镜原》卷三六《珍宝类·古窑器·汝窑》，上海古籍出版社，1992年。

[283] 朱守梅等：《南宋低岭头窑青瓷与传统越窑青瓷和汝瓷关系的研究》，《考古与文物》2008年第5期。

[284] （宋）李心传撰，辛更儒点校：《建炎以来系年要录》卷四，上海古籍出版社，2018年。

[285] （元）脱脱等：《宋史》卷二三《本纪第二十三·钦宗》，中华书局，1985年。

[286] （宋）李心传撰，辛更儒点校：《建炎以来系年要录》卷五，上海古籍出版社，2018年。

[287] （宋）李心传撰，辛更儒点校：《建炎以来系年要录》卷七，上海古籍出版社，2018年。

[288] ［日］寺地遵著，蒋蓓译：《南宋初期政治史研究》，华东师范大学出版社，2018年。

[289] （宋）李心传撰，辛更儒点校：《建炎以来系年要录》卷四二，上海古籍出版社，2018年。

[290] （元）脱脱等：《宋史》卷二五《本纪第二十五·高宗二》，中华书局，1985年。

[291] （清）徐乾学：《资治通鉴后编》卷一〇七《宋纪一百七》，《文渊阁四库全书》电子版，上海人民出版社、迪志文化出版有限公司，1999年。

[292] （元）脱脱等：《宋史》卷一六六《志第一百十九·职官六》，中华书局，1985年。

[293] 邓广铭：《岳飞传》，生活·读书·新知三联书店，2007年。

[294]（宋）李心传撰，辛更儒点校：《建炎以来系年要录》卷四八，上海古籍出版社，2018年。

[295]（元）脱脱等：《宋史》卷二四《本纪第二十四·高宗一》，中华书局，1985年。

[296]（宋）李心传撰，辛更儒点校：《建炎以来系年要录》卷一七，上海古籍出版社，2018年。

[297]（宋）李心传撰，辛更儒点校：《建炎以来系年要录》卷一二三，上海古籍出版社，2018年。

[298]（宋）李心传撰，辛更儒点校：《建炎以来系年要录》卷一一九，上海古籍出版社，2018年。

[299]（宋）李心传撰，辛更儒点校：《建炎以来系年要录》卷一二七，上海古籍出版社，2018年。

[300]（宋）李心传撰，辛更儒点校：《建炎以来系年要录》卷一三九，上海古籍出版社，2018年。

[301]（宋）李心传撰，辛更儒点校：《建炎以来系年要录》卷一四七，上海古籍出版社，2018年。

[302]（宋）李心传撰，辛更儒点校：《建炎以来系年要录》卷一四二，上海古籍出版社，2018年。

[303][日]寺地遵著，蒋蓓译：《南宋初期政治史研究》，华东师范大学出版社，2018年。

[304]（宋）李心传撰，辛更儒点校：《建炎以来系年要录》卷一一七，上海古籍出版社，2018年。

[305]汪圣铎点校：《宋史全文》卷二一《宋高宗十四》，中华书局，2016年。

[306]（宋）李心传撰，辛更儒点校：《建炎以来系年要录》卷三三，上海古籍出版社，2018年。

[307]（宋）李心传撰，辛更儒点校：《建炎以来系年要录》卷四二，上海古籍出版社，2018年。

[308][日]寺地遵著，蒋蓓译：《南宋初期政治史研究》，华东师范大学出版社，2018年。

[309]（宋）李心传撰，辛更儒点校：《建炎以来系年要录》卷一五六，上海古籍出版社，2018年。

[310]（清）孙诒让：《古籀拾遗　古籀余论》，中华书局，1989年。

[311] （宋）礼部太常寺纂修，（清）徐松辑：《中兴礼书》卷九《郊祀祭器一》，国家图书馆藏《永乐大典》辑本。

[312] 巫鸿：《重屏：中国绘画的媒介和表现》，上海人民出版社，2009年。

[313] 巫鸿著，梅玫、肖铁、施杰译：《时空中的美术》，生活·读书·新知三联书店，2016年。

[314] （宋）李焘：《续资治通鉴长编》卷七六《真宗》，中华书局，2004年。

[315] （宋）翟耆年：《籀史》，国家图书馆出版社，2009年。

[316] （清）潘永因编，刘卓英点校：《宋稗类钞》卷八《古玩十一》，书目文献出版社，1985年。

[317] 朱凤瀚：《中国青铜器综论》上，上海古籍出版社，2009年。

[318] （宋）陈襄：《古灵先生文集》卷九《详定礼文·祭天之器陶匏》，北京图书馆出版社，2005年。

[319] （元）脱脱等：《宋史》卷九八《志第五十一·礼一》，中华书局，1985年。

[320] （清）秦蕙田：《五礼通考》卷首第四《礼制因革下》，国家图书馆出版社，2012年。

[321] （汉）司马迁撰，（南朝宋）裴骃集解，（唐）司马贞索隐，（唐）张守节正义：《史记》卷一二《孝武本纪第十二》，中华书局，1959年。

[322] （宋）周密著，李小龙、赵锐评注：《武林旧事》卷六《酒楼》，中华书局，2007年。

[323] （宋）陈襄：《古灵先生文集》卷九《详定礼文·不设黄罍非罍》，北京图书馆出版社，2005年。

[324] 秦大树：《宋代陶瓷礼器的生产和生产机构》，《文物》2005年第5期。

[325] （元）脱脱等：《宋史》卷一〇一《志第五十四·礼四》，中华书局，1985年。

[326] 余卫华：《再现三代——宋代仿古陶瓷礼器探微》，《中国陶瓷》2010年第2期。

[327] 余英时著，沈志佳编：《余英时文集·第四卷·中国知识人之史的考察》，广西师范大学出版社，2014年。

[328] 虞云国：《南宋行暮：宋光宗宋宁宗时代》，上海人民出版社，2018年。

[329] （宋）胡安国：《胡氏春秋传》序，《文渊阁四库全书》电子版，上海人民出版社、迪志文化出版有限公司，1999年。

[330] （明）黄淮、杨士奇：《历代名臣奏议》卷二一三《法令》，上海古籍出版社，2012年。

[331] （宋）苏轼：《苏东坡全集》序，北京燕山出版社，2009年。

[332] 虞云国：《南宋行暮：宋光宗宋宁宗时代》，上海人民出版社，2018 年。

[333] （宋）员兴宗：《九华集》卷九《策·苏氏王氏程氏三家之学是非策》，《文渊阁四库全书》电子版，上海人民出版社、迪志文化出版有限公司，1999 年。

[334] （宋）苏轼：《苏东坡全集》卷四一《论十九首·中庸论上》，北京燕山出版社，2009 年。

[335] 御笔也称内批、御批，在处理朝政时君权独用，径由禁中付外，不经中书拟议，绕过封驳程序，避开台谏论列，一旦失控，最易被权臣利用。如徽宗的御笔成为蔡京的囊中物，致使大观、崇宁之政污浊败坏，覆辙不远。

[336] （清）纪昀等原著，四库全书研究所整理：《四库全书总目·朝野类要·提要》，中华书局，1997 年。

[337] （宋）赵升编，王瑞来点校：《朝野类要》卷四《文书·朝报》，中华书局，2007 年。

[338] 葛兆光：《中国思想史》第二卷，复旦大学出版社，2013 年。

[339] （元）脱脱等：《宋史》卷三八《本纪第三十八·宁宗》，中华书局，1985 年。

[340] （清）王夫之：《宋论》卷八《徽宗》，中华书局，2008 年。

[341] 余英时：《朱熹的历史世界》，生活·读书·新知三联书店，2011 年。

[342] 李泽厚：《由巫到礼 释礼归仁》，生活·读书·新知三联书店，2015 年。

[343] 杨俊峰：《唐宋之间的国家与祠祀——以国家和南方祀神之风互动为焦点》，上海古籍出版社，2019 年。

[344] （唐）长孙无忌：《唐律疏议》卷一一《名例一·十恶》，商务印书馆，1930 年。

[345] （宋）卫湜：《礼记集说》卷三〇，北京图书馆出版社，2003 年。

[346] （后晋）刘昫等：《旧唐书》卷四三《职官志第二十三·职官二》，中华书局，1975 年。

[347] （明）徐一夔等：《大明集礼》卷二四《品官冠礼·谒庙》，国家图书馆出版社，2009 年。

[348] （宋）张载著，林乐昌校编：《张子全书》卷八《祭祀》，西北大学出版社，2015 年。

[349] （宋）程颐撰，朱熹编：《二程遗书》卷一《端伯传师说》，上海古籍出版社，2000 年。

[350] （宋）朱熹：《家礼》序，北京图书馆出版社，2004 年。

[351] （清）徐松：《宋会要辑稿》礼一二《臣士庶家庙》，上海古籍出版社，2014 年。

[352] （清）潘永因：《宋稗类钞》卷三二《古玩第五十五》，书目文献出版社，1985 年。

[353] （宋）庄绰撰，李保民校点：《鸡肋编》卷上，上海古籍出版社，2012 年。

[354]（宋）欧阳修：《文忠集》卷一一三《奏议十七·枢府·论均税札子》，吉林出版集团有限责任公司，2005年。

[355]（明）黄淮、杨士奇：《历代名臣奏议》卷一〇九《仁民》，上海古籍出版社，2012年。

[356]（宋）苏轼：《苏东坡全集》卷七四《书九首·与朱鄂州书》，北京燕山出版社，2009年。

[357]（明）张内蕴、周大韶撰：《三吴水考》卷八《水议考·朱长文治水篇》，《文渊阁四库全书》电子版，上海人民出版社、迪志文化出版有限公司，1999年。

[358]钱穆讲述，叶龙记录整理：《中国经济史》，北京联合出版公司，2016年。

[359]漆侠：《漆侠全集》第三卷，河北大学出版社，2009年。

[360]（宋）林之奇著，陈良中点校：《尚书全解》卷八《禹贡·淮海惟扬州·震泽底定》，人民出版社，2019年。

[361]（宋）苏轼：《苏东坡全集》卷五七《奏议六首·杭州乞度牒开西湖状》，中华书局，2021年。

[362]魏天安：《宋代官营经济史》，人民出版社，2011年。

[363]（元）脱脱等：《宋史》卷八八《志第四十一·地理四》，中华书局，1985年。

[364]（宋）陈傅良：《止斋集》卷四四《杂著·桂阳军劝农文》，吉林出版集团有限责任公司，2005年。

[365]（元）脱脱等：《宋史》卷一七三《志一百二十六·食货上一》，中华书局，1985年。

[366]（宋）高斯得：《耻堂存稿》卷五《书事·书咸淳五年事·宁国府劝农文》，中华书局，1985年。

[367]（宋）曾巩：《元丰类稿》卷一三《序·序越州鉴湖图》，国家图书馆出版社，2018年。

[368]（元）脱脱等：《宋史》卷一七三《志第一百二十六·食货上一》，中华书局，1985年。

[369]（元）脱脱等：《宋史》卷八《本纪第八·真宗三》，中华书局，1985年。

[370]漆侠：《漆侠全集》第三卷，河北大学出版社，2009年。

[371]（宋）章如愚：《群书考索》续集卷四六《财用门·东南财赋》，广陵书社，2008年。

[372]李裕民：《宋史考论》，科学出版社，2008年。

[373]魏天安：《宋代官营经济史》，人民出版社，2011年。

[374]周振鹤：《中国地方行政制度史》，上海人民出版社，2014年。

[375]（宋）李心传撰，徐规点校：《建炎以来朝野杂记》甲集卷一五，中华书局，2000年。

[376]（元）脱脱等：《宋史》卷一七三《志第一百二十六·食货上一》，中华书局，1985年。

[377]（宋）王明清撰，田松青校点：《挥麈录》后录卷二，上海古籍出版社，2012年。

[378]（元）马端临撰，上海师范大学古籍研究所、华东师范大学古籍研究所点校：《文献通考》卷四《田赋考四·历代田赋之制》，中华书局，2011年。

[379]（元）马端临撰，上海师范大学古籍研究所、华东师范大学古籍研究所点校：《文献通考》卷一一《户口考二·历代户口丁中赋役》，中华书局，2011年。

[380]漆侠：《漆侠全集》第七卷，河北大学出版社，2009年。

[381]（宋）王炎：《双溪类稿》卷一九《书·上鄂林州》，台湾商务印书馆，1983年。

[382]（宋）刘克庄著，辛更儒校注：《刘克庄集笺校后村集》卷二二《记·福清院创大参陈公生祠记》，中华书局，2011年。

[383]（宋）曾巩：《隆平集校证》卷二〇《妖寇》，中华书局，2012年。

[384]（元）脱脱等：《宋史》卷二六七《列传第二十六·赵昌言》，中华书局，1985年。

[385]（元）脱脱等：《宋史》卷三〇四《列传第六十三·刘师道》，中华书局，1985年。

[386]（宋）欧阳修：《文忠集》卷四五《居士集四十五·上书一首·通进司上书》，吉林出版集团有限责任公司，2005年。

[387]漆侠：《漆侠全集》第三卷，河北大学出版社，2009年。

[388]（宋）李心传撰，辛更儒点校：《建炎以来系年要录》卷一五二，上海古籍出版社，2018年。

[389]（宋）欧阳修：《文忠集》卷三四《墓志铭·朝散大夫直秘阁陈公从古墓志铭》，吉林出版集团有限责任公司，2005年。

[390]钱穆讲述，叶龙记录整理：《中国经济史》，北京联合出版公司，2016年。

[391]（宋）杨亿著，徐德明等点校：《武夷新集》卷一五《表状四·论龙泉县三处酒坊乞减额状》，福建人民出版社，2007年。

[392]（元）脱脱等：《宋史》卷一八五《志第一百三十八·食货下七》，中华书局，1985年。

[393]（清）赵翼：《陔余丛考》卷一八《宋元榷酤之重》，河北人民出版社，2003年。

[394]漆侠：《漆侠全集》第二卷，河北大学出版社，2009年。

[395]（明）梅鼎祚：《西汉文纪》卷一三《僮约》，台湾商务印书馆，1986年。

[396]（唐）太宗御撰，何超音义：《晋书》卷七七《列传第四十七·陆晔》，吉林出版集团有限责任公司，2005年。

[397]（唐）封演撰，赵贞信校注：《封氏闻见记校注》卷六《饮茶》，中华书局，2005年。

[398]（唐）杨晔：《膳夫经手录·茶》，上海古籍出版社，1996年。

[399]（后晋）刘昫等：《旧唐书》卷四九《食货志第二十九·食货下》，中华书局，1975年。

[400] 唐长孺：《唐长孺文集四·魏晋南北朝隋唐史三论》，中华书局，2011年。

[401]（明）陶宗仪：《说郛》卷九三上《试茶录》，上海古籍出版社，2018年。

[402]（后晋）刘昫等：《旧唐书》卷一三《本纪第十三·德宗下》，中华书局，1975年。

[403]（宋）欧阳修：《新唐书》卷五四《食货志第四十四》，中华书局，1986年。

[404]（宋）王安石撰：《临川文集》卷七〇《议茶法》，国家图书馆出版社，2018年。

[405]（明）徐光启撰，罗文华校注：《农政全书》卷三九《种植·杂种上》，岳麓书社，2002年。

[406]（宋）陈均：《九朝编年备要》卷一《太祖皇帝》，《文渊阁四库全书》电子版，上海人民出版社、迪志文化出版有限公司，1999年。

[407]（元）脱脱等：《宋史》卷八八《志第四十一·地理四》，中华书局，1985年。

[408]（宋）李焘：《续资治通鉴长编》卷一〇〇《仁宗》，中华书局，2004年。

[409] 汪圣铎点校：《宋史全文》卷二二下《宋高宗十七》，中华书局，2016年。

[410]（宋）李焘：《续资治通鉴长编》卷二六七《神宗》，中华书局，2004年。

[411] 漆侠：《漆侠全集》第四卷，河北大学出版社，2009年。

[412]（元）脱脱等：《宋史》卷一八四《志第一百三十七·食货下六》，中华书局，1985年。

[413]（元）脱脱等：《宋史》卷一八三《志第一百三十六·食货下五》，中华书局，1985年。

[414] 漆侠：《漆侠全集》第四卷，河北大学出版社，2009年。

[415]（宋）徐梦莘：《三朝北盟会编》卷七二《靖康中帙》，上海古籍出版社，2019年。

[416] 陈学霖：《金宋史论丛》，香港中文大学出版社，2003年。

[417] 魏天安：《宋代官营经济史》，人民出版社，2011年。

[418]（宋）施宿等：《嘉泰会稽志》卷一七《虫部》，见《宋元方志丛刊》第七册，中华书局，1990年。

[419] 漆侠：《漆侠全集》第三卷，河北大学出版社，2009年。

[420] 漆侠：《漆侠全集》第三卷，河北大学出版社，2009年。

[421]（宋）黄震：《黄氏日抄》卷七八《咸淳八年春劝农文》，《文渊阁四库全书》电子版，上海人民出版社、迪志文化出版有限公司，1999年。

[422]（宋）朱松：《韦斋集》卷一〇《戒杀子文》，见（宋）朱松、朱槔撰：《韦斋集附玉澜集》，四部丛刊续编集部，上海涵芬楼影印常熟瞿氏铁琴铜剑楼藏明刊本，1934年。

[423]（宋）朱松：《韦斋集》卷一〇《戒杀子文》，见（宋）朱松、朱槔撰：《韦斋集附玉澜集》，四部丛刊续编集部，上海涵芬楼影印常熟瞿氏铁琴铜剑楼藏明刊本，1934年。

[424] 厉祖浩：《吴越时期"省瓷窑务"考》，《故宫博物院院刊》2013年第3期。

[425] 厉祖浩：《吴越时期"省瓷窑务"考》，《故宫博物院院刊》2013年第3期。

[426] 魏天安：《宋代官营经济史》，人民出版社，2011年。

[427]（清）嵇璜等：《钦定续文献通考》卷二四《杂征考·杂征敛》，《文渊阁四库全书》电子版，上海人民出版社、迪志文化出版有限公司，1999年。

[428] 白焜：《宋蒋祈〈陶记〉校注》，《景德镇陶瓷》1981年第1期。

[429]（宋）陈渊：《默堂集》卷一二《又上殿札子》，《文渊阁四库全书》电子版，上海人民出版社、迪志文化出版有限公司，1999年。

[430]（清）徐松：《宋会要辑稿》食货一八《商税五》，上海古籍出版社，2014年。

[431]（元）脱脱等：《宋史》卷一八六《志第一百三十九·食货十八》，中华书局，1985年。

[432]（后晋）刘昫等：《旧唐书》卷九八《列传第四十八·裴耀卿》，中华书局，1975年。

[433]（清）徐松：《宋会要辑稿》礼二四《明堂御礼》，上海古籍出版社，2014年。

[434] 魏天安：《宋代官营经济史》，人民出版社，2011年。

[435]（宋）欧阳修：《文忠集》卷三二《居士集三十二·墓志七首·尚书户部侍郎参知政事赠右仆射文安王公墓志铭》，吉林出版集团有限责任公司，2005年。

[436] 漆侠：《漆侠全集》第四卷，河北大学出版社，2009年。

[437]（元）脱脱等：《宋史》卷一八六《志第一百三十九·食货十八》，中华书局，1985年。

[438]（宋）李焘：《续资治通鉴长编》卷二四六《神宗》，中华书局，2004年。

[439]（宋）李焘：《续资治通鉴长编》卷二七〇《神宗》，中华书局，2004年。

[440] 虞云国：《南宋行暮：宋光宗宋宁宗时代》，上海人民出版社，2018年。

[441]（元）脱脱等：《宋史》卷四三〇《列传第一百八十九·李燔》，中华书局，1985年。

[442]（宋）李昂英：《文溪集》卷九《奏议·宝福甲寅宗正卿上殿奏札》，《文渊阁四库全书》电子版，上海人民出版社、迪志文化出版有限公司，1999年。

[443] 漆侠主编：《辽宋西夏金代通史·文物考古史料卷》，人民出版社，2011年。

[444]（元）脱脱等：《宋史》卷一八六《志第一百三十九·食货十八》，中华书局，1985年。

陆　发现秘色瓷：后司岙窑址

［445］　浙江省文物考古研究所等：《秘色越器》，文物出版社，2017年。

［446］　（宋）欧阳修：《新唐书》卷一八六《列传第一百一十一·周宝传》，中华书局，1986年。

［447］　田余庆：《秦汉魏晋史探微》（重订本），中华书局，2011年。

［448］　李锦绣：《唐代财政史稿》第一册，社会科学文献出版社，2007年。

［449］　（宋）欧阳修：《新唐书》卷五四《食货志第四十四》，中华书局，1986年。

［450］　钱穆讲述，叶龙记录整理：《中国经济史》，北京联合出版公司，2016年。

［451］　（宋）王钦若等编纂，周勋初等校订：《册府元龟》卷四九四《邦计部·山泽》，凤凰出版社，2006年。

［452］　（宋）欧阳修：《新唐书》卷五四《食货志第四十四》，中华书局，1986年。

［453］　（宋）欧阳修：《新五代史》卷六七《吴越世家七》，中华书局，1975年。

［454］　（清）董诰等：《全唐文》卷八九七"罗隐《吴公约神道碑》"，上海古籍出版社，1990年。

［455］　（宋）钱俨：《吴越备史》卷一《武肃王上》，中国书店，2018年。

［456］　（宋）欧阳修：《新唐书》卷二二五下《列传第一百五十五下·逆臣·秦宗权》，中华书局，1986年。

［457］　（清）吴任臣撰，徐敏霞、周莹点校：《十国春秋》卷七七《吴越一·武肃王世家一》，中华书局，2010年。

［458］　（清）吴任臣撰，徐敏霞、周莹点校：《十国春秋》卷七七《吴越一·武肃王世家一》，中华书局，2010年。

［459］　（宋）司马光：《资治通鉴》卷二五六《唐纪七十二》，董昌谓钱镠曰："汝能取越州，吾以杭州授汝。"镠曰："然，不取终为后患。"中华书局，1956年。

［460］　（宋）欧阳修：《新五代史》卷六七《吴越世家七》，中华书局，1975年。

［461］　（清）吴任臣撰，徐敏霞、周莹点校：《十国春秋》卷七八《吴越二·武肃王世家下》，中华书局，2010年。

［462］　（宋）王明清撰，朱菊如、汪新森校点：《玉照新志》卷六，上海古籍出版社，2012年。

［463］　唐长孺：《唐长孺文集四·魏晋南北朝隋唐史三论》，中华书局，2011年。

[464]（清）吴任臣撰，徐敏霞、周莹点校：《十国春秋》卷八七《吴越十一·列传·余万顷》，中华书局，2010年。

[465]（宋）欧阳修：《新五代史》卷六七《吴越世家第七》，中华书局，1975年。

[466]（清）吴任臣撰，徐敏霞、周莹点校：《十国春秋》卷七八《吴越二·武肃王世家下》，中华书局，2010年。

[467]（清）嵇曾筠等修，沈翼机等纂：《浙江通志》卷二六〇《艺文二·记·有美堂记》，上海古籍出版社，1991年。

[468] 何勇强：《钱氏吴越国史论稿》，浙江大学出版社，2002年。

[469]（后晋）刘昫等：《旧唐书》卷一八二《列传第一百三十二·高骈传》，中华书局，1975年。

[470]（后晋）刘昫等：《旧唐书》卷一九《本纪第十九下·僖宗》，中华书局，1975年。

[471]（宋）司马光：《资治通鉴》卷二六一《唐纪七十七》，中华书局，1956年。

[472] 内蒙古考古研究所：《辽耶律羽之墓发掘简报》，《文物》1996年第1期。

[473] 北京市文物工作队：《北京南郊辽赵德钧墓》，《考古》1962年第5期。

[474] 热河省博物馆筹备组：《赤峰县大营子辽墓发掘报告》，《考古学报》1956年第3期。

[475]（元）脱脱等：《辽史》卷一《本纪第一·太祖上》，中华书局，2017年。

[476]（元）脱脱等：《辽史》卷二《本纪第二·太祖下》，中华书局，2017年。

[477]（元）脱脱等：《辽史》卷四《本纪第四·太宗下》，中华书局，2017年。

[478]（宋）薛居正等：《旧五代史》卷一三三《世袭列传第二》，中华书局，2016年。

[479]（宋）司马光：《资治通鉴》卷二六八《后梁纪三》，中华书局，1982年。

[480]（清）潘永因：《宋稗类钞》卷三二《古玩第五十五》，台湾商务印书馆，1983年。

[481] 邹志方点校：《会稽掇英总集》卷一八《镇东军监军使院记》，人民出版社，2006年。

[482]（清）董诰等：《全唐文》卷八五九《吴越文穆王钱元瓘碑铭》，上海古籍出版社，1990年。

[483]（宋）欧阳修：《新五代史》卷六七《吴越世家七》，中华书局，1975年。

[484]（清）吴任臣撰，徐敏霞、周莹点校：《十国春秋》卷七八《吴越二·武肃王世家下》，中华书局，2010年。

[485] 以上出自（宋）王钦若等编纂，周勋初等校订：《册府元龟》卷一六九《帝王部·纳贡献》，凤凰出版社，2006年。

[486] （清）吴任臣撰，徐敏霞、周莹点校：《十国春秋》卷八二《吴越六·忠懿王世家下》，中华书局，2010年。

[487] （清）吴任臣撰，徐敏霞、周莹点校：《十国春秋》卷八二《吴越六·忠懿王世家下》，中华书局，2010年。

[488] （宋）王钦若等编纂，周勋初等校订：《册府元龟》卷一六九《帝王部·纳贡献》，凤凰出版社，2006年。

[489] （元）脱脱等：《宋史》卷四八〇《列传第二百三十九·世家三·吴越钱氏》，中华书局，1985年。

[490] （元）马端临撰，上海师范大学古籍研究所、华东师范大学古籍研究所点校：《文献通考》卷二二《土贡考一·历代土贡·唐天下诸郡每年常贡》，中华书局，2011年。

[491] （宋）欧阳修：《新唐书》卷五二《志第四十二·食货二》，中华书局，1986年。

[492] （元）脱脱等：《宋史》卷一七九《志第一百三十二·食货下一》，中华书局，1985年。

[493] （元）脱脱等：《宋史》卷一七五《志第一百二十八·食货上三》，中华书局，1985年。

[494] 葛兆光：《中国思想史》第二卷，复旦大学出版社，2001年。

[495] 严耕望：《治史三书》，上海世纪出版股份有限公司，2011年。

[496] （宋）赞宁：《宋高僧传》卷一三《习禅篇第三之六·晋会稽清化院全付传》，中华书局，1987年。

[497] （宋）惠洪著，吕有祥点校：《禅林僧宝传》卷七《天台韶国师》，中州古籍出版社，2018年。

[498] （清）吴任臣撰，徐敏霞、周莹点校：《十国春秋》卷八三《吴越七·列传·恭穆夫人马氏》，中华书局，2010年。

[499] 李零：《我们的中国》第四编，生活·读书·新知三联书店，2016年。

[500] （宋）范镇著，汝沛点校：《东斋记事》卷一，见（宋）范镇、宋敏求：《东斋记事　春明退朝录》，中华书局，1980年。

[501] 黄涌泉、王士伦：《五代吴越文物——铁券与投龙简》，《文物参考资料》1956年第12期。

[502] （元）马端临撰，上海师范大学古籍研究所、华东师范大学古籍研究所点校：《文献通考》卷一七四《经籍考一·总叙》，中华书局，2011年。

[503] （宋）觉范慧洪撰，悟凡白话：《〈林间录〉辅言白话》卷下，金城出版社，2014年。

[504]（宋）马令、陆游：《南唐书》卷一三《儒者传上第八》，南京出版社，2010 年。

[505] 徐中玉：《古文鉴赏大辞典》，浙江教育出版社，1989 年。

[506]（宋）苏轼：《苏东坡全集》卷八六《碑一十首·表忠观碑》，北京燕山出版社，2009 年。

[507]（清）嵇曾筠等修，沈翼机等纂：《浙江通志》卷二六〇《艺文二·记·有美堂记》，上海古籍出版社，1991 年。

[508] 汤用彤：《隋唐佛教史稿》，江苏教育出版社，2007 年。

柒　海上瓷路的文化传播

[509] 荣新江：《丝绸之路与东西文化交流》，北京大学出版社，2015 年。

[510]（唐）魏徵等：《隋书》卷三《帝纪第三·炀帝上》，中华书局，2019 年。

[511]（唐）魏徵等：《隋书》卷八三《列传第四十八·西域》，中华书局，2019 年。

[512]［日］石见清裕著，胡鸿译：《唐代北方问题与国际秩序》，复旦大学出版社，2019 年。

[513]（后晋）刘昫等：《旧唐书》卷一《本纪第一·高祖》，中华书局，1975 年。

[514] 齐东方等：《唐代金银器皿与西方文化的关系》，《考古学报》1994 年第 2 期。

[515] 许倬云：《历史大脉络》，广西师范大学出版社，2009 年。

[516] 熊昭明、李青会：《广西出土的汉代玻璃器的考古学与科技研究》，文物出版社，2011 年。

[517] 安家瑶：《中国的早期玻璃器皿》，《考古学报》1984 年第 4 期。

[518]（南朝宋）范晔、（晋）司马彪撰，（唐）李贤等注，（梁）刘昭注补：《后汉书》卷八十八《西域传第七十八·西域》，中华书局，2019 年。

[519]（唐）李林甫等撰，陈仲夫点校：《唐六典》卷二〇《太府寺》，中华书局，1992 年。

[520] 钱穆讲述，叶龙记录整理：《中国经济史》，北京联合出版公司，2016 年。

[521]（唐）李肇：《唐国史补》卷下，中华书局，1991 年。

[522] 林毅、郑建明：《玄翠德清窑》，《文物天地》2012 年第 10 期。

[523] 葛承雍：《绿眼紫髯胡：胡俑卷》，生活·读书·新知三联书店，2020 年。

[524]（宋）欧阳修：《新唐书》卷二二一《列传第一百四十六·西域》，中华书局，1986 年。

[525]（宋）谢深甫等：《庆元条法事类》卷三七，国家图书馆出版社，2014 年。

[526]（唐）杜佑：《通典》卷一九一《边防七·西戎三·西戎总序》，中华书局，1988 年。

[527] 张世民主编:《杨良瑶与海上丝绸之路——〈唐故杨府君神道之碑〉解读》,西安地图出版社,2017年。

[528] 阿拉伯文抄本,魏根来、汶江、黄倬汉译:《中国印度见闻录》,中华书局,1983年。

[529] 齐东方:《"黑石号"沉船出水器物杂考》,《故宫博物院院刊》2017年第3期。

[530] 许倬云:《历史大脉络》,广西师范大学出版社,2009年。

[531] 郑晋:《长沙窑陶瓷艺术中的伊斯兰因素研究》,苏州大学硕士学位论文,2009年。

[532] 齐东方:《"黑石号"沉船出水器物杂考》,《故宫博物院院刊》2017年第3期。

[533] 顾风:《略论扬州出土的波斯陶及其发现的意义》,叶绍良主编《伊朗学在中国论文集》,北京大学出版社,1993年。

[534] 扬州城考古队:《江苏扬州市文化宫唐代建筑基址发掘简报》,《考古》1994年第5期。

[535] 安家瑶:《玻璃考古三则》,《文物》2001年第1期。

[536] (宋)李昉:《太平广记》卷四〇二《宝三·李勉》,中华书局,2013年。

[537] 庄国土:《论17—19世纪闽南海商主导海外华商网络的原因》,《东南学术》2001年第3期。

[538] 刘淼、胡舒扬:《沉船、瓷器与海上丝绸之路》,社会科学文献出版社,2016年。

[539] 李鑫:《唐宋时期明州港对外陶瓷贸易发展及贸易模式新观察》,《故宫博物院院刊》2014年第2期。

[540] 刘淼、胡舒扬:《沉船、瓷器与海上丝绸之路》,社会科学文献出版社,2016年。

[541] [日]三上次男著,杨琮译:《晚唐、五代时期的陶瓷贸易》,《文博》1998年第2期。

[542] 任荣兴:《唐、五代时期中国瓷器的外销及其生产》,《史林》1994年第3期。

[543] 谢明良:《日本出土唐宋时期陶瓷器及其有关问题》,《故宫学术季刊》1996年第13卷第4期。

[544] 林士民:《再现昔日的文明:东方大港宁波考古研究》,生活·读书·新知三联书店,2005年。

[545] 陈希菅:《中国帆船与海外贸易》,厦门大学出版社,1991年。

[546] (宋)欧阳修:《新五代史》卷三〇《汉臣传第十八》,中华书局,1975年。

[547] 张晓东:《新罗海上军事力量与古代东北亚国际关系》,《海交史研究》2016年第2期。

[548] 何勇强:《钱氏吴越国史论稿》,浙江大学出版社,2002年。

[549] 王心喜：《钱氏吴越国与日本的交往及其在中日文化交流史上的地位》，《杭州师范大学学报》2003年第2期。

[550] 中国国家博物馆水下考古研究中心、福建博物院文物考古研究所：《福建平潭分流尾屿五代沉船遗址调查》，《中国国家博物馆馆刊》2011年第11期。

[551] 全洪、李颖明：《印坦沉船出水银铤为南汉桂阳监制造》，《湖南省博物馆馆刊》，岳麓书社，2015年。

[552] 杜希德、思鉴：《沉船遗宝：一艘十世纪沉船上的中国银锭》，《唐研究》第10卷，北京大学出版社，2004年。

[553] （宋）徐兢：《宣和奉使高丽图经》卷三四《海道一·神舟》，商务印书馆，1937年。

[554] 刘淼、胡舒扬：《沉船、瓷器与海上丝绸之路》，社会科学文献出版社，2016年。

[555] 秦大树：《拾遗南海补阙中土——从井里汶沉船出水瓷器看越窑兴衰》，《东方收藏》2012年第6期。

[556] 张庆捷：《解读虞弘墓——北朝定居中国的粟特人》，三晋出版社，2019年。

[557] 秦大树：《拾遗南海补阙中土——谈井里汶沉船的出水瓷器》，《故宫博物院院刊》2007年第6期。

[558] 刘淼、胡舒扬：《沉船、瓷器与海上丝绸之路》，社会科学文献出版社，2016年。

[559] 胡舒扬：《宋代中国与东南亚的陶瓷贸易——以鳄鱼岛沉船资料为中心》，上海中国航海博物馆编《人海相依：中国人的海洋世界》，上海古籍出版社，2014年。

[560] 栗建安：《闽海钩沉——福建水下考古发现与研究二十年》，中国国家博物馆水下考古研究中心编《水下考古学研究》，科学出版社，2012年。

[561] 叶文程、芮国耀：《宋元时期龙泉青瓷的外销及其有关问题的探讨》，《海交史研究》1987年第2期。

[562] 中国国家博物馆水下考古研究中心、福建博物院文物考古研究所：《福建平潭分流尾屿五代沉船遗址调查》，《中国国家博物馆馆刊》2011年第11期。

[563] ［日］桑原骘藏著，陈裕菁译：《蒲寿庚考》，中华书局，2009年。

[564] （宋）罗濬等：《宝庆四明志》卷六《郡志六·叙赋·市舶》，成文出版社，1983年。

[565] 宁志新：《唐代市舶制度若干问题研究》，《中国经济史研究》1997年第1期。

[566] 黎虎：《唐代的市舶使与市舶管理》，《历史研究》1998年第3期。

[567] （宋）王钦若等编纂，周勋初等校订：《册府元龟》卷一〇一《帝王部·纳谏》，凤凰

［568］ 王川：《论市舶太监在唐代岭南之产生》，《中山大学学报》2000年第2期。

［569］ （清）阮元主修，梁中民点校：《广东通志》卷三八《名宦志》，广东人民出版社，2011年。

［570］ 黎虎：《唐代的市舶使与市舶管理》，《历史研究》1998年第3期。

［571］ （清）阮元主修，梁中民点校：《广东通志》卷五九《艺文志·开大庾岭记》，广东人民出版社，2011年。

［572］ （后晋）刘昫等：《旧唐书》卷一七八《列传第一百二十八·郑畋》，中华书局，1975年。

［573］ （宋）潘自牧：《记纂渊海》卷一〇《郡县部·两浙东路》，北京图书馆出版社，2004年。

［574］ 严耕望：《治史三书》，上海世纪出版股份有限公司，2011年。

［575］ ［日］真人元开著，汪向荣校注：《唐大和上东征传》，中华书局，2010年。

［576］ 齐东方：《隋唐考古》，文物出版社，2002年。

［577］ （宋）欧阳修等：《新唐书》卷一四四《列传第六十九·田神功》，中华书局，1975年。

［578］ （宋）李昉等：《文苑英华》卷四四一《德音八·杂德音二·太和八年疾愈德音》，中华书局，1990年。

［579］ 严仁：《唐代扬州的市舶事务与"所由"》，《海交史研究》1989年第1期。

［580］ 刘淼、胡舒扬：《沉船、瓷器与海上丝绸之路》，社会科学文献出版社，2016年。

［581］ 林士民：《再现昔日的文明——东方大港宁波考古研究》，生活·读书·新知三联书店，2005年。

［582］ ［美］斯塔夫里阿诺斯著，吴象婴等译：《全球通史》，上海科学院出版社，1999年。

［583］ （元）脱脱等：《宋史》卷一八六《志一百三十九·食货十八》，中华书局，1985年。

［584］ （元）脱脱等：《宋史》卷一六七《志第一百二十·职官七》，中华书局，1985年。

［585］ （元）脱脱等：《宋史》卷一八六《志一百三十九·食货十八》，中华书局，1985年。

［586］ 许倬云：《历史大脉络》，广西师范大学出版社，2009年。

［587］ （清）徐松：《宋会要辑稿·职官四十四》，上海古籍出版社，2014年。

［588］ （宋）苏轼：《苏东坡全集》卷五八《奏议一十二首·乞禁商旅过外国状》，北京燕山出版社，2009年。

[589]　郑有国:《中国市舶制度研究》,福建教育出版社,2004年。

[590]　(宋)苏轼:《苏东坡全集》卷五八《奏议一十二首·乞禁商旅过外国状》,北京燕山出版社,2009年。

[591]　李鑫:《唐宋时期明州港对外陶瓷贸易发展及贸易模式新观察》,《故宫博物院院刊》2014年第2期。

[592]　(元)脱脱等:《宋史》卷四八九《列传第二百四十八·外国五·三佛齐国》,中华书局,1985年。

[593]　(宋)罗濬等:《宝庆四明志》卷六《郡志下·叙赋·市舶》,成文出版社,1983年。

[594]　(宋)李心传撰,胡坤点校:《建炎以来系年要录》卷一一六,中华书局,2013年。

[595]　(元)脱脱等:《宋史》卷二六《本纪第二十六·高宗三》,中华书局,1985年。

[596]　(明)黄淮、杨士奇:《历代名臣奏议》卷二七〇《理财》,上海古籍出版社,2012年。

[597]　(宋)李心传撰,辛更儒点校:《建炎以来系年要录》卷五二,上海古籍出版社,2018年。

[598]　郑有国:《中国市舶制度研究》,福建教育出版社,2004年。

[599]　漆侠:《漆侠全集》第三卷,河北大学出版社,2009年。

[600]　许兵:《宋代市舶制度述论》,河北师范大学硕士学位论文,2002年。

[601]　漆侠:《漆侠全集》第三卷,河北大学出版社,2009年。

[602]　(唐)李肇:《唐国史补》卷下,中华书局,1991年。

[603]　王川:《论市舶太监在唐代岭南之产生》,《中山大学学报》2000年第2期。

[604]　(清)阮元主修,梁中民点校:《广东通志》卷五九《艺文志·文集·议除藩下苛政疏》,广东人民出版社,2011年。

[605]　郑有国:《中国市舶制度研究》,福建教育出版社,2004年。

[606]　(宋)朱彧著,李伟国点校:《萍洲可谈》卷二,中华书局,2007年。

[607]　魏天安:《宋代官营经济史》,人民出版社,2011年。

[608]　许倬云:《历史大脉络》,广西师范大学出版社,2009年。

[609]　巫鸿:《汉唐之间文化艺术的互动与交融》,文物出版社,2001年。

[610]　张静、齐东方:《古代金银器》,文物出版社,2008年。

[611]　卢兆荫:《玉振金声:玉器金银器考古学研究》,科学出版社,2007年。

[612]　齐东方:《唐代金银器研究》,中国社会科学出版社,1999年。

[613] 张东：《唐代金银器对陶瓷造型影响问题的再思考》，《上海博物馆集刊》第 8 期，上海书画出版社，2000 年；穆青：《定瓷艺术》，河北教育出版社，2002 年。

[614] 巫鸿：《汉唐之间文化艺术的互动与交融》，文物出版社，2001 年。

[615] 巫鸿：《汉唐之间文化艺术的互动与交融》，文物出版社，2001 年。

[616] 巫鸿：《汉唐之间文化艺术的互动与交融》，文物出版社，2001 年。

[617] 夏鼐：《新疆新发现的古代丝织品——绮、锦和刺绣》，《考古学与科技史》，科学出版社，1979 年。

[618] （唐）释道世撰，弘化社编：《法苑珠林》卷一〇《六道篇第四之四·鬼神部之余·身量》，团结出版社，2015 年。

[619] 岑蕊：《摩羯纹考略》，《文物》1983 年第 10 期；孙机《摩羯灯》，《文物》1986 年第 12 期。

[620] （宋）欧阳修：《新唐书》卷二四《志第十四·舆服志》，中华书局，1986 年。

[621] 薄小莹：《敦煌莫高窟六世纪末至九世纪中叶的装饰图案》，《敦煌吐鲁番文献研究论集》第五辑，北京大学出版社，1990 年。

[622] 荣新江：《丝绸之路与东西文化交流》，北京大学出版社，2015 年。

结语

[623] 许倬云：《许倬云自选集》，山东教育出版社，2009 年。

[624] （后晋）刘昫等：《旧唐书》卷九四《列传第四十四·李峤》，中华书局，1975 年。

[625] （宋）林之奇著，陈良中点校：《尚书全解》卷四《大禹谟》，人民出版社，2019 年。

[626] ［德］恩格斯著，中共中央马克思恩格斯列宁斯大林著作编译局编译：《家庭、私有制和国家的起源》，人民出版社，2018 年。

[627] （宋）魏了翁：《尚书要义》卷二《舜典》，线装书局，2014 年。

[628] （宋）张载著，林乐昌编校：《张子全书》序，西北大学出版社，2015 年。

图书在版编目（CIP）数据

发现秘色瓷 / 郑建明,林毅著. —上海：上海古籍出版社,2023.7
ISBN 978-7-5732-0745-6

Ⅰ.①发… Ⅱ.①郑… ②林… Ⅲ.①越窑－瓷器（考古）-研究 Ⅳ.①K876.34

中国国家版本馆CIP数据核字（2023）第119270号

发现秘色瓷

郑建明 林 毅 著

上海古籍出版社出版发行

（上海市闵行区号景路159弄1-5号A座5F 邮政编码201101）

（1）网址：www.guji.com.cn
（2）E-mail：guji1@guji.com.cn
（3）易文网网址：www.ewen.co

上海雅昌艺术印刷有限公司印刷

开本890×1240 1/32 印张8.75 插页5 字数224,000
2023年7月第1版 2023年7月第1次印刷
ISBN 978-7-5732-0745-6
K·3395 定价：108.00元

如有质量问题，请与承印公司联系